项目名称：大运河沿岸历史遗存与文化旅游产业发展研究
项目类别：河北文化研究项目
项目批准号：HB18WH13

大运河沿岸历史遗存与文化旅游产业发展研究

王淑娟 李国庆 李志伟 著

吉林大学出版社
·长春·

图书在版编目（CIP）数据

大运河沿岸历史遗存与文化旅游产业发展研究 / 王淑娟, 李国庆, 李志伟著. -- 长春：吉林大学出版社, 2021.8
ISBN 978-7-5692-8485-0

Ⅰ.①大… Ⅱ.①王… ②李… ③李… Ⅲ.①大运河—文化遗存(考古学)—关系—地方旅游业—旅游文化—旅游业发展—研究 Ⅳ.①K928.42②F592.7

中国版本图书馆CIP数据核字(2021)第126732号

书　　名：大运河沿岸历史遗存与文化旅游产业发展研究
DAYUN HE YAN'AN LISHI YICUN YU WENHUA LÜYOU CHANYE FAZHAN YANJIU

作　　者：王淑娟　李国庆　李志伟　著
策划编辑：李承章
责任编辑：安　斌
责任校对：刘　佳
装帧设计：刘　丹
出版发行：吉林大学出版社
社　　址：长春市人民大街4059号
邮政编码：130021
发行电话：0431-89580028/29/21
网　　址：http://www.jlup.com.cn
电子邮箱：jdcbs@jlu.edu.cn
印　　刷：湖南省众鑫印务有限公司
开　　本：787mm×1092mm　　1/16
印　　张：17.25
字　　数：290千字
版　　次：2021年8月　第1版
印　　次：2021年8月　第1次
书　　号：ISBN 978-7-5692-8485-0
定　　价：128.00元

版权所有　翻印必究

前　言

党的十八大以来，以习近平同志为核心的党中央高度重视中华优秀传统文化的传承发展，始终从中华民族最深沉精神追求的深度看待优秀传统文化，从推动中华民族现代化进程的角度创新发展优秀传统文化。习近平总书记作出的一系列重要论述，为传承和创新发展中华优秀传统文化指引了方向，为我国新时代背景下历史文化遗产的保护和开发提供了工作方向。大运河是世界历史文化宝库中瑰丽的活态文化遗产，更是一条生命之河、诗性之河和财富之河。随着国内社会经济发展水平的不断提高和文化旅游事业的蓬勃发展，大运河以及蕴含其中的历史文化亦迎来重要的发展机遇期。延续运河悠久历史文脉、积极传承运河文化与民族精神成为新时期弘扬中华优秀传统文化、不断增强文化自信的应然之举。

本书共分上、下两篇，共十一章。上篇为大运河沿岸历史遗存的传承、发展现实价值，下篇为大运河历史遗存保护与文化旅游产业融合发展。内容以京杭大运河沿岸历史文化遗存整理和资源开发为主线，围绕大运河沿线地区历史文化遗产的发展现状、运河文化的精神内涵、历史遗存的活化利用以及文旅产业发展瓶颈等问题展开分析和深入探究，立足传承和弘扬中华优秀传统文化的时代背景和要求，探讨了运河沿岸文化旅游产业融合发展的新思路、新模式和新路径。对京杭大运河历史沿革与现状、运河生态环境变迁、运河沿岸的风土人情等进行全方位的梳理和展示，在文化旅游融合与文化生态学相关理论的基础上，对运河历史遗存的活化利用模式和文化旅游资源的开发建设等问题进行了系统论证，提出了运河文化旅游资源的保护性开发和创造性转化策略，为运河文化的传承和发展、文旅融合与创新提供了理论参考。

目　　录

上篇　大运河沿岸历史遗存的传承、发展及现实价值

第一章　绪论 ·· 3
　第一节　研究背景与研究意义 ··· 4
　第二节　研究重点与主要研究目标 ·· 5
　第三节　国内外研究现状 ·· 6
　第四节　研究内容及主要框架 ··· 12

第二章　历史遗存与文化旅游发展相关理论综述 ··························· 14
　第一节　历史遗存与文化旅游概念界定 ··································· 14
　第二节　文化旅游相关理论基础 ·· 19
　第三节　运河历史文化遗存的现时价值与特征分析 ·················· 29

第三章　京杭大运河文化的历史起源与发展 ·································· 31
　第一节　京杭大运河的历史沿革 ·· 31
　第二节　运河文化的起源 ·· 36
　第三节　运河文化的功能及特征 ·· 40
　第四节　运河文化遗存的等级结构与地域性流变 ····················· 47
　第五节　运河文化发展现状 ··· 53

第四章 京杭大运河沿岸历史遗存的文化生态性研究 …… 57
第一节 文化生态学理论基础 …… 57
第二节 京杭大运河沿岸聚落形态与文化生态结构分析 …… 62
第三节 运河沿岸历史遗存的文化生态梳理 …… 72
第四节 运河沿岸文化生态的保护与发展对策 …… 89

下篇 大运河历史遗存保护与文化旅游产业融合发展

第五章 新时期京杭大运河文化带的精神内涵与现实价值 …… 95
第一节 京杭大运河文化的内涵、时代特征 …… 95
第二节 京杭大运河历史文化遗产保护传承的历史考察 …… 100
第三节 新时期京杭大运河文化带的精神内涵与现时价值 …… 106
第四节 京杭大运河文化带建设的系统思维 …… 111

第六章 京杭大运河历史遗存的活化利用模式与策略研究 …… 116
第一节 京杭大运河历史遗存活化利用的目标与原则 …… 117
第二节 国外运河文化遗产活化利用的成功案例与启示 …… 123
第三节 京杭大运河历史遗存的活化利用模式 …… 129
第四节 京杭大运河历史遗存活化利用的发展策略 …… 135

第七章 大运河文化旅游发展与品牌体系建设策略研究 …… 140
第一节 大运河文化旅游资源现状 …… 141
第二节 大运河文化旅游发展过程与阶段性特征 …… 144
第三节 大运河沿岸历史遗存保护与文化旅游开发的良性互动机制 …… 148
第四节 大运河文化旅游品牌体系构成要素与结构 …… 153
第五节 大运河文化旅游品牌体系建设策略 …… 156

第八章　运河沿岸历史遗存的构成分析与旅游开发适宜性评价 …………… 164
　　第一节　大运河历史文化遗存的构成分析 ………………………… 165
　　第二节　运河沿线城市旅游竞争力分类比较与评价 ……………… 172
　　第三节　运河文化旅游景区开发的适宜性评价 …………………… 187

第九章　文化自信视域下大运河沿岸历史文化遗存的保护性开发研究 …… 203
　　第一节　新时代背景下文化自信的理论内涵 ……………………… 204
　　第二节　文化自信视域下大运河历史遗存保护的必要性分析 …… 209
　　第三节　文化自信视域下大运河历史遗存的创造性转化 ………… 217
　　第四节　文化自信视域下大运河历史遗存的保护创新 …………… 220

第十章　大运河文化旅游产业发展瓶颈因素分析 ……………………………… 227
　　第一节　运河文化旅游产业发展的环境分析 ……………………… 228
　　第二节　运河文化旅游产业融合发展的制约瓶颈因素 …………… 234
　　第三节　运河文化旅游产业融合发展瓶颈的破解思路 …………… 239

第十一章　大运河沿岸文化旅游产业融合与创新发展的实施路径 ………… 243
　　第一节　大运河文化旅游产业融合的机理分析 …………………… 244
　　第二节　运河文化旅游产业融合发展的现实性分析 ……………… 248
　　第三节　运河文化旅游产业融合现状与存在问题 ………………… 250
　　第四节　运河文化旅游产业融合与创新发展的实施路径 ………… 255

参考文献 ……………………………………………………………………………… 261

上篇

大运河沿岸历史遗存的传承、发展及现实价值

第一章 绪论

文化是一种非常广泛的社会实践和历史现象，蕴含了人类历史产生和发展进程中不断积累和形成的全部物质财富和精神财富。最近几年，随着国内旅游业的蓬勃快速发展，文化旅游作为一种典型的旅游形式，其重要性和地位日渐突出。随着京杭大运河的申遗成功，大运河以其独具特色的历史文化积淀和资源禀赋，成为彰显中华文明与文化自信的国家名片。京杭大运河作为典型的活态文化遗产，在传承民族精神与历史文脉的同时，也为沿岸文化旅游开发留下了丰富的历史文化遗存。深入挖掘以大运河为核心的历史文化内涵，推动运河沿岸文化旅游资源开发与产业融合发展，是促进沿运区域产业结构调整和经济转型的重要途径，也是传承运河文化与民族精神、延续历史文脉的内在要求。

第一节 研究背景与研究意义

一、研究背景

京杭大运河北起北京、南至杭州，流经北京、天津、河北等四省二市，是连接海河、黄河、淮河、长江和钱塘江五大水系的重要水道[1]，同时也是世界上最早开凿的里程最长、规模最大的人工水道。随着京杭大运河成功入选世界文化遗产名录，京杭大运河以其独特的历史文化积淀和资源禀赋，跻身成为可比肩世界文明遗迹的国家名片，彰显着中华民族悠久的历史文化和民族自信。党的十八大以来，以习近平同志为核心的党中央基于实现中华民族伟大复兴的宏伟目标[2]，高度关注中华优秀传统文化的传承创新与历史文化遗产的保护开发工作，进一步明确了历史文化遗产的传承对于推动中华文化大发展、大繁荣的重要作用。习近平关于优秀传统文化承继创新的科学阐述是对马克思主义文化遗产理论体系的丰富和发展，为我国新时代背景下历史文化遗产的保护和开发提供了基本遵循和工作方向。习近平指出，"对历史文化特别是先人传承下来的道德规范，要坚持古为今用、推陈出新，有鉴别地加以对待，有扬弃地予以继承"[3]。作为中华优秀传统文化的重要标志之一，京杭大运河曾经是中华民族繁衍生息和发展的重要生命线，蕴含和积淀了深厚的优秀传统文化力量。2006年5月，京杭大运河被确立为全国重点文物保护单位。2014年6月，京杭大运河成功入选《世界遗产名录》。京杭大运河作为迄今为止最大的线性水利遗产，其历史文化价值和活态文化景观得到了全世界的认可。

随着文化旅游产业的蓬勃兴起，京杭大运河文化旅游的开发成为运河沿岸各省市地区重点发展的项目。运河沿岸历史遗存与文化旅游项目的开发对于地区旅游产业的发展、生态环境的改善和区域经济的发展都起到了明显的促进

---

[1] 管杰. 基于文化线路背景下的京杭大运河沿线城镇历史地段保护研究［D］. 重庆大学, 2018.

[2] 李曼诗. 习近平青年教育思想研究［D］. 河南理工大学, 2018.

[3] 习近平. 认真贯彻党的十八届三中全会精神汇聚起全面深化改革的强大正能量［N］. 人民日报, 2013-11-29（03）.

作用。地方政府非常重视对境内运河文化旅游资源的开发利用，陆续推出一系列扶持运河文化旅游发展的利好政策。2017年京津冀三地联合签署协议，共同打造运河"龙头"旅游项目。其他省市地区也将打造世界精品级运河文化旅游带作为当地发展的重要内容。在兼顾经济增长与生态环境保护、追求经济可持续发展的新时代背景下，文化旅游无疑为地方经济发展提供了良好的思路。京杭大运河本身作为一种活态文化景观，具有较高的旅游开发利用价值，符合当前国内日益增长的大众旅游需求，对带动区域产业结构调整和振兴地方经济都具有重要的现实价值。

二、研究意义

京杭大运河作为典型的活态文化遗产，在传承民族精神与历史文脉的同时，也为沿岸文化旅游开发留下了丰富的历史文化遗存。本书拟围绕大运河沿岸历史遗存与文化旅游产业发展主线，深入大运河沿岸历史文化资源，探究运河文化与现代旅游深度融合的创新发展思路。从学术层面来看，本书研究有助于拓宽运河文化遗产研究的理论视角，扩展文化旅游理论的广度和深度，不断丰富运河文化和旅游资源开发的理论体系；从实践角度来看，本书研究成果在推动运河文化传承与可持续发展、增强历史文化底蕴与文化自信等方面都具有一定的现实意义，并为创新文化旅游产业发展思路提供借鉴与参考。

第二节 研究重点与主要研究目标

一、研究重点

本书围绕大运河沿岸历史文化资源开发与旅游产业融合发展主线，基于大运河沿岸历史遗存价值评估与旅游开发适宜性评价，探究大运河沿岸文化旅游产业融合与创新发展思路。本书研究的重点和难点主要包括以下几个方面。

（一）大运河沿岸历史文化遗存的价值评估体系构建。基于层次分析法构建运河沿岸历史遗存的价值评估体系，针对沿岸文化遗产要素，从历史价值、文化价值以及经济价值等多个方面进行综合评估和价值性分析。

（二）大运河沿岸历史文化资源的旅游开发适宜性评价。通过构建运河文化旅游开发适宜性的阶梯层次结构模型，对大运河沿岸历史文化遗存的旅游开发适宜性进行量化评价，对沿岸典型历史遗存进行聚类分析。

（三）大运河沿岸文化旅游产业融合发展思路创新。包括制度保障层面不断强化政策集成和机制改革创新、技术实现层面加快文化渗透与资源要素对接、产业结构层面推进融合互动与互补互促、管理运作层面加强资源整合与业务协同。

二、主要研究目标

（一）基于层次分析法构建具有较强针对性和可操作性的运河历史遗存价值评估体系，选取运河沿岸典型文化遗产要素进行价值评估与分析，为运河历史文化遗存保护和旅游资源开发提供必要的参考和理论依据；

（二）综合应用层次分析法和聚类分析法构建运河沿岸历史遗存的旅游开发适宜性评价模型，针对具有较高历史和文化价值的历史遗产遗迹进行适宜性评价，为科学划分文化遗产类型和旅游开发提供数据支撑；

（三）基于大运河沿岸历史遗存价值评估和旅游开发适宜性评价，提出运河沿岸文化旅游产业融合与创新发展的实施路径，最终形成具有应用推广价值和实践指导意义的政策建议。

第三节 国内外研究现状

一、国内研究现状

通过对国内现有相关文献资料的梳理，国内对京杭大运河历史文化遗产以及运河文化旅游方面的研究较多，且取得了丰硕的研究成果。尤其在2006年以后，被列入世界文化申遗预备名单后，京杭大运河的文化传承以及资源开发受到社会各界的普遍关注，涌现出大量优秀、先进的理论成果。国内学术界围绕京杭大运河的相关理论研究主要集中在以下几个方面。

（一）运河历史变迁与文化遗产结构方面的研究

有关京杭大运河的产生以及历史演进过程方面的研究包括：陈璧显（2001）按照京杭大运河产生和发展的历史，对大运河的开凿、不同朝代大运河的使用与发展，以及在近代以来大运河的衰落和复兴进行了全面的阐述，并结合政治、经济及文化三个方面论述了运河与社会发展之间的关系[1]。安作璋（2001）侧重从先秦时期开始一直到新中国成立这段历史进程中京杭大运河的发展以及整治情况，对运河沿岸的文化遗存进行了系统的梳理和论述[2]。通过对运河沿岸历史文化遗产的全面归纳和整理，郑民德（2014）从现实价值的角度对京杭大运河的文化价值进行了深入的分析和阐述，认为当前在对京杭大运河资源开发和保护的同时，更应重视对运河历史文化、经济和社会价值的全面深入挖掘[3]。京杭大运河在历经几百年的发展进程中，积淀了丰富的历史文化资源，形成了宝贵的文化遗产。从宏观上来说，运河文化遗产的结构包括物质文化遗产和非物质文化遗产两大部分。针对运河文化遗产结构和文化遗产保护方面的研究更多地侧重于"保护好、传承好、利用好"三个层面。李云鹏等（2016）立足水利遗产保护角度探讨了运河文化遗产的保护策略，认为水利遗产的保护是运河文化遗产保护的核心，并提出了具体的保护策略[4]。王健（2008）在对运河文化遗产进行详细分类的基础上，提出对运河文化遗产的保护应区分主次轻重，对核心遗产进行重点保护和传承，对关联遗产和连带遗产则采取针对性的保护措施[5]。从京杭大运河遗产的工程性角度进行分类，康武刚（2015）认为运河文化遗产结构应包括工程遗产、工程相关性遗产和衍生性遗产三类[6]。所谓的运河文化，是依托运河经济带而形成的沿岸城市发展、文学艺术和不同文化背景相互交融而逐渐形成的多元一体的思想领域的集合。其中包含了运河沿线各地不同的地域文化。刘士林等（2008）以不同历史时期沿

---

[1] 陈璧显.中国大运河史[M].上海：中华书局,2001：15-18.

[2] 安作璋.中国运河文化史[M].济南：山东教育出版社,2001：1-6.

[3] 郑民德.中国大运河的历史变迁、功能及价值[J].西部学刊,2014(09)：23-26.

[4] 李云鹏,吕娟,万金红.中国大运河水利遗产现状调查及保护策略探讨[J].水利学报,2016(09)：1177-1187.

[5] 王健.大运河文化遗产的分层保护与发展[J].淮阴工学院学报,2008(02)：1-6.

[6] 康武刚.大运河世界历史文化遗产的三个维度体系研究[J].开发研究,2015(01)：98-101.

运区域的典型代表城市为研究对象,对各地依河而建、依河而兴的发生机制、历史源流以及人文精神等方面进行了论述,并提出"功能运河"和"文化运河"的关系论断[1]。杨家毅(2012)着眼于运河文化的基本特征以及其中所蕴含的核心精神两个方面,将运河文化的基本特征概括为"内柔外刚",其中蕴含了中华民族几千年来的"和"文化[2]。

(二)运河旅游资源评价与文化旅游产品开发方面的研究

目前国内对旅游资源评价的方法多为定性和定量两种方法。吴小伟等(2015)针对京杭大运河的历史文化价值、艺术欣赏价值和科学研究价值等方面进行了系统的分析[3]。赵西君、刘科伟等(2003)以35处具有典型代表性和较高管理类别的旅游景区作为研究对象,将定性与定量方法相结合,提出经济带旅游资源开发的具体思路和实施对策[4]。王亚辉、吴小伟(2013)结合运河旅游资源的具体特征,借助层次分析法和德尔菲法构建了运河文化旅游资源的评价指标体系,并以淮安运河文化旅游资源为例进行了定量评价,提出了运河文化旅游资源的保护和开发建议[5]。黄震方、李芸等(2000)结合京杭大运河在旅游资源开发过程中的具体问题,分析论证了运河旅游产品体系以及市场定位等问题,认为京杭大运河应定位为海外旅游市场,形成内连苏南苏北景区的名牌产品[6]。赵刘(2010)基于游客体验理论对无锡运河旅游产品开发进行了实地调研,并借助ASEB栅格分析法,归纳总结了导致游客体验不满意的深层次原因,从构建"旅游场"、提炼旅游产品主题、创新设计旅游产品和强化促销宣传等方面给出了具体对策[7]。李寿兰(2014)从旅游产品的体验性角度,综合运用产品生命周期理论、马斯洛需求层次理论、RMP模式以及旅游体验

---

[1] 刘士林,耿波,李正爱,等.中国脐带:大运河城市叙事群[M].沈阳:辽宁人民出版社,2008:2-3.

[2] 杨家毅.大运河文化的基本特征及其核心精神[N].中国文化报,2012-10-18(14).

[3] 吴小伟,仲崇庆,陈慧.淮安里运河文化旅游资源开发思路研究[J].黑河学刊,2015(3):4-7.

[4] 赵西君,刘科伟,王利华.浅析运河旅游资源的结构及开发对策[J].西安电子科技大学学报(社会科学版),2003(04):45-49.

[5] 王亚辉,吴小伟.申遗背景下的运河文化旅游资源评价——以运河淮安段为例[J].经济论坛,2013(11):102-105.

[6] 黄震方,李芸,王勋.京杭大运河旅游产品体系的构建及其旅游开发——以京杭大运河江苏段为例[J].地域研究与开发,2000(01):70-72.

[7] 赵刘.基于游客体验理论的无锡运河旅游产品研究[J].江苏商论,2010(09):127-129.

营销理论等对扬州古运河的旅游产品设计和文化旅游开发过程中的具体问题进行了分析，并提出了具体的改进思路[1]。樊信友（2010）针对文化旅游产品的供需错位问题，提出了文化旅游产品延伸开发策略[2]。

（三）运河经济与沿岸城市发展关系方面的研究

京杭大运河的产生与当时社会发展的宏观背景是密不可分的。运河在其历史的发展进程中，与沿岸城市或地区之间的关系也是非常紧密的，在政治、经济、文化等各个方面都存在着千丝万缕的关联。

王弢（2003）以山东境内运河沿岸的五座城市为例，分析了明清时期运河兴衰变化对城市发展的影响，得出运河兴而城市兴、运河衰而城市衰的发展变化关系[3]。韩晓（2004）围绕大运河沿岸城镇的发展和功能变迁展开研究，指出城镇人口、城区面积、商业以及手工业的发展影响了山东运河城镇的功能变迁，得出运河沿岸城镇与运河畅通之间具有较强的内在关联性，以经济功能为主导的城市功能的增强导致了运河城镇的繁荣[4]。黄思超（2019）提出，河道影响城市发展的功能性，以京杭大运河为例论述了运河文化的发展对运河沿岸城市的影响[5]。郑峥、肖华斌等（2019）基于不同的历史阶段，对南北过渡性园林苤园的造园手法、结构风格、空间布局等方面进行了深入细致的研究，并且从时间、空间以及园主经历等方面阐释了运河文化对苤园空间模式形成的深刻影响[6]。田德新、杨妮（2019）以共享经济模式理论为指导，论证了京杭大运河与西安城市发展之间存在的内在关联性。西安与扬州的合作，有助于进一步延伸"世界运河博览会"的时空维度，减少我国东西部之间的发展不均衡[7]。施利锋、黄贤金（2019）借助统计数据和遥感技术的支持，系统分析了

---

[1] 李寿兰.扬州古运河体验型文化旅游产品开发研究[D].扬州大学,2014.
[2] 樊信友.文化旅游产品延伸开发策略与耦合机制研究[J].江苏商论,2010(07)：89-91.
[3] 王弢.明清时期南北大运河山东段沿岸的城市[D].中国社会科学院研究生院,2003.
[4] 韩晓.论明代山东运河城镇的发展与功能变迁[D].南京师范大学,2004.
[5] 黄思超.运河文化发展对城市影响的认知和启示[J].汉字文化,2019(19)：173-175.
[6] 郑峥,肖华斌,安淇,等.运河文化对南北过渡性园林济宁苤园的影响[J].中国城市林业,2019,17(04)：88-91.
[7] 田德新,杨妮.西安市与"世界运河名城"关系研究[J].中国名城,2019(09)：87-91.

1984—2016年间京杭大运河沿岸城市的整体扩张情况[1]。

二、国外研究现状

国外对于运河旅游资源的开发研究起步较早，也积累了丰富的研究成果。从国外相关研究成果的梳理情况来看，目前国外运河旅游的研究范围主要包括自然生态方面、文化方面等。如对运河旅游资源的开发影响研究、运河旅游产品开发方面的研究、运河旅游市场方面以及旅游规划方面等的研究。针对中国运河文化方面的研究还比较少，更多的是涉及本国运河文化遗产保护和遗产价值方面的成果。

（一）运河旅游产品开发与市场营销方面的研究

目前针对运河旅游项目开发方面的研究较多。Steinbach Josef（1995）以欧洲运河为例，详细划分了运河旅游的主题类型，并对不同类型的运河旅游进行了深入细致的介绍和市场开发方面的研究[2]。Furgala selezniow G等（2005）以埃尔布隆格运河为例，结合当地经济发展的特点和旅游业现状，提出运河旅游资源的适度开发能够加快当地娱乐博彩业的发展，因此适合发展以博彩娱乐为主题的运河旅游项目[3]。Audrey Gilmore等（2007）针对运河文化旅游资源以及旅游产业发展的重要性，采用可持续营销的思路进行了研究，并得出了有益的结论，为进一步深入研究运河旅游市场提供了理论借鉴[4]。RookeBeadles Thurau（2007）基于对巴拿马运河流域的邮轮旅游者的多元市场的细分，对运河文化旅游市场的需求进行了分析和研究，认为运河旅游市场包括文化旅游市场、探险旅游市场、传统旅游市场和自然发现旅游市场。Holly M. Donohoe

---

[1] 施利锋，黄贤金. 中国大运河沿线城市扩张时空差异研究[J]. 地理科学进展，2019, 38(08): 1206-1216.

[2] Steinbach Josef. River Related Tourism in Europe—An Overview[J]. Geographical Journal, 1995, 35(4): 443-458.

[3] Furgala-selezniow G, Turkowski K, Nowak A, et al. The Ostroda-Elblag An Integrated Approach Canal in Poland: The Past and Future for Water Tourism[M]. Lake Tourism: 148. to Lacustrine Tourism Systems, 2005(1): 131

[4] Audrey Gilmorea, David Carson, Mario Ascencao. Sustainable Tourism Marketing at a World HeritageSite[J]. Journal of Strategic Marketing, 2007, 15(2): 253-264.

（2012）基于可持续营销的管理理念。提出了里多运河可持续的市场开发模式和体系[1]。

（二）运河文化旅游规划与遗产价值方面的研究

在运河文化旅游规划方面，国外学者的研究视角有别于国内相关研究成果。国外相关研究总体上更加倾向于对运河旅游区域性和整体性方面的研究。Amanda Mason（2005）针对运河旅游规划的制定问题，尝试将人类学研究方法创新性地应用于这一方面，这一实践对于政府认定运河文化遗产起到了一定的指导作用[2]。C. Bedi（2011）认为运河旅游的开发必须由政府牵头进行统一规划，尤其针对小尺度的生态旅游项目效果更为明显，此类效果对于促进地方生态环境保护和可持续发展都具有重要的意义[3]。

三、研究述评

综合上述文献梳理，目前国内外有关运河资源开发与文化旅游的相关研究成果较多，众多学者从不同角度对运河文化遗产结构、运河文化旅游项目开发、运河文化旅游产品以及市场营销、运河遗产价值和保护性利用等方面进行了较为全面系统的研究，取得了较为丰硕的成果，同时也对运河文化资源的深层次研究和开发利用提供了理论借鉴。相比之下，国外研究起步较早，所涉及的范围较广，已经初步形成了一定的理论框架体系，对于现实的指导意义比较突出。我国有关运河历史遗存与文化旅游开发的相关研究起步较晚，研究成果涉及从历史学、文化学、社会学、建筑学、艺术学等多个角度对京杭大运河的历史演进和发展变迁过程、地域文化和传承保护路径等方面进行的初步探索。但从研究发展现状来看，目前国内运河旅游的理论研究还未形成多学科的研究

---

[1] Holly M. Donohoe. Sustainable Heritage Tourism Marketing and Canada's Rideau Canal World Heritage Site [J]. Journal of Sustainable Tourism, 2012, 20 (1): 121–142.

[2] Mason A. Applied Anthropology and Heritage Tourism Planning: Working for the Western Erie Canal Heritage Corridor Planning Commision [J]. National Association for the Practice of Anthropology Bulletin, 2005, (1): 151–169.

[3] Bedi C. Ecotourism in Bocas Del Toro, Panama: The Perceived Effects of Macro-scale Laws and Programs on the Socio-economic and Environmental Development of Micro-scale Ecotourism Operations [J]. Dissertations & Theses–Gradworks, 2011, (3): 13–18.

特点，在研究方法上与国外同类研究还存在较大的差距，多侧重于定性的分析评价，缺乏定量研究和实证性研究。

第四节　研究内容及主要框架

```
第一章　绪论
    ↓
第二章　历史遗存与文化旅游发展相关理论综述
    ↓
第三章　京杭大运河文化的历史起源与发展
    ↓
第四章　京杭大运河沿岸历史遗存的文化生态性研究
    ↓
第五章　新时期京杭大运河文化带的精神内涵与现实价值
    ↓
第六章　京杭大运河历史遗存的活化利用模式与策略研究
    ↓
第七章　大运河文化旅游发展与品牌体系建设策略研究
    ↓
第八章　运河沿岸历史遗存的构成分析与旅游开发适宜性评价
    ↓
第九章　文化自信视域下大运河沿岸历史文化遗存的保护性开发研究
    ↓
第十章　大运河文化旅游产业发展瓶颈因素分析
    ↓
第十一章　大运河沿岸文化旅游产业融合与创新发展的实施路径
```

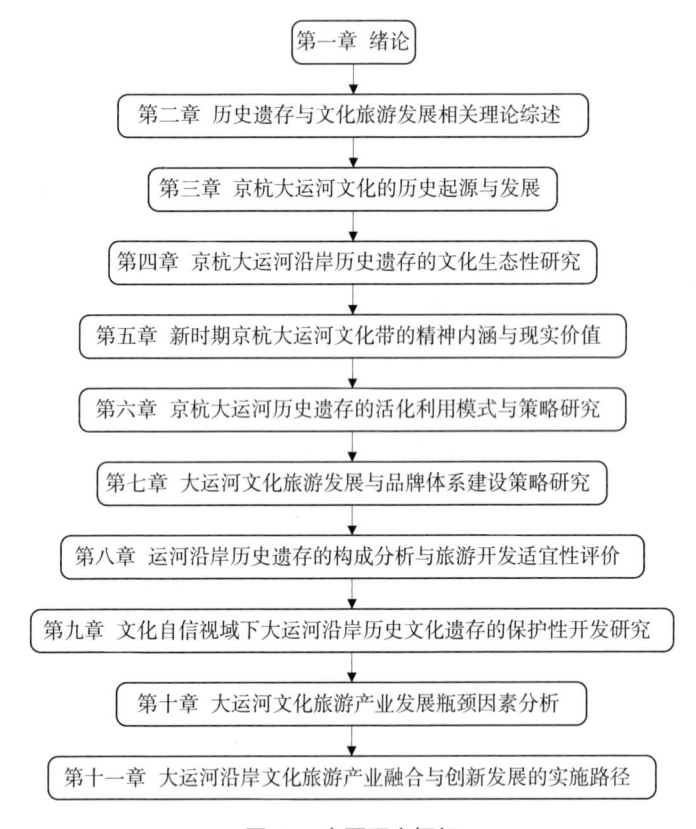

图1-1　主要研究框架

本书围绕大运河沿岸历史文化资源开发与旅游产业融合发展主线展开研究。首先，基于大运河沿岸历史遗存及文化旅游产业发展的现状调查，通过构建多维价值评估体系和旅游开发适宜性评价体系，对运河沿岸典型遗产要素的历史价值、文化价值和经济价值进行综合评估，对沿岸历史遗存的旅游开发适宜性进行定量评价。其次，针对运河文化旅游融合发展中的现实问题，从政府

层面、产业层面、文化层面和营销层面深入剖析运河文化旅游产业融合发展的瓶颈破解思路，探究运河沿岸文化旅游产业融合与创新发展的实施路径。总体框架结构如图1-1所示。其中，在前期运河沿岸历史遗存构成和现状调查的基础上，本书第八章构建了运河文化遗产多维价值评估体系和旅游开发适宜性评价体系，重点针对运河沿岸典型遗产要素进行全方位的价值性分析，对运河沿岸历史遗存的旅游开发适宜性进行定量评价和定性分析；第十一章主要围绕思想观念转变、体制机制改革、产品开发定位、产业业态创新和管理运作整合构建大运河文化旅游产业融合与创新发展的实施路径。

第二章 历史遗存与文化旅游发展相关理论综述

第一节 历史遗存与文化旅游概念界定

京杭大运河的申遗成功，带动了运河沿岸城市和地区政府对运河资源的开发热潮，运河沿岸历史遗存与文化旅游品牌的知名度得到了迅速提升。但是相对而言，运河文化旅游作为一种新的旅游开发项目，其竞争力仍然弱于园林、建筑等优秀传统文化资源类型。从目前国内运河文化旅游的发展现状来看还不尽如人意。其中一方面原因在于人们对运河历史遗存和文化资源的内涵认识不足，还无法真正全面了解运河文化资源的旅游价值和运河旅游项目开发的现实意义。

一、运河文化资源的理论内涵

（一）文化资源

从学术界有关文化资源的定义来看，目前学术界对文化资源的内涵众说

纷纭，尚无一种全面并权威的界定。有人提出，文化资源是在人类历史发展进程中，由人所创造的包括物质文化、精神文化和制度文化在内的所有文化的总和。这种说法将文化资源看成是一种由历史发展和不断积累形成的文化遗产。也有人认为，文化资源的形成是和人类从事文化生产或者文化活动直接相关的，是投入文化活动的各种要素的集合。从字面意思来理解，文化资源是文化和资源二者含义的综合叠加。"文化"一词由来已久，且涉及的范围非常广，其内涵囊括了人类产生和发展过程中所创造的所有社会文明发展要素，同时也是人类在生活和劳动过程中所创造出来的精神性产品。单从"资源"的字面解释来说，资源是可以被开发的、能够给人类社会带来经济的或者社会效益的特定资产。由此可见，"文化资源"表明文化可以被视为一种资源，同时具备资源的可开发属性和文化的精神性。因此，可以将文化资源定义为具备精神内涵与可开发属性，且能够给社会带来一定社会效益和经济效益的生产性资本。

从文化资源的类型来看，它包含了很多错综复杂的资源要素。在进行资源开发和向特定产品转化时，资源素材的选择是具有一定难度的，必须建立在对各种文化资源的内涵和本质充分深入了解的基础上。按照目前对文化资源形式一般的划分方法，多数学者将其划分为物质文化资源和非物质文化资源，如泰山、故宫等均属于物质文化资源，而古曲、民间传统工艺艺术等则属于非物质文化资源。从年代和民族、地域角度进行划分又包括历史文化资源和现代文化资源、民族文化资源和地域文化资源等。根据系统层次理论，文化资源的结构主要包括以器物技术为主的表层、以行为为主的浅层、以制度为主的中层和以社会意识为主的深层[1]。

（二）运河文化资源

京杭大运河始建于公元前486年，全长1794千米，至今已经流淌了两千五百年。从京杭大运河的产生和发展历程上来看，春秋时期是大运河形成的初期，在隋唐时期，大运河取得了初步的发展，明清年间运河在我国社会经济发展中的作用达到顶峰，一直到民国和新中国时期，运河的漕运功能逐渐衰退，进而走向衰落。随着历史的变迁和岁月的流逝，运河在其两千五百年的社

---

[1] 张廷兴，艾思同.山东文化资源的开发和利用[M].北京：中国档案出版社，2004：7.

会演变和历史发展中，对不同朝代社会经济的发展、南北文化的交流等都起到了非常重要的作用，给运河沿岸城市和地区带来了经济的快速发展、社会的繁荣进步。同时，运河作为历史发展的重要鉴证，也给后世留下了宝贵的文化资源。在长达千年的发展过程中，运河积淀了丰富的文化资源。然而在现时研究中如何对运河文化进行界定，运河文化与传统的文化资源存在什么关系，这些都是我们首先应该搞清楚的问题。

从概念上而言，运河文化属于文化资源的范畴，也是一个涉及范围非常广的概念。从运河修建和运营来看，运河文化包含了运河设计和开凿、运营过程中的管理等内容。从运河所发挥的作用角度而言，运河文化包含了沿运河流域所有地区在不同朝代所涉及的政治、经济、军事、文化、科学等一切社会活动；还包括在不同朝代中，不同地区的制度、人文思想、理念和具体的物相等方面。从运河文化具体包含的内容上，运河文化也是一个能够海纳百川的广博的文化体系，犹如一张无形的网将各个地区的特色文明凝结在了一起，从而构建起了特有的运河文化集群。这种文化溯源具体可以回溯到春秋战国时期，孔子、孟子、荀子等古代思想家、哲学家在思想上的交融传继，形成了当时百家争鸣的文化盛况，同时也形成了一些特色的地域文化，如燕赵文化、齐鲁文化等。运河文化集群的形成有力地推动了不同地区之间的文化交流和融合渗透，是一种对民族文化胸怀的客观反映。与此同时，运河文化的形成和传承也从侧面促进了国家和地区经济的快速发展，推动了文明车轮的不断向前，已经逐渐形成了一条跨文化、跨民族、跨地域的特色文化长廊。

综合而言，运河文化的形成与运河的开发、管理运营是分不开的，是依托运河沿岸不同地区不同民族的风土人情，由多元文化融合交汇而形成的新的文化。运河文化对于沿线人们的思想解放和各地区政治、军事、经济的发展有非常重要的作用，同时对各地区、各民族人民的思想意识、价值观念、民俗风貌的深层次融合也起到了积极的影响。

二、历史遗存的理论内涵

所谓历史遗存，是历经数千年的朝代变迁与历史演进过程中，保存传承下来的具有典型代表性和历史文化价值的古建筑、遗迹等。包括历史文化街

区、历史名城等。在中华民族长达数千年的历史变迁中，遗留了很多有名的历史文化街区、历史名城。1982年11月，我国颁布实施的《中华人民共和国文物保护法》（以下简称《文物法》）中，对历史文化名城进行了明确的界定，即"保存文物特别丰富，具有重大历史文化价值和革命意义的城市"。从《文物法》对历史文化名城的界定来看，能够被称之为历史名城的城市，首先应该具备历史悠久的特征，在城区范围内要有保存完好并且丰富的文物古迹。此外，从文化的角度来说，这些历史悠久的城市包括内部拥有的古迹，必须能够彰显和反映城市的历史文化特色。一般来说，城市内部的古迹分布都比较集中，城市在古代历史发展过程中，对于当时社会的政治、经济、军事等方面起到过重要的影响，或者发生过重大的事件，或者是当时区域性的交通要塞，具有自身独有的地区特色[1]。

与历史文化名城相对应的范围比较小的历史遗存还有历史文化街区。这一概念是在20世纪30年代雅典会议上被提出来的。在雅典会议上通过的《雅典宪章》中，明确规定了要对具有历史文化价值的历史街区进行保护。在此以后，陆续颁布的《威尼斯宪章》和《华盛顿宪章》，将对历史文化街区的保护范围进一步扩大到历史文物建筑附近的历史文化环境。我国历史文化悠久，各朝代都有一些在当时社会经济、政治和军事中发挥过重要作用的著名古代建筑，因此在历史文化街区定义以及保护方面也有很多明确具体的规定。《历史文化名城名镇名村保护条例释义》中将历史文化街区界定为：经过省、自治区、直辖市人民政府核定公布的文物保存十分丰富、历史建筑较为集中、能够真实体现历史传统格局和文化风貌，且具有相当规模的区域[2]。《历史文化名城名镇名村保护条例释义》中对历史文化街区的定义相对较为宽泛，其范围涵盖了城、镇、村和街等不同级别的历史遗存。在此基础上，金浩萍（2009）基于历史文化街区的概念界定，对其内涵进行了更为深入的分析和总结，金浩萍提出历史文化街区应包含三个层次的内涵：一是历史文化街区首先是一个特定

---

[1] 童明康. 保护历史文化名城名镇名村 传承文化遗产——国家文物局副局长童明康在"贯彻实施《历史文化名城名镇名村保护条例》座谈会"上的讲话[J]. 小城镇建设, 2010(04): 14-17.

[2] 国务院法制办农业资源环保法制司, 住房和城市建设部法规司, 城乡规划司. 历史文化名城名镇名村保护条例释义[M]. 北京: 知识产权出版社, 2009: 78.

的区域，包括街道、社区以及街区周边的环境，是一个区域性的概念；二是相比一般的城镇街区，历史文化街区具有明显的历史和文化价值，见证了一个特定的历史时期；三是历史文化街区是一个特定的具有生命力的活态遗产，承载了一段真实的历史，也反映了社区居民的真实生活[1]。

综合《历史文化名城名镇名村保护条例释义》与金浩萍的定义阐释，历史文化街区是一定的空间区域内，由历史遗留下来的、具有一定规模并具有比较完整的历史文化风貌的历史遗存。历史文化街区既渗透着历史的特色文化，同时也是城市社会生活的写照，是经过几千年历史演变和洗礼之后遗留下来的各种故居、建筑、街道的总和。历史文化街区在一定程度上折射了当时社会的政治、经济和文化生活，因此构成了现时的活态文化遗产。历史文化街区通常都具有完整和丰富的历史文化风貌，如具有完整历史格局的街道、建筑遗址、文物等，街区中生活的居民也保持了过去代代相传的生活方式和文化习俗，这些都反映了历史真实的信息。在从古到今的历史发展中，历史文化名城、名镇、名村、名街都承担了一定的社会功能，其中的各种建筑与当地居民以及居民的生活方式、文化习俗等融为一体，构成城市特有的文化风景，体现了城市发展的地方特色和脉络。

三、运河文化旅游

文化旅游是依托地方特色文化而发展的一种新型旅游形式。最近几年国内兴起文化旅游热潮，在带动地方经济发展、助推经济转型升级和传承优秀历史文化方面发挥了积极的作用。文化旅游，文化是灵魂，旅游是载体。文化旅游的兴起带动了文化产业和旅游业的同步发展，二者表现出越来越紧密的融合效应。文化旅游的产生和发展是伴随着旅游市场需求的转变而形成的。早在1987年，魏小安在《旅游发展与管理》中就提到了文化旅游的概念[2]。目前关于文化旅游的定义，学术界还没有形成统一的说法，存在多种概念的界定。在文化旅游的概念范畴下，又有学者提出了"文化旅游产品""文化旅游类型"等具体的文化旅游内容。郭丽华（2006）提出文化旅游的核心和关键是文化，

---

[1] 金浩萍.界定"历史文化街区"所导致的保护困境[J].中国名城，2009：69-72.

[2] 魏小安.旅游发展与管理[M].北京：旅游教育出版社，1996：329.

是借助旅游的形式来展现文化，形成文化的传承，所以将文化旅游界定为以旅游形式实现游客对景点文化的感知、了解和体察的过程[1]。任冠文（2009）通过对前人有关文化旅游的研究成果梳理和归纳总结，将文化旅游定义为游客在消费文化旅游产品、体验旅游活动中的文化内涵，接受文化熏陶和影响并获得身心愉悦和精神教育的过程[2]。马静（2011）从意识层面指出文化旅游实际上是一种旅游创新思维，是旅游经营与文化产品开发和精神教育的融合，是一种旅游产品的创新设计思路[3]。

运河文化旅游是依托京杭大运河历史文化遗产而开发的旅游项目。其中，运河文化是运河文化旅游的核心，通过旅游的形式让游客能够感知运河沿岸不同地域的民风民俗、宗教信仰和文化风貌，在认知运河发展历史以及运河对沿岸各地区社会经济发展作用的过程中，满足旅游者更高层次的精神需求，不断提高游客自身的文化修养。历史悠久的运河文化与旅游产业的融合对接，创造出了全新的旅游文化产品，既推动了沿岸各省市地区的旅游产业发展，同时也逐渐形成了以运河线性文化为特征的地方名片，使地域文化通过旅游的形式得以传播承继。

第二节 文化旅游相关理论基础

一、文化生态学理论

"文化生态"一词最早可追溯至19世纪70年代，是从"生态学"理论衍生出的用于反映文化与周围环境关系的理论。"文化生态"最早是由德国生物学家恩特斯·海克尔提出来的。1955年，"文化生态"理论逐渐成熟，形成一种专门的理论学说，美国文化人类学家朱利安·斯图尔德将其发展成为一种专门的学科，指出"文化生态学"是"从人类生存的整个自然环境和社会环境

---

[1] 郭丽华. 略论"文化旅游"[J]. 北京第二外国语学院学报, 1999(04): 42-45.
[2] 任冠文. 文化旅游相关概念辨析[J]. 旅游论坛, 2009, 2(02): 159-162.
[3] 马静. 文化旅游目的地品牌的打造[J]. 内蒙古科技与经济, 2011(18): 16-18.

中的各种因素交互作用研究文化产生、发展、变异规律的一种学说"[1]。"文化生态学"的建立为探究不同地域之间的文化差异和地域性文化的基本特征、发展模式提供了理论基础。在其学科发展过程中，受到了很多人类学家和生态学家的普遍关注。其最典型的特征是提出了研究文化产生和发展规律的新的视角，即从包括人、自然、社会、文化多方面因素相互作用的过程中审视文化的产生和发展演变历程，进而能够得到不同地域文化、不同民族文化产生的历史原因、发展模式以及特性形貌。在不同的应用领域，现代文化生态学有不同的内涵界定。生态学中将文化生态学定义为"研究文化体制适应其生存总体环境的具体方法以及各种文化制度相互之间得以相互协调和适应的方法。"而在地理学中则将人类文化群体发展与群体所处的特定地理环境相联系，认为文化生态学是研究文化与环境动态发展和和谐演变的关系的学科。

无论是从生态学的角度，还是从地理学或者社会与文化地理学的角度，文化生态学的产生和发展都是以适应环境为基础的。在研究和探讨文化生态学的过程中应该考虑到文化的复杂性和层次性。随着社会的不断发展进步，文化发展的复杂本质特征决定了一套复杂的技术和方法，这些方法和技术的演变本身就是一段漫长的文化史。文化生态学的研究和理论应用主要包括三个阶段。

一是对于社会生产技术和生态环境相互关系的研究探讨。现实社会中的技术本身就是构成物质文化的重要内容之一。在物质文化结构中，不同物质具有不同的作用和重要性程度。如在原始社会和农业社会，与环境发展关系最紧密的各种要素决定了人类的生存。随着物质文化的不断发展，人类社会对于物质文化以及社会、经济发展的各种需求在很大程度上也影响着环境的发展和演变，以生产技术为代表的物质文化和环境之间是相互影响、相互适应的动态演变关系。

二是针对特定的技术要素和特定地区发展的行为模式研究。相对于共性技术和基础技术来说，特定技术不仅仅决定和影响着人类社会的生存方式和习俗，对于人和货物在空间上的流动和分布也会产生影响，如特定的生产工具的产生，一些先进的运输方式的出现大大加快了人类社会发展和文化发展的速度。

---

[1] 崔明昆.文化生态学的理论方法与研究[J].云南师范大学习学报，2012(5)：61.

三是深入分析和研究在进行环境开发过程中，所采取的具体开发模式对于文化形成和发展的其他方面的影响。对此重点围绕文化的产生和发展与环境在功能上的内在关联性进行研究。文化的发展，包括物质文化和非物质文化，能够促进环境向更高级的形态发展演变，而在这一演变过程中，以意识形态的传播对环境形态转变的影响最为突出。

二、文化旅游生命周期理论

旅游生命周期是借鉴现实生活中的有形实体商品的生命周期而形成的概念。生命周期是一种产品从产生到使用，直至消亡的整个生命时间。所谓旅游产品的生命周期，指的是一种特定的旅游产品从被开发出来，到投入市场销售以及在旅游市场中被持续使用，最终走向消亡被市场淘汰或被新产品取代的整个过程。现实生活中，无论何种类型的旅游产品，一条旅游线路、一个旅游项目或者是一个具体的旅游景点，从其形成到被淘汰，一般都会经历一个从无到有，由弱变强，再由强转衰，最后消亡的时间历程。在对旅游产品的发展过程进行衡量的时候，通常会采用旅游产品的销售额和利润的变化状态两种指标进行测度。

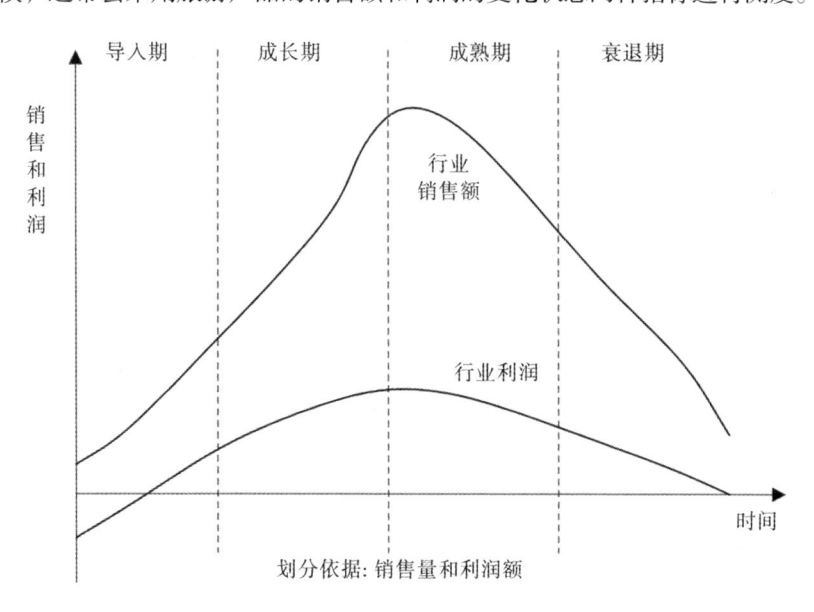

图2-1 旅游产品生命周期

（图片来源：根据产品生命周期理论自行绘制）

按照时间的发展历程，通常可以把旅游产品的生命周期细分为产品的导入期、产品成长期、产品成熟期和产品衰退期四个典型的发展阶段。对于旅游产品生命周期的每个特定阶段，旅游产品的市场需求、市场竞争状况、旅游产品开发运营的成本以及能够给企业创造的利润都不同，进而为企业决策提供不同的参考。

如图2-1所示，旅游产品的导入期，是一种新的旅游产品，如新的旅游景点、旅游饭店、旅游娱乐设施等被开发出来并被投放市场的阶段，该阶段产品的销售量一般较小，销售额呈现缓慢增长的发展态势。究其原因，该阶段消费者往往对这种产品的认识程度不高，这种产品在市场中知名度较小。另一方面，新开发投放的产品往往因为产品还不够完善，消费还存在一定的风险，因此消费者多持观望态度，对旅游产品的需求量不大；当旅游产品经过了导入期消费者的尝试性消费以后，如果能够给游客带来较好的感受，则这种产品的游客量会逐渐增大，旅游产品开始进入成长期，突出表现为产品销售额稳步增长，对企业的利润贡献也缓慢上升。成长阶段，经过对新产品的逐步完善和改进，新的旅游产品逐渐克服了投放市场初期存在的各种问题，相关的配套设施也逐步完善。旅游产品在此阶段基本定型为一种具有典型特色的产品。在此阶段，旅游产品在市场中的知名度也得到了明显的提升，游客对产品的了解程度增加，游客数量也越来越多。同时，从旅游经营者的角度来说，在此阶段，旅游经营者对该产品的开发投资也开始逐渐减少。随着消费者对该产品需求的不断扩大和企业内部开发成本的下降，该产品给企业带来的利润水平迅速上升。另一方面，由于新的旅游产品在市场中开始呈现良好的前景，同类型的竞争产品也开始大量推向市场，在市场中开始出现竞争；当新的旅游产品开始经过成长期进入成熟期，此时，市场需求量基本达到饱和状态，产品销售量达到了最大[1]。产品的消费者数量增长开始变慢，销量增长态势放缓。对产品的成熟期进行细分又可以将这一阶段划分为增长成熟期、停止成熟期和下降成熟期。在增长成熟期阶段，虽然该产品的销量仍然在增加，但增加幅度明显下降，表现为一种趋于停滞的稳定状态。停止成熟期阶段，该产品的市场销量出现一定波

---

[1] 喻峥人.基于云台山旅游纺织纪念品的设计与运营方式研究[D].中原工学院, 2014.

动,但总的趋势稳定。到了下降成熟期,产品销量开始明显下降。在产品市场销量和成本的双重作用下,该产品对企业的利润贡献也达到了最大,此后开始呈现下降趋势;旅游产品的衰退期一般来说都是这种类型产品的更新换代阶段。在衰退期,新的旅游产品被开发出来并大量涌入市场,逐渐取代了老的旅游产品。老产品对消费者的吸引力快速下降,市场销售量也日益下降。对于老的旅游产品来说,此阶段的市场营销策略主要表现为以价格优势吸引客户,因此,利润空间也不断受到挤压,可能导致企业亏损。最终,部分企业因财务问题或者新产品的市场排挤而逐渐退出市场。

旅游生命周期理论为分析文化旅游产品从开发设计到投放市场再到退出市场的企业经营决策提供了较好的理论基础和分析工具。在生命周期理论的指导下,实务界和学界能够根据旅游产品发展的一般规律,结合每个阶段文化旅游的发展特点制订相应的经营和管理决策,也为深入分析文化旅游奠定理论基础。

三、产业集群理论

产业的发展是产业从产生到成长,一直到最终走向成熟的不断进化的过程。这一进程中既包括一个特定产业的发展过程,也包括有所有产业所构成的国民经济的总体进化过程。产业的进化发展过程中涉及产业内部企业数量、产品或者企业所提供的服务产量在数量上的变化,同时还可能会涉及产业内部结构的变化、主导产业的更替迭代以及产业输出质量的变化。产业集群理论是波特于1998年首次提出的产业发展模式。波特认为集群是一些相互之间存在关联性的企业在一定的空间范围内所表现出来的集聚现象。Crouch 和 Farrell（2011）将产业集群界定为某一特定区域范围内,由一些在功能上具有互补性和共同性的相互联系的企业或者机构所构成的群体,在特定的空间范围内表现为一定的集中性[1]。早期部分学者认为,产业集群仅仅是指那些在空间上呈现集聚性和相互依赖性,且能够协同生产的企业。Feser认为经济集群的含义不仅仅是指那些相关的和相互支持的产业和结构,也包括那些由于相互关联而

---

[1] Crouch, Farrell. Local Production System in Europe: Rise or Demise [M]. Oxford: Oxford University Press, 2001: 161-211.

具有更强竞争优势的关联企业或结构。波特通过对丹麦、德国、意大利和日本等国家的相关研究，提出了"竞争钻石"理论模型，他认为在一个特定的地区内，产业集群的竞争力主要包含六个关联要素，即：要素条件、需求条件、相关产业和支持产业、企业的战略、结构和竞争以及政府的机遇。波特认为这六个方面的要素具有一定关联性，通过相互作用形成了产业链在空间区域范围内的核心竞争力。

产业集群式的发展是在一个特定的领域范围内，以某一主导产业为核心所形成的同类型企业或者关联产业的空间集聚支撑结构，产业集聚程度越高，则越能够形成较强的竞争优势。产业集群表现出一种较高水平的专业性。从产业结构上来看，产业集群表现为一个完整的产业链或产业网，既包括上游的投入供应商，如原材料供应商、相关生产服务供应商、设备服务商等，也包括中下游的销售商、批发商以及终端客户群体。同时，产业集群结构中还包括关联产业和产品的制造商，以及为了保证产业链运行而形成的技术技能培训结构和中介服务企业。从空间上来看，产业集群表现为一种空间分布和地理集聚特征，产业链的核心主导企业以及相关的支撑产业在空间地理分布上较为密集，这样更容易形成一种空间地域上的核心竞争优势，其辐射周边社会经济发展的能力以及资金和劳动力、技术等资源要素集聚的能力也得到了显著的增强，从而在空间上形成了一种生产综合体。

京杭大运河文化产业集群或产业带，是在空间上以京杭大运河航运功能和历史文化功能为核心，融合地方性特色资源和文化市场而形成的区域性特色产业结构。大运河文化产业集群中，各地区依托运河文化资源和地方特色资源而形成了特定地区的主导性产业，在各地区的文化产业发展中可以充分参考产业集群理论，在完善文化产业发展相关支撑产业基础和运河区域基础设施建设、运河区域文化生态环境治理和政府扶持政策创新等方面遵循和借鉴产业集群发展的逻辑和路径，加强以文化产业为核心的产业链延伸和横向关联，不断提升运河文化产业集聚程度，推动运河文化区域产业结构的优化升级。

四、文化旅游产业融合理论

产业融合理论产生至今已经经历了三十多年，一直都是国内外学术界的研究热点问题。截至目前，有关产业融合的概念表述和界定尚未形成一致的结论。产业融合现象的产生是工业技术革命深入推进而产生的经济现象。学界对于产业融合的关注和认识可以追溯到1963年，Rosenberg在研究美国机械设备的演化发展问题时开始意识到了工业领域中存在这一产业相互渗透现象，并将其写入《机械工具产业技术进步》一书中。19世纪中期，当相似的技术被应用到不同的产业发展过程时，就出现了独立的、专业化的新的机械工具产业。后来到了1977年，有学者尝试引用"技术融合"来表现和反映产业之间融合的发展趋势。有关产业融合发展的正式研究开始于20世纪90年代，Negreouponte提出数字技术的产生和发展有力地推动了产业之间的交叉和融合。从此以后，围绕产业融合的不同视角的研究成果越来越多，产业融合相关理论也越来越趋于成熟。植草益（2001）提出应利用技术的不断创新以及政策方面的扶持，逐渐打破不同产业之间的壁垒和障碍，推动不同产业之间的生产活动相互融合，同时也应该更加关注和维持不同产业之间的竞争合作关系[1]。产业融合最早出现在电信和广播电视领域。随着产业融合理论的不断成熟和新科技手段的不断发展，不同产业之间的边界越来越模糊，开始出现了一些全新的融合型产业体系。从技术层面来说，产业融合是建立在技术创新和技术融合的基础上而呈现的产业发展趋势。从产业融合的类型来看，不同的学者因研究视角不同，对产业融合也进行了不同的分类。Greenstei Tarun提出：如可以将产业融合分为替代性融合和互补性融合；从价值链的角度又可以将产业融合分为采购融合、生产融合和分销融合。Pennings Puranam从市场的角度将产业融合划分为供给方融合和需求方融合。我国学者厉无畏（2002）从产业的角度将产业融合划分为高新技术的渗透融合、产业间的延伸融合以及产业内部的重组融合[2]。

  旅游产业的融合发展是旅游产业与其他产业相互融合渗透和产业间改变的过程，其融合结果是反映和度量旅游产业与其他产业融合的根本性标准。随着旅游产业与其他产业之间的相互影响、相互渗透和交叉，逐渐形成了新的产业要素和产业形态，最终融为一体形成了新的产业。文化旅游融合是旅游产业与文化创意产业深度融合的结果，是以文化创意产业的思维方式和发展模式，

---

[1] 植草益.信息通讯业的产业融合［J］.中国工业经济，2001（02）：24-27.

[2] 李鹤.云南省旅游混合所有制经济发展路径研究［D］.云南财经大学，2019.

对旅游产业中的各种资源进行整合,在相互交叉融合过程中形成创新性的旅游产品,形成新的文化旅游产业链。文化旅游的核心是文化创意元素,依托文化创意元素和新的文化旅游产品,为旅游者创造一种新的体验,营造一个参与度高、个性和休闲的旅游愉悦过程。从具体的表现形式上来说,旅游产业融合比较常见的融合模式包括旅游产业与农业的融合、旅游产业与文化产业的融合、旅游产业与信息产业的融合等。其中,旅游产业与文化创意产业融合方面,国外更多的相关研究是基于遗产资源,结合不同的地域文化特征和不同的利益主体需求,对文化旅游产业发展问题进行研究和分析,基于产业融合视角的相关研究尚不多见。程晓丽(2012)引用具体的案例分析,从产业链的角度出发研究了旅游和文化产业的融合进程,认为文化旅游产业融合主要表现为文化产业链和旅游产业链的相互延伸,属于相互渗透性融合[1]。

五、点—轴资源开发理论

点—轴开发理论最早是由波兰经济学家彼得·萨伦巴(Peter Zaremba)和B. 马利士(B. Maris)在增长极理论基础之上提出来的。萨伦巴和马利士认为,强化交通轴线对点与点之间的串联沟通,对于不同地域之间的人员流动和物流活动都会产生明显的促进作用,能够显著降低总的运输成本。通过交通轴线连接各个区域,将会促进人口、资本与产业等要素在区位优势明显的交汇点逐渐形成局部集聚,从而形成经济增长点和增长轴。区域经济和资源开发过程中的"增长极理论"、Werner Sombart提出的"增长轴理论"和早期比较盛行的"中心地理论"共同构成了点—轴开发理论的基础。以我国为例,点—轴要素的结合和协同开发发展是随着我国国土开发的深入开展而逐步展开的。随着增长极理论、中心地理论和增长轴理论在经济地理工作中的应用,国内的国民经济结构开始被视为一种由"点"和"轴"共同组成的空间网络组织形式。点—轴开发理论基于经济增长和平衡发展之间存在的倒"U"型发展规律,鉴于我国国内所处的经济发展阶段,认为点—轴开发形式是当前国内区域经济发展的最为有效的空间组织形式。

---

[1] 程晓丽,祝亚雯.安徽省旅游产业与文化产业融合发展研究[J].经济地理,2012,32(09):161-165.

点—轴资源开发理论的理论内涵主要包括三个方面：一是在特定的空间区域范围内，具体划定一些生产、位置和资源等要素分布较好的，具有明显的开发优势和潜力的交通干线，形成具体的发展轴线，围绕发展轴线形成一定的辐射区域；二是在明确了具体的发展轴线以后，结合沿轴线布局的各个城市的发展优势，确定重点发展的中心城市，以中心城市为发展重点明确城市的发展方向以及辐射的空间范围；三是在确立了中心发展城市及其发展方向以后，通过进一步细分规划，明确中心城市下级的中心城镇以及整个发展轴线的发展等级以及体系结构，根据城市以及城镇的发展级别优化资源配置，确定资源开发的先后次序，进而形成不同等级的点—轴系统。在点—轴理论下，资源开发的重心将随着开发程度的逐步加深，从高等级的点—轴系统向低等级点—轴系统转移，最终实现区域经济系统的不断升级和发展实力的不断增强。

点—轴扩散式或渐进式发展理论的重点，是通过经济的空间移动和发展重心的转移，实现增长点或增长极对空间区域的辐射和带动效应，小间距的跳跃式发展和转移是点—轴发展理论的具体表现形式。我国国内对于点—轴开发理论的研究和适用最早开始于陆大道对我国工业生产布局的研究和分析。陆大道（1986）通过对我国2000年工业生产力布局的分析研究，指出点—轴开发是目前最为有效的空间组织形式，认为工业生产力布局不宜发生重大的变化，而应该采取重点发展的轴线和点—轴式发展模式，主张我国应依托沿海轴线和长江沿岸轴线，形成"T"字形发展战略布局[1]。京杭大运河是沟通我国南北地区唯一的水运通道，从其流经的区域来看，依托京杭大运河的航运功能连接了东部各地区，形成了较为密集和完善的空间经济网络。因此京杭大运河沿线地区经济的发展和资源开发能够适用点—轴开发理论，将京杭大运河视为一条发展的中心轴线，确立其沿线中心城市和中心镇区，强化沿运河经济带的经济、文化和生态资源的综合利用。

六、文化旅游可持续发展理论

可持续发展的理论渊源较为久远，早在春秋时期，我国儒家代表人物孔

---

[1] 陆大道. 二〇〇〇年我国工业生产力布局总图的科学基础[J]. 地理科学, 1986（02）：110-118.

子就提出"钓而不纲,弋不射宿",这体现了先人的生态环境可持续利用思想。目前,国内外有关可持续发展的研究成果比较丰富,且存在很多的流派。生态学理论中对可持续发展的界定是以人类的持续生存为目标,多数研究侧重于生态污染、生物多样性以及生态承载力等方面,通过对生态环境的保护和可持续开发,最大限度地保障后代选择生活方式和生活环境的自由。与此相对应,社会学理论中则强调将人类社会和自然环境的相关关系引向可持续发展的方向。从经济发展的角度分析,可持续发展是指经济的增长应建立在生态同步发展和生态保护相统一的基础上[1]。

无论是从哪个学科的角度来审视可持续发展的内涵,可持续发展的基本定位经历了从早期的是否满足少数到现如今所呈现出来的复杂多维结构,可持续发展是一种注重长远持久发展的良性发展模式,体现了一种科学发展的思想。

文化旅游的可持续发展是在文化旅游产业发展和推动区域经济增长的同时,形成文化旅游产业持续创造经济效益和社会效益的结果,即如何保证文化旅游与周围环境的协调、如何保证文化旅游业在满足游客旅游需求的同时保持良好的生态。文化旅游的可持续发展成为国内外政府和学界普遍关注的焦点问题。1990年,加拿大温哥华世界旅游大会上,正式将旅游可持续发展界定为"引导所有资源管理既能满足经济、社会和美学需求,同时也能维持文化完整、基本的生态过程、生物多样性和生命支持系统"[2]。具体而言,文化旅游产业的可持续发展主要包括发展目标、原则以及发展的关键问题三个方面:从文化旅游产业可续发展的目标来看,文化旅游产业可持续发展的总体目标具体包括文化旅游经济目标、文化旅游的资源环境支持目标、文化旅游社会进步目标以及文化旅游培植产业可持续发展能力的目标;旅游可持续发展应遵循的基本原则比较有代表性的有环境限制性原则、利益最大化原则、自然资本原则、预警原则、开发与保护并举原则、区域性原则、资源环境资本核算原则等;文化旅游产业实现可持续发展的关键问题主要是指旅游环境承载力约束问题,具体又可以分为经济承载力、生态环境承载力、资源环境承载力和社会承载力

---

[1] 檀菲菲,陆兆华.区域可持续发展评价研究述评[J].商业经济研究,2015(25):125-127.

[2] 韩玉姣.山西省旅游业碳排放初步估算及脱钩效应分析[D].山西财经大学,2015.

等[1]。对于大运河文化遗存而言，更要注重文化的原真性和完整性。

第三节　运河历史文化遗存的现时价值与特征分析

一、京杭大运河历史文化遗存的现时价值

从时间上来看，京杭大运河是目前国内开发时间最为久远的人工河道。京杭大运河不仅是沟通南北贸易和文化往来与交通协作的重要水路要塞，对于古代洪水泛滥的防御、沿河地区农作物的灌溉以及两岸人民的水资源供给方面都发挥着重要的作用。总体来看，京杭大运河的开凿与使用，对于促进运河两岸地区以及我国不同时期国家整体经济、文化和社会的发展进步都起着关键的作用。可以说，京杭大运河是我国劳动人民智慧的结晶，是一项举世瞩目的伟大工程，具有非常广泛的历史和现实意义。

（一）大运河的文化意义

京杭大运河是非常典型的线性文化遗产。从文化意义的角度来说，京杭大运河的价值涵盖了从历史、艺术、科学以及文化各领域的价值，体现了作为一种文化的独特见证，是古人富有远见卓识和开创精神的永久象征。京杭大运河的开通加快了中华优秀传统文化的交流与融合，带动了沿线城市和地区的文化繁荣，同时也是丰富社会和民族文化结构的重要桥梁。

（二）大运河的政治价值

京杭大运河对于古代封建社会的统一和巩固国家统治发挥着重要作用。从现时的角度来看，京杭大运河的存在也从另外一个角度向我们展示了相应历史阶段的政治元素及其精神联系。因此，也有人将京杭大运河称为中华民族文化的"认同之路"。

（三）大运河的经济价值

从历史的角度来看，京杭大运河对于古代南北方的交通和农耕文明的传承发展以及社会的进步，具有积极的作用。京杭大运河在促进南北文化交融的

---

[1] 谢雄辉. 我国旅游可持续发展理论研究的一般论域[J]. 桂林航天工业高等专科学校学报, 2006, 11 (04): 60–62+65.

同时，也为南粮北运提供了重要的水道，带动沿岸城市和地区经济的发展。京杭大运河作为一条文化之路，其历史遗存相较其他的单体遗存来说，在历史上发挥了更为强大的经济功能。对运河历史遗存的研究应充分挖掘其经济价值，明确其带动沿岸城市经济发展的功能。

二、京杭大运河历史文化遗存的主要特征

（一）运河历史文化遗存的整体性与综合性

京杭大运河空间跨度极大，途经相异的自然地区、水文体系和文化区、行政区。在绵延数千千米的流经路线上，与沿线分布的其他河流、城市、村镇地区建立了较为密切的联系。因此，运河本身和沿线相关的重要元素逐渐构建起一个完整的有机整体。在进行运河历史文化遗存的价值分析时，运河历史文化遗存的主要构成元素既包括物质遗产，同时也涵盖了非物质文化遗产，既包括地上遗存，也包括地下遗存、人文遗产等。从京杭大运河的作用来看，除了河道基本的航运功能，在历史发展中还具有防洪排涝、便利农业和文化交流、游玩休憩等多样化的功能。整体性和综合性是运河历史文化遗存的主要特征，同时对于运河历史文化遗产的保护和开发都将产生深远的影响。

（二）京杭大运河历史文化遗存是大范围的地域性遗产

京杭大运河流经南北多个省市，涉及不同的自然区域，贯穿国内主要水文系统，同时还贯通了江南、燕赵之类的相异文化区域。因此，从历史上京杭大运河被认为是与万里长城一样的宏伟工程，是我国大尺度的、大范围的区域性遗产资源。

（三）京杭大运河是典型的活态文化遗产

随着人们对于物质文化遗产和非物质文化遗产的深入认识和了解，人们逐渐意识到京杭大运河的历史文化遗产价值和活态属性。部分学者基于对大运河历史文化遗产价值的认识，提到京杭大运河作为一种典型的线性历史文化遗产，其区别于普通文化遗产的典型特征使它至今仍在为人们所用，大运河的基本功能并没有发生变化，这也是京杭大运河被称之为"活态遗产"的原因所在。诚如政协委员刘枫所言：京杭大运河除了能够将璀璨的文化遗产沉积下来，还是能够流动的、发展的文化黄金航道。

第三章　京杭大运河文化的历史起源与发展

京杭大运河纵贯南北,是我国历史上乃至世界历史上最长的人工河道,开凿时间、空间跨度以及工程量等均居世界之首。京杭大运河的修建开凿从春秋时期一直持续到元代最终建成使用,可以说是我国古代劳动人民智慧的结晶。京杭大运河开凿使用,一直到今天已经经历了2500余年的历史,见证了历史朝代的变迁和文化的接续与传承,同时运河本身也几经改道变迁,自隋以来,京杭大运河一直都是我国东部地区连接内河和海港的水运交通干线,对沿线的农业生产、社会和经济发展都发挥着重要的作用。

第一节　京杭大运河的历史沿革

一、京杭大运河的产生

京杭大运河北起北京,南至杭州,河流沿线途经天津、河北、山东、江

苏、浙江等省市地区，是贯通海河、黄河、淮河、长江和钱塘江五大水系的"黄金水道"。京杭大运河全长1794千米，最早开凿于春秋时期。这一时期中国大地群雄争霸，各个国家之间战事频仍，因此对于部队粮草的后勤补给要求较高，需要将部队的军需物资快速地运达前线。因此，京杭大运河的开凿最早是为了满足军事物资的运输需要。基于这样的目的，吴王夫差开始命人开凿邗沟，利用长江三角洲的天然河湖港汊，逐渐疏通从苏州到无锡，再到常州北入长江到扬州的"古故水道"，并利用邗沟来向战争前线输送兵力。后来到了秦汉时期，再到魏晋南北朝时期，京杭大运河的河道得以继续延伸。到了公元605年，隋炀帝将国都由长安迁至洛阳。当时隋朝国家的经济发展主要依赖于江淮地区，因此，隋炀帝下令要开通济渠。当时主要包括东段和西段两段工程，其中，西段主要是在现如今的洛阳西郊，在此地开凿沟渠引谷、洛二水入黄河。而在工程东段则主要集中在现如今的荥阳市汜水镇地区，在该地通过疏通汴水，引黄河水经过商丘、宿县、泗县流入汴渠，形成当时漕运的主干道。公元608年，隋炀帝又开通了永济渠，利用永济渠引导黄河支流沁水经过卫河、天津、经永定河流入北京。公元610年，江南运河得已开通，在现如今的江苏省镇江市地区，引江水经过无锡、苏州、嘉兴，经过杭州流入钱塘江[1]。这一时期，京杭大运河形成了连接北京至杭州钱塘江，全长2700千米的南北水道。

二、唐宋时期的运河发展

唐宋时期，当时的官府都曾经对京杭大运河进行过疏浚和整修。唐朝时期，就曾经对运河沿岸进行了大规模的修缮，主要是为了能够有利于运河漕运。同时，唐朝时期还对自魏晋以来在运河上兴建的各种通航堰埭，分别进行了改建，最终建成了多功能的单插板门船闸。这些多功能门船闸，在不同时期既能够有效地调节运河的通航水深，又能够满足漕运船舶往返通行的要求。在此以后，宋人又对这种船闸进行了改进设计，为单插板门船闸安装了上下闸门，形成了一种复式插板门船闸，这种改进设计大大提升了当时船闸的船舶通

---

[1] 姚璇.河南大运河文化带建设与乡村旅游深度融合研究[J].中原工学院学报, 2019, 30（06）: 68-72.

行能力和通行的安全性，是现代船闸的最早雏形[1]。同时，宋朝还将原来运河沿岸的土岸整修为石驳岸纤道，使运河沿岸岸堤的牢固程度大大提升。公元1079年，汴河，即通济渠在导引和疏通黄河水的时候出现了淤积，当时的北宋统治阶级为了解决这一问题进行了清汴工程，通过开渠将伊洛水引入汴河。清汴工程在当时兼具引水、蓄水、排泄、治理多项功能，可以称之为当时较为著名的水利工程，唐宋时期设置有专门的转运使和发运使，具体负责全国的运输组织工作，对全国河运和漕运进行统一管理。通过统一的管理和水利工程的整修，京杭大运河的通航条件得到了很大改善，漕运和通航能力显著增强。相关统计数据表明，唐初，运河漕运每年完成的运输量仅为20万石[2]，而到了北宋时期，漕运量已经可以达到400万石，最高甚至达到了700万石，这在当时已是漕运史上的巨大进步。因此，唐宋时期运河航运的发展对两代地方经济的发展和商业繁荣发挥了重要的基础作用，也是沿河两岸一些重要城市如苏州、杭州形成和发展的重要因素。

三、元代运河的发展

公元1194年，河南武阳县一带的黄河出现决口，黄河水从封丘南下。经过泗水、淮阴入海。当时的元朝在当今的北京建都，即元大都。元初，运河漕运的路线是从江淮开始，沿着黄河向西北，一直到今天开封市的西北封丘县的中砾镇，再由中砾镇进行转运，从河南省新乡市进入卫河，再由水运到天津，从现如今的北京市通州区（时名"通县"）由陆路转运至北京元大都。从空间上来看，这条路线距离较长，并且中间多次转运，非常的不方便。公元1282年，元世祖下令开挖济州河，从现如今的济宁地区以洸水、汶水和泗水为源头，从南向北开挖河道，和济水相连通。济州河的开通，使得漕运船舶能够从江淮地区顺着黄河、泗水和济州河直接抵达安山下济水，再沿着济水一路向北，经由济水入渤海，经过海运到达天津，也可以经过陆运，从东阿旱站往北

---

[1] 王菡薇, 侯力. 文旅融合视角下的大运河文化带建设[J]. 唯实, 2019(12): 68–72.

[2] 吴新星. 大运河文化带建设的产学研融合创新研究[J]. 淮阴工学院学报, 2019, 28(06): 9–13.

到达临清，再入卫河走水运[1]。当时的漕运路线，尤其是经过海运到天津的路线，经常遇到风浪，可以说是路途艰险。公元1289年，元朝继续兴修水利，从济州河开始往北，经过寿张、聊城一直到临清，开通了会通河，全长125千米，利用会通河接通了卫河，并在会通河上修建了插板门船闸，在济宁地区修建了水柜，形成了南北分流的形式，在当时起到了很好的调节航运用水和控制水位的作用。会通河的开通为漕运提供了较大的便利，漕运船舶可以经过济州河、会通河入卫河，再经由溯白河直接运达通县[2]。在此以后，元朝又从通县开通了到元大都的通惠河，修建了插板门船闸20座。利用通惠河，漕运船舶能够从通县直接到达现今的北京市内的积水潭。

元朝时期，通过对京杭大运河进一步修缮疏通，初步形成了我们今天看到的运河路线。在运河漕运管理方面，元设立了都漕司正副使，对运河和漕运的相关事宜进行督管。但是，由于运河水源不足，加之通航河道窄浅，运河漕运量并不是很高，每年的漕运量仅10万石左右[3]。

四、明清时期的运河发展

明清时期，统治阶级又分别对元代的大运河河道进行了扩建修缮。明代对元代开通的通惠河闸坝进行了修复，恢复了通惠河的通航。公元1141年，明统治阶级又对会通河进行了扩建和改造，将汶水引入南旺湖，并在南旺湖修建了水柜，形成"南三北七"的分流管理，在一定程度上解决了当时会通河水源不足的问题，并在会通河上增建了船闸。

长期以来，京杭大运河的漕运以及沿河两岸的农业都受到黄河泛滥的影响。为了能够解决这一问题，明朝在公元1528年至公元1567年和公元1595年至公元1605年间，先后从现如今的山东省济宁市南阳镇南部的南四湖东开凿河道长达440千米，将原来的泗水运河路线改建为经过夏镇、韩庄和台儿庄注入黄

---

[1] 肖潇,于秀萍,李维锦.文旅融合视域下沧州段大运河的旅游开发策略[J].沧州师范学院学报,2019,35(04)：61-65.

[2] 胡徐媛,刘勇.浙东运河杭绍段文化带建设调查与研究[J].科技风,2019(34)：227.

[3] 王兴婵,杨天宇.河海相济 文武沧州——2019年沧州市旅发大会助推沧州旅游产业高质量发展[J].党史博采(上),2019(12)：73.

河[1]。除此以外，为了进一步保障京杭大运河漕运通航的安全，明朝还下令修建了洪泽湖大堤和运河西堤，在大运河的东堤修建了平水闸，对运河水位进行调节。

明清时期，对于通航于运河的漕运船只规定了具体载重量，要求通航船只的载重量不得超过400石。明朝和清朝分别规定运河通航船只载重吃水的深度不得超过3尺和3尺5寸。两代运河年漕运量约400万石。

五、新中国成立以后的运河发展

中华人民共和国的成立为京杭大运河的发展奏响了新的篇章。20世纪50年代新中国成立以后，国家将京杭大运河列为重点发展的内河主干线之一，开始持续对京杭大运河进行整治工作，对原京杭大运河的古老河道陆续进行了恢复和扩建。1953年兴建了江阴船闸。1957年兴建了杨柳青、宿迁千吨级船闸[2]。1959年以后，国家实施了南水北调伟大工程，同时对原大运河进行了扩建，重点工程包括滁州至长江段运河河段的开通，这使得大运河单向的年漕运通行能力达到了8000万吨。对于运河两岸的农业发展来说，运河河道的扩建和通行能力的加强，也使沿岸的农业灌溉面积和排涝面积得到了大大增加，有效地保障了里下河地区1500万亩农田的用水需求和800万人民的生命财产安全。

随着我国国民经济的快速发展和转型，我国内河航运发生了较大的变化，航运规模化趋势不断加强。2014年，京杭大运河成功入选世界文化遗产目录，成为我国第46个世界遗产项目。京杭大运河在世界文化发展史上留下了它沉重的足迹。

---

[1] 罗奕,朱宝华.南通大运河建筑遗产的旅游文化开发研究[J].安徽建筑,2019,26(11):9-12.

[2] 王燕燕,王浩,唐晓岚.中国大运河遗产构成及遗产价值研究综述——基于CNKI中国知网远程数据库[J].南京林业大学学报(人文社会科学版),2019,19(03):70-83.

第二节 运河文化的起源

一、隋朝以前的运河文化

运河文化是指世界范围内的人工运河文化。从运河文化的产生和发展过程来看,运河文化是一种社会现象,同时也是一种历史现象,始于运河的开凿和使用,是在长期的历史发展过程中创造形成的产物,是沿着运河线性流域以及周边地区而形成的历史积淀。除此以外,运河文化还是一种典型的区域文化,是运河流经及其辐射地区的区域文化。根据区域文化的形成原理,稳定的自然地理环境和人文地理环境以及在特定空间区域范围内不断沉积的历史文化共同构成了区域文化。区域文化的形成,是在一定的区域空间范围内,在较长历史时期中不断积累的同质文化的集合体,是在区域范围内部能够达成各成员之间对这种文化的认同感和归属感。我国古代从春秋时期开始,就建有大大小小的不同规模的运河近三十条。从早期各种运河开凿到使用的历史发展过程来看,隋朝以前的运河还不具备形成独特运河文化的条件,缺乏充分的历史文化积淀。如果仅仅从地理条件来看,人工运河的开挖基本上形成了以运河为轴心、辐射两岸自然地理范围的空间区域,但此时的运河河道狭窄、功能单一、空间跨度较小,还不能称之为水运系统,也无法被纳入运河两岸诸国的文化体系。随着运河文化与其他文化区域异质文化的相互冲突,沿河两岸逐渐形成了一种独特的文化地理环境。在这种环境下,运河文化无法表现出区别于非运河区域文化形态的明显特征。站在历史研究发展的角度来看,京杭大运河的开凿,其主要功能是为诸国之间的战争运送后勤补给物资[1]。但运河的这种功能和使命必将会随着战争的结束而转变。此时的运河就失去了其最初的价值,逐渐淤塞湮阻。虽然有些运河又被后人挖通使用,但其漕运服务功能却难以充分发挥出来。

纵观运河的历史演进和发展过程,从一个较短的发展阶段来看,运河流

---

[1] 林留根.世界文化遗产中国大运河的考古阐释与文化解读[J].东南文化,2019(01):14-20.

经的一些特定的空间区域范围内，能够形成一些地方性的物质文化和制度文化，但这种物质文化和制度文化仅限于该地区的区域性文化形态，难以形成具有典型代表性的和独特性的精神文化成果。物质文化从根本上决定和影响着一个地区的文化品格和精神文明的发展，同时对于该地区的制度文化、行为文化等都会产生较为明显的影响。典型的地方精神文化是随着历史的不断发展和不同时期物质文化的变异以及层层累积，在发展过程中被不同朝代的人民所认同和接受的最终文化形态。春秋时期一直到隋朝以前，运河流经的各个地区正处在这种精神文化形态的孕育和积累的阶段，还没有最终形成具有典型文化特质的区域运河文化。

二、隋朝以后的运河文化

隋朝是运河河道基本形成和稳定运行的时期。通过一系列的河道扩建和疏浚工程，运河河道走向基本定型，投入使用的河道通航里程和持续通航的时间都得到了延长。与此同时，这一时期，与运河开挖、维护、通航等相关的管理技术水平也得到了大大地提高。从当时的经济发展情况来看，东南地区已经逐渐成为国家经济发展的重心。东南地区物产丰富、粮食充足，通过运河漕运向隋朝都城输送粮食和其他物资供给，为整个王朝的统治提供了重要的物资保障和物质基础，运河漕运显得极为重要，成为统治阶级最为重要的政务之一。统治阶级开始设立专门的部门对运河漕运和河道事务进行管理。同时也形成了一些与运河漕运管理相关的法律法规。随着运河管理的不断规范化，不断积累起来的运河历史文化也日益丰厚。另一方面，运河通航能力的不断提高，其商品流通功能也得到了增强。隋唐时期，运河流经地区形成了一些历史上较为著名的商业繁华城市，洛阳、杭州、苏州、湖州、常州、扬州等，都是当时盛极一时的商业重镇。除了这些规模较大的商业城市之外，沿运河区域还形成了一些规模比较小的专门用于商品交易的"草市"[1]。商业的快速发展带动了运河区域经济的快速发展，同时也影响和改变了沿岸的经济结构、人口结构，引发了商业文化、价值观念的变化，这些改变为运河文化的形成和传承提供了重要

---

[1] 林留根.世界文化遗产中国大运河的考古阐释与文化解读[J].东南文化,2019(01):14-20.

的基础和前提条件。

京杭大运河横亘南北，运河的长期通航促进了南北商业的往来，同时带动了南北文化的交流。这对最终形成运河区域文化起到了关键的作用。在不同的历史时期，借助运河出行的官员、学者、商人、艺人甚至国外的游客、使节等络绎不绝。这些人往来于运河之上，途中讲经布道、求师问学，进行商业往来和公务处理等，形成了各地文化相互交融碰撞的文化盛景，不同地域的生活方式、价值观念、风俗信仰、技术技艺等广泛传播于运河沿岸[1]。这一过程中，运河本土文化与源文化随之逐渐发生改变，逐渐形成了区别于运河周边地区的新的文化形态。从本质上来看，运河区域文化的形成，是随着运河通航能力的加强，促进了异地文化和运河本土文化的相互交融，导致运河区域文化逐渐形成区别于运河周边其他区域的特有的文化形态，是运河区域物质文化、制度文化长期累积演变的结果。纵观历史不难发现，运河文化的形成并非连续的过程，运河文化的积淀表现出时断时续的特点。究其原因，主要是运河的通航和使用在不同的时期会受到战乱等政治动荡的影响。战乱时期运河通航受到干扰，时通时塞，造成有些新的文化形式初现的时候就被军事战争扼杀和摧折，影响了运河文化的传承和正常发展，也延缓了新文化形态的发展和成熟[2]。

三、明清时期的运河文化形态

运河漕运在不同的历史时期对于王朝的统治和社会经济、人民生活都具有重要的意义。明清时期，统治阶级将运河漕运视为军国大计和国家命脉，因此对以往的运河河道进行了整治改造，进一步规划和疏浚了运河河道走向和淤塞的河道。同时也加强了对运河河务的管理，逐步完善了相关的管理制度。因此，在明清时期，运河河道稳定、持续畅通，对明清两代的政治、经济、文化、社会发展等各个方面都起到了积极的促进作用。京杭大运河因为绵延千里，为了能够有效地调节水量，在京杭大运河的沿线上修建了很多的船闸。这些船闸在保证大运河持续通航和排洪蓄水方面都起到了重要的作用。明清时期修建的船闸从数目上来说是非常多的。如诗中所说"济河五十闸，闸水不

---

[1] 方静.论大运河特色文化遗产活态传承利用——以常州段运河为例[J].中国名城，2018（12）：92-96.
[2] 张峰.大运河文化遗产保护利用传承的历史考察（2006~2017）[J].农业考古，2018（04）：237-244.

濡轨；十里置一闸，蓄水如蓄髓"[1]，这从侧面反映出明清时期大运河相对较为完善的运河基础设施。根据相关史料记载，在从山东济宁到临清的约200千米的会通河上，就坐落着约67座船闸，其中修建于元代的船闸就达27座[2]。在京杭大运河两岸和沿线地区湖泊、其他河流相连接的地方，还分别建有进水闸和减水闸，主要是对运河的水流量进行调节。每当大运河的水流量不足的时候，就开放进水闸将相连的湖泊水或其他河流的水注入运河。当大运河水量过大时，就开放减水闸进行泄洪，将运河水导入相连的湖泊或者其他河流。运河沿线分布的这些基础工程设施，曾经在历史上为运河的畅通和正常通航发挥了重要的作用，而今这些船闸大多已经废弃，只有一部分经过改造以后还具有一定的使用价值，保持着原来的面貌。虽然这些基础设施的功能已经消失或者减弱，但蕴含于其中的文化价值却依然为现代人们所关注，成为运河文化体系中的重要内容之一。

除此以外，运河的通航为沿线地区的经济发展提供了源源不竭的动力，带动了沿线一些重要城市的经济发展，形成了一些历史上著名的工商业城镇。明清时期依托运河港口、码头、船闸而兴起了一些典型的城镇，作为运河文化的重要内容为运河文化体系增加了亮点。如济宁至当时的聊城地区夹河而建的安山、安居、张秋等都是历史上比较有名的商业小城镇。这些地区商业兴盛，拥有便捷的交通运输体系，是历史上重要的通商转运点，同时也是物化了的运河文化。运河流经的地区以及周边辐射区域明显受到运河经济的影响，在运河的带动下逐渐形成了一条横贯南北、特征明显的线性空间区域[3]。这一线性空间区域融合了中国历史长达千年的不同的物质文化、制度文化，积聚了丰厚的精神文明。运河文化在这一时期达到了鼎盛时期。

中国运河文化是依托运河经济而逐渐形成的中华民族文化大体系下的亚文化，是由物质、制度、行为、精神等一系列文化领域所构成的一个有机整体，是一个完整的文化体系。在运河文化的完整体系中，物质文化发挥了重要的基础性作用。物质文化的形成和发展随着人们生产和社会实践活动的不断开

---

[1] 王太岳等.文渊阁本 钦定四库全书考证 第4册 集部[M].北京：商务印刷馆，1986：301.
[2] 钟超.安徽省大运河文化遗产保护与规划研究[D].安徽建筑大学，2017.
[3] 葛剑雄.大运河历史与大运河文化带建设刍议[J].江苏社会科学，2018（02）：126-129.

展而日益充实，同时也在人们的生产活动和社会演进过程中逐渐消逝，是浮于区域文化表层的直观的文化形态。对比中国历史上所有的区域文化不难发现，京杭运河带的区域文化特征在明清时期表现得最为鲜明。这一时期的运河河道长度已经位居世界人工运河之首，虽经历了千年的岁月洗礼，但运河依然向世人彰显了巨大的活力，运河的各种功能在这一时期发挥到了极致，京杭大运河河道本身就已经形成了一种独特的物化的文化遗产。

第三节　运河文化的功能及特征

一、运河文化的功能

运河的跨地域通航、跨时空绵延流淌孕育了丰富多彩的地域文化，极大地促进了不同地域之间的文化交流，逐渐形成了运河文化。运河文化的价值主要体现在以下方面。

（一）文化的包容与统一

古运河横亘南北，横跨多个省市地区，在不同的地区均有其自身不同的地域文化，且不同文化之间往往会存在一定的冲突和矛盾。运河漕运在推动各地区经济和社会发展的同时，也加快了不同地区之间文化的沟通交流，促进了各地区之间的文化融合并形成了新的文化形态。从本质上来说，运河文化体现了一种善于沟通和包容开放的宽广胸怀。其中，沟通本身就是文化形成和传播的一个本质特征。京杭大运河不仅是一条经济之河，更是一条文化之河，在连接南北地区经济往来、经济发展过程中也为文化发展拓展了更为广阔的空间，是影响中国文化格局发展和演变的重要因素，也是从空间上连接中国与世界的桥梁，从时间上贯通中国古今的重要纽带。京杭大运河沿线的洛阳、宁波分别是陆上丝绸之路和海上丝绸之路的起点。两座城市借助大运河的水路实现了经济和文化的沟通往来，同时在推动和促进中外交流方面发挥了积极的作用。

（二）运河文化的扩散与开放

京杭大运河的开凿和运行不仅为各地区之间的通商提供了便捷的通道，同时也为不同区域的文化交流提供了重要的支撑。依托京杭大运河而逐渐形成

的文化交融和新的文化形态，体现了一种文化区域内部的人类价值的交流，是人类智慧的重要体现。京杭大运河的开凿联通了中华大地上的内陆水系，加强了南北地区以及各民族之间的相互交往和团结统一，是一种"对内搞活"的具体实践。京杭大运河的通行直接刺激了各朝代不同地区之间物质和文化的相互往来，也间接影响了古代中国与国外地区的沟通。古运河的通行大大加强了东部地区与中原地区、南北区域之间的联系，带动了运河经济的形成和运河沿线地区的商业繁荣。大运河沿线地区一时成为古代中国与西方经济、文化交流的前沿，有力地推动了中华文明的传播和中华文化的多元化发展。

（三）运河文化的创新功能和持续发展

文化的活力来源于文化的不断创新和持续发展。开拓创新和不断发展是运河文化历久弥新和千古传承的关键特征。从产生至今，京杭大运河的文化内涵与外在表现形式一直在不断地更新和延伸拓展之中。随着中外交流的日益广泛和逐渐深入，古运河作为连接中外文化的重要通道，其文化传播形式也表现为大型化、社会化、国际化等特点。大运河作为古代连接中国与国际世界的重要通道之一，其持续通航和不断扩大的水路运输能力，使得古代中国与西方国家之间的联系变得更加紧密。国外的僧人、官员、旅行家以及国外使团等都是通过京杭大运河的运输才能够及时到达目的地区。因此，京杭大运河的开通极大地促进了古代世界之间的文化交流。

二、运河文化的特点

随着京杭大运河的持续通航，逐步形成了兼蓄沿线各地区典型区域文化特色和民族特色的新的文明成果，进一步形成了今天我们所关注的内涵深厚、丰富多彩的运河文化。我国是一个多民族国家，各个民族都有其特有的民族特色和文化。京杭大运河的通航，加快了南北文化和中外文化的交流，逐渐形成了新的运河文化形态。运河文化包容吸收了燕赵文化、齐鲁文化、中原文化、西楚文化以及吴越文化的精华，最终形成并成为多元一体的中华民族文化的一部分[1]。运河文化已经超越了简单的乡土文化或商业文化，而是一种流通性与

---

[1] 苗传华,等.关于依托台儿庄古城建设"运河文化创意产业示范园"的议案[Z].山东省十一届人大四次会议议案,9-10.

稳定性相统一、兼具开放性与凝聚性、物质性与精神性相融合的动态文化。

（一）运河文化的流动性和稳定性

运河流经区域的文化体系或多或少都是以运河水文化为根基而发展衍生出来的。因此，可以说运河文化的本质是一种水文化。水的特点之一是动态稳定性，既包含了水的流动性特征，又在一定程度上体现了一种相对的稳定性。运河文化的稳定性和流动性不仅指水的这种基本特征，还可以延伸到运河沿岸地区人口的流动和稳定。运河沿岸商业较为繁荣的城市地区，商人的流动性、劳动人民的流动性是比较突出的，尤其是一些国家级的重点商业城市，其繁荣的商业吸引了全国各地的商人汇集，部分商人还在此定居，极大地促进了各地商人行商经验的广泛传播以及资源的流动。除此以外，劳动人民的流动性也比较突出，囿于当时农业生产技术落后等因素，运河周边地区农业发展水平还不是很高，因此农民的温饱问题还无法得到解决，这就造成有些劳动者背井离乡，到运河码头、港口等地方靠出卖劳动力维持生计。还有一些社会底层人民流动到运河钞关、闸关等地谋生。这种流动性加快了社会人口结构的演变。同时，运河文化还表现出一定的稳定性特征。一种文化的形成往往需要经历长期的积累和沉淀，一旦形成以后，在短期内将不会发生明显的变化，同时还会深入人脑人心，成为影响人类行为和生活态度的准则。也正是因为运河文化的这种稳定性，运河文化资源才能够得以代代传承。

（二）运河文化的开放性和凝聚性

运河文化的开放性和凝聚性是运河文化最为明显的特征。开放性是运河本身的特点所决定的。运河横亘南北，流经多个省市地区，涉及不同民族地区不同的生活方式、民俗文化、价值理念等。运河整体上呈现南北走向的流动形式，且从东西方向上来看，并没有一个明显的边界划分。因此，从运河的结构上来说体现了一种空间上的开放性。从时间维度上来看，运河经历了千年的岁月洗礼，见证了历史上十几个王朝的更替迭代，且在不同朝代的政治、军事、经济发展等各个方面都发挥了重要的作用，其重要性为不同朝代统治阶级所重视，足见其在时间维度上存在一定的共性，被人们所认识，因此，从时间维度上来说，运河也体现了一定的开放性。另外，运河文化的开放性不仅仅体现在运河本身的结构及其在历史发展中的作用方面，运河本身的开放性还极大地促进了沿运河区域人们思想观念的解放，打破了传统的人们自给自足的生产方式[1]。在传统的经济体系下，人们采用的主要的经济发展方式就是自给自足的生产方式，相互之间不进行或者很少进行交易往来或沟通交流。这种传统的经济发展方式极大的封闭了人们思想，也影响了社会生产效率的提高。运河的通航加速了人员的流动，同时也带动工商业迅速发展，推动了社会分工的发展和人们经济发展理念的革新。运河文化的凝聚性主要体现在沿运河区域的人们在长期的生活和生产过程中，逐渐形成了相同或者相似的生活方式和生产方式，表现出大体类似的文化价值观。而这种相近的文化价值观和生活方式作为一种纽带又进一步地增强了运河区域人们生产生活的凝聚力。

（三）运河文化的物质性和精神性

运河文化是物质文化和精神文化的统一，是物质性和精神性相互融合的产物。历史上任何的文化形式，最终都需要借助一定的物质载体来进行展现，例如一些地区保存完好的古村落、古建筑、古文物等，都是对古文化的一种生动的展示。与此同时，文化的传播还应该是一种精神上的传递。运河长达千年的发展进程中，给后世留下了丰富的物质文化遗产和精神文化遗产，因此，从运河文化的特征上表现为物质性和精神性的统一。运河沿岸遗留了大量古代历史建筑，这些古代历史建筑形式各异、风格多样，体现了不同地区的民俗风貌和文化差异。这些古代建筑、古村落承载了历朝历代大量的运河文化信息，是运河文化物质性的直接体现[2]。与此同时，运河文化资源还是一种精神性的体现，这主要表现在一些非物质文化遗产上。非物质文化遗产特点在于各个地区独特的生活生产方式，是地域文化的"活"的显现[3]。沿着运河各个地区形成了一些独具特色的精神文化遗产，如枣庄的柳琴戏和运河大鼓、安徽淮剧、天津泥人、津门法鼓等优秀传统文化艺术形式，以及一些具有地方特色的民歌剧种。这些优秀的流传百年甚至千年的民间艺术形式是运河文化精神性的集中体现，具有重要的精神内涵。

---

[1] 姜师立.论大运河文化带建设的意义、构想与路径[J].中国名城，2017(10)：92-96.
[2] 霍艳虹.基于"文化基因"视角的京杭大运河水文化遗产保护研究[D].天津大学，2017.
[3] 王淑娟，陈胜容.表演艺术类非物质文化遗产产业化之研究——基于台湾霹雳布袋戏的经验[J].社会科学家，2013(09)：78-81.

三、运河文化的分类

古运河流淌了千年，也积聚了千年的文化基因和要素，是一条具有丰富物质和精神财产的文化遗产长廊。京杭大运河沿线历史文化遗存众多，文化资源丰富，集中了沿河两岸不同民族、不同地区文化节庆以及相应的品牌符号，孕育形成了运河特有的文化形态和文化景观，既包括其蜿蜒绵长的河道以及分布在河道两侧无数的码头、船闸、桥梁和堤坝，也包括沿河两岸数不胜数的精神文化产品。在众多的运河文化之中，为了能够更好地研究和分析运河文化，就必须对运河文化进行深入细致的分类。

对于运河文化的分类，基于不同的视角有不同的分类结果。如有的学者将运河文化分为本体层面和文化层面，其中本体层面是围绕运河形成和产生的发展历程，不断积淀流传形成的物质文化遗产、非物质文化遗产和制度文化遗产三个方面。物质文化遗产主要是运河河道以及相关的基础设施，在流传千年以后其本身就是一种典型的文化载体。非物质文化遗产则主要涉及观念、思想、信仰以及各种民俗风貌等。制度文化遗产是围绕运河管理而形成的各朝代相关的漕运制度和管理措施，是介于物质文化和非物质文化之间的一种文化形态。运河文化层面是在运河影响下，沿运河区域形成的哲学、史学和文学等高级的文化现象，以及民间文学、市井文化等。这种分类方法虽然能够展示运河文化的具体内容，但两个层次之间的运河文化内容并没有明确清晰的界限，因此容易混淆，尤其是对运河本体文化的界定没有一个明确的标准。也有学者将运河文化分为高级文化、大众文化和深层文化。高级文化是指包括建筑、文学等方面的文化。大众文化则是指沿运河区域的不同民俗文化、仪式、衣食住行等。深层次文化则是指人们的价值观念，民族精神等。聊城大学运河学研究院吴欣教授将运河文化分为技术文化、制度文化和社会文化[1]。

根据国家发改委《大运河文化保护传承利用规划纲要》，运河文化包括三个层面：一是大运河遗存承载的文化；二是运河流淌的伴生性文化；三是运河历史凝练的文化。其中，运河遗存承载的文化主要是运河河道以及遗留下

---

[1] 吴欣.大运河文化的内涵与价值[N].光明日报，2018.02.05（14）.

来的各种古建筑等蕴含的相关文化。这些文化是以沿运河分布的历史遗存为基础，包括运河文物、水工遗存和附属遗存等。利用这些历史遗存，人们能够更加清楚的认识和了解不同时期运河沿岸的地域人文特征和时代特色，了解与运河相关的漕运文化、造船文化和水工文化。运河伴生性文化是运河沿岸各种非物质文化遗产和传统习俗等。这些文化形成的基础是两岸人民，主要以手工工艺、工程技术、戏曲文艺、生活习俗等为文化载体，突出展示了在长期的历史变迁中，运河两岸沿线居民的民风民俗、生活方式等。运河历史凝练文化指的是运河形成和持续通航过程中，对于推动南北地区融合和东西交汇，促进中西文化沟通和商业往来的过程中，逐渐积累和形成的文化精髓和价值观念。这一层面的文化是中华民族精神特质的集中体现，其主要载体是运河沿岸各地区乃至历代劳动人民伦理道德、理想信念以及情感性格等[1]。

综上所述，本书在对运河文化进行分类的时候沿用目前大多数学者的做法，将运河文化分为物质文化、非物质文化和思想文化三个部分。其中，物质文化包括运河水工文化、运河建筑文化、运河园林文化和运河城市文化等。运河非物质文化包括与运河相关的文学艺术等内容。思想文化则主要侧重于运河沿线两岸相关的宗教文化、运河商业文化、运河旅游文化等。运河文化详细的分类如表3-1所示。

表3-1 运河文化分类明细

文化类别	文化特点	历史遗存
运河漕运文化	由国家政府组织和管理，利用水路调运专门物资到首都的专门运输体系，是人类在农业文明时代重要的制度文明成果之一	淮安总督漕运衙署、扬州两淮盐运使司衙署、运河粮仓、运河码头
运河水工文化	运河是世界运河工程史上的里程碑，反映了运河悠久历史阶段和巨大的影响力，代表了工业革命前土木工程的杰出成就，农业文明时期水工程的百科全书	运河水源和供水工程、闸坝、船闸、与河湖交叉工程、纤道以及护岸工程
运河建筑文化	聚集了人工水道和水工程的规划、设计、建造技术在农业文明时期的全部发展成就，是古代社会土木工程的最高成就	运河桥梁、运河明宅、运河城门、运河历史街区

---

[1] 国家发改委.大运河文化保护传承利用规划纲要（征求意见稿）[R].北京,2018: 12-13.

续表

文化类别	文化特点	历史遗存
运河园林文化	师法自然、融于自然、讲究亭台轩榭的布局和假山池沼的配合、讲究花草树木的映衬和近景远景的层次，集中表现了我国园林建筑艺术的精华，是世界文化艺术宝库中的珍宝	颐和园、苏州园林、杭州西湖、扬州园林、美不胜收的运河园林
运河宗教文化	大运河是联系古代中国与世界的桥梁和中外文化交流的桥梁，大运河沿线形成了丰富多彩的宗教文化，使中国与世界更为紧密地联系起来	佛教遗存、伊斯兰教遗存、天主教遗存、道教遗存
运河城市文化	运河对中国各朝代的都城及沿线其他城市的发展都产生了巨大影响，造就了沿线地区一个个繁荣的城镇，形成了独特的大运河城市文化	都城遗址、商业城市遗存、运河古镇遗存
运河商业文化	运河促进商业的发展，改变了古代"重农轻商"的传统思想，带来了实用主义的商业文化，形成了以交流、开放、融合、进步为特点的运河商业文化	运河会馆、运河钞关、运河钱庄
运河精神文化	文化兴盛，文人、艺人沿河南来北往，文艺随之传播，大运河沿线积淀了丰厚的文化资源，一颗颗文化明珠，通过大运河这条金丝线串起来，大运河成为中华文脉	运河书法、绘画、诗歌小说、戏剧曲艺、科技书籍藏书楼遗存
运河非物质文化	蕴含着运河沿岸人民的精神价值、思维方式、价值取向和艺术品质，体现着中华民族的生命力和创造力，是中华民族智慧、劳动和创造的结晶	运河口头传说和表述、表演艺术、社会实践、仪式、节庆活动、有关自然界和宇宙的知识和实践和传统手工艺
运河旅游文化	大运河旅游资源丰富，旅游历史久远，作为世界遗产不仅可以吸引国内游客，而且还具有较高的国际吸引力。大运河旅游可以强化运河精神内涵和时代价值的挖掘和弘扬，推进大运河文化的国际传播交流，将为新时代讲好中国故事，更好展现真实、立体、全面的中国提供重要平台	宗教建筑、文化遗址、古城类、名人故居、名人陵墓、湖泊、水库、古塔、园林、河口潮汐

第四节　运河文化遗存的等级结构与地域性流变

历史遗存泛指一切由历史遗留下来的、本身具有一定的历史、艺术和科学价值的古建筑、古村落、古文物等。如分布在各个地区的文化遗址、古陵墓、古代寺庙、一些历史建筑上的石刻、壁画等。这些遗址本身代表和反映了古代文化的发展，蕴涵了古代的文化基因。京杭大运河作为历经数个朝代而历久弥新的线性活态文化遗产，其本身就是一种典型的水文化载体。依托运河而流传至今的众多物质性文化遗产和非物质性文化遗产，均因水而生、依水而兴，更是因为水的流动而被传播到大江南北、祖国各地。虽然很多的运河古迹都已经淹没在浩瀚的历史长河之中，但通过仅有的一些运河历史遗存和相关的史料文献记载，我们依然能够追寻运河发展的历史足迹，去感悟古老的运河水文化。京杭大运河被称为活态历史文化遗产，即指运河一些主要河道一直到现在仍为人们所使用，至今依然发挥着它们的功用。大运河虽然横跨南北不同的省市地区，在不同的地区表现出不同的文化形式和载体，然而分布在运河沿线的各种各样的历史遗迹，从本质上来说有着共同的文化基因，具有内在的文化同源性。

一、京杭大运河历史文化遗存的等级结构

京杭大运河的历史文化遗存是历朝历代创造并且保留下来的与运河水事水利相关的文化遗产，是涵盖依托运河形成的所有物质性遗产和非物质性遗产。大运河本身是一项巨大的活态线性文化遗产，从古至今，运河一直都在为其沿线两岸地区的经济发展和人民生活发挥其自身的功能，因此，运河历史文化是一个动态的遗产资源系统[1]。京杭大运河沿线两岸分布着与运河相关的无数历史文化遗产资源。这些文化遗产资源见证了人类历史上不同时期、不同地区社会生产力的发展和人们的文化生活。随着社会历史的变迁和人类文明的不

---

[1] 许瑞生. 线性遗产空间的再利用——以中国大运河京津冀段和南粤古驿道为例[J]. 中国文化遗产，2016(05)：76-87.

断进步，文化也处在不断的演进过程中，新文化取代旧文化，旧的运河文化资源亦被新的文化资源所覆盖。这些新的文化资源与旧文化资源存在着千丝万缕的联系，是在旧文化资源的基础上衍生出来的新的文化成果。随着朝代的更迭和文化的不断发展，运河水文化资源的地域范围也延伸和拓展到了更为广阔的空间，其种类日益丰富，其文化内涵也日益厚重。运河水文化的不断更新积淀，是人类智慧和知识创造的结果。

截至目前，我国55项文化遗产和自然遗产被收入《世界遗产名录》。其中，与京杭大运河相关的历史文化遗址就包括山东曲阜孔庙、孔府、孔林，苏州古典园林和西湖文化景观等。而扬州瘦西湖、盐商园林文化景观、无锡惠山祠堂群等文化遗产也被列入《中国世界文化遗产预备名单》。与运河相关的历史文化名城如北京、杭州、天津、苏州等城市，是我国古代历史文化遗产数量最多、保存最为完整、文化价值最高的几座代表城市。这些城市在历史上的形成、发展过程都与大运河的开凿和使用有着密切的关联。京杭大运河沿线分布了大量的历史名城和古镇。可见京杭大运河沿线两岸分布着众多的古城名镇，这些历史文化遗产等级较高，类型比较齐全，分布密度较高。

如果按照水文化资源和京杭大运河之间的关系对京杭大运河历史文化遗存进行分类，那么京杭大运河的历史文化遗产主要可以分为三类，即核心区、控制区和缓冲区[1]。根据不同的历史文化遗存在空间上的分布情况，可以将京杭大运河沿线的文化遗存分为核心遗产、关联遗产以及连带遗产三类。其中，核心遗产主要指的是处于核心地带的遗产，如京杭大运河的河道、与运河漕运直接相关的水利基础设施、水道网络、桥梁、船闸以及与运河水务管理相关的船标灯塔、盐运司衙署、治运管理机构等[2]。运河非物质文化遗产主要包括与运河相关的一些名人及其相关事迹、航运和河工治水技术、漕运传说、运河沿线的民俗风貌、戏曲说唱等。从空间上来看，上述核心遗产与运河的空间关系紧密，应是分布于运河沿线周边与运河直接相关的遗产；关联遗产是在空间上分布于运河沿线城乡地区的遗产，处于运河控制区的古城名镇、村落园林、桥

---

[1] 张佳.大运河"申遗"成功之后的文化治理与规划研究[D].浙江大学，2014.
[2] 康敬亭.京杭大运河（无锡城区段）文化遗产构成与价值研究——兼谈无锡城区文化遗产保护与城市发展[D].山东大学，2014.

梁水榭、民居明宅、庙宇碑刻等，还包括如商业会馆、市场商行[1]。与此相关的非物质文化遗产主要是各种实物资料、文字记载等；连带遗产指的是位于运河缓冲区，即京杭大运河沿线城市地区内部的名胜古迹、历史文物等。在这些地区广为流传的地方戏剧、神话传说、民俗民风、民间工艺等都可以视作依托运河而形成的非物质文化遗产。

我国国土面积辽阔，从南到北、从东到西的空间地理范围较大。从地理分布的自然特征来看，我国西部地区海拔较高、东部海拔较低，这就造成境内多数河流的空间分布呈现东西走向，自西向东流的自然特点。京杭大运河是一条人工开凿的河流，是借助人工开凿的新渠贯通海河、黄河、淮河、长江和钱塘江的伟大工程。因此，从京杭大运河的不同区段来看，其水位高低和水量都存在较为明显的差异。此外，京杭大运河横跨多个省市地区，沿线区域的地貌各异，气候条件相差较大，这些因素共同作用导致京杭大运河不同区段的水源、水流向以及船舶的通航方式存在较大的差异性。为了便于分析，学者普遍接受的对京杭大运河的区段划分是从南向北依次分为江南运河段、里运河段、中运河段、鲁运河段、南运河段、北运河段和通惠河段。在不同的运河区段，有不同数量和不同类型的运河历史遗存。

总体来看，京杭大运河沿线分布的各种类型的历史文化遗存主要包括以下几类。一是和运河漕运直接相关的各种水工基础设施遗址，如码头、船闸，运河上修建的桥梁、栈道等。这些基础设施和运河存在着最为直接的关系。二是沿着运河路线，在沿岸地区修建的一些古迹建筑，如寺庙、商业会馆、园林、民居、名人故居、古塔城楼等。这些古建筑凝聚了古代劳动人民的智慧，也见证了各朝各代文化、民间艺术等古代文明的发展历程。三是京杭大运河沿岸分布的一些名人墓葬。古代无数名人死后葬于运河沿岸不同的地区，有些地区甚至还形成了墓葬群。四是运河沿线保存至今的各类古代遗址，如各朝代依河而建的城市、炮台，古代用于通商的码头，佛家的寺庙、一些已经废弃的漕仓和古代沉船等。五是分布于运河沿岸城市和地区的古代文物，如摩崖石刻、纪念碑、石牌坊等，这些保存至今的古代文物都是千百年来运河产生、发展的

---

[1] 郭文娟. 京杭大运河济宁段文化遗产构成和保护研究[D]. 山东大学, 2014.

见证，记载了运河千百年来渊源流淌的历史；六是有关运河的近现代史迹，如从民国时期一直到现在，修建于运河沿岸的各种纪念建筑，包括各种旧址、革命纪念馆、近代名人故居等。

二、京杭大运河历史文化遗存的地域性流变

文化是一种同时具有稳定性和地域流变性双重特性的现象。文化的稳定性是一种相对的稳定性，同时也是一种被当前国内外学者广泛认可和接受的事实。然而，文化的地域流变性和历史流变性则较少的被人们所关注。无论是一种文化传统，还是流传至今的文化遗产，人们总是基于一种特定的目的对其进行研究分析，并尝试去挖掘能够传承历史形态的文化信息。根据传播学理论，一种文化形式传递信息承载和传播的介质是"承载并传递民族文化物质的机构、中介，是民族文化最早、最原始的传播物质"[1]。人们经常会习惯性地将一种文化遗产的存在形式看成是一种文化基因，借助这种文化基因，去揭示文化形成的地域背景或所在区域的民族文化特征。文化遗产如历史名城名镇、古代文物等，其本身就是一种很好的文化传播载体。在文化信息的传递过程中，围绕这种介质周围的环境因素和人文因素即地域文化介质，对文化信息的传播、发展和变异也起到了类似的推动作用。

我国国土面积非常广阔，拥有56个民族且人口众多。从空间上来看地理环境极其复杂。古代没有像如今的发达完善的交通运输体系。这就使得在古代，我们的国家实际上是由很多个相互独立的地理文化单元所构成的。每一个地理文化单元在长期的生产实践和社会发展中都形成了一些独特的地域文化。在相对静态和封闭的地域文化体系下，实际上隐含着一种潜在的开放性，即这种地域文化实际上与其上一级的文化系统保持着一定的关联性，可以将这些地域文化视为更高级别文化体系的分支。而地域文化环境则为不同文化基因在特定的地区传承、发展、变异提供了理想的介质。

京杭大运河贯穿我国南北，在推动和促进南北经济往来和文化交流方面起着关键性的作用。这一大型活态文化遗存是传承历史文化基因的理想载体和

---

[1] 李丽芳. 民族文化原传介质与艺术传播[J]. 云南师范大学学报（哲学社会科学版），2007（02）：36-41.

介质。正是因为有了大运河的千年流淌，才使得运河沿岸不同地区的地域文化得以相互流转、沟通、融合。追溯历史，我国南北方的文化差异最早始于魏晋南北朝时期，经过多年的发展，相互独立且差异明显的南北地域文化体系逐渐走向成熟。如魏晋时期，南方文化体系的主体是江左文化，而北方文化体系的主体则主要是齐鲁文化和关陇文化。在两种不同文化体系的影响下，南北方的文化风格和审美情趣等也都表现出较大的差异。如在南方地区，门阀意识、家族文化在当时具有极高的影响力，在性格上南方人最为突出的特点是轻灵、透彻、委婉、细腻。相比之下，北方文化具有较强的政治色彩，因此北方人性格上主要以儒雅、敦厚、质朴、刚直豪爽等为主。在隋唐统一以前，南北方囿于交通因素的制约，相互交往沟通并不频繁。京杭大运河的开通，对于促进南北方文化体系融合和文化交流起到了重要的作用。

隋朝开始，全国在地理空间和政治格局方面都实现了统一，然而文化方面的统一并不是像政治和地理一样，能够在短时间内实现南北的融合。这主要是和文化本身的特性有关，再加上影响文化形成和发展的因素较多，使得文化的统一具有更大的复杂性。隋文帝时期，以关陇军事贵族为核心的关陇文化是这一时期的文化本体。关陇文化带有明显的排斥江左文化的特点，但较多地吸收了齐鲁文化的基因。隋炀帝时期，我国南北文化才真正开始实现融合和相互交流。究其原因，主要是由于隋炀帝在即位之前曾经长期居住于江南扬州地区，因此受到江左文化的影响较大，和江左文化之间具有密切的接触，与朝中其他的人相比，对江左文化的了解更为全面。因此，隋炀帝在即位后极力推崇江左文化，对此前重关陇文化而排斥江左文化的风气进行了改变，极力促成南北文化的交流和融合。隋炀帝时期，开始举全国之力开凿大运河，进一步加强了南北方的沟通交流。大运河的开凿疏通，极大地方便了江左地区的文人学士到中原地区进行文化交流，同时也受到了当时北方关陇文化的影响，在经世致用、建功立业的思想意识的熏陶下，他们的思想意识和文化观念也发生了巨大的变化。

初唐时期，南北文化出现了一些冲突现象。当时的南方士大夫如虞世南、褚亮、陆明德等人先后从南方来到北方，这些人精于儒经，有的更是擅长文辞。他们利用手中的政治力量企图在北方推广和扩大南方文化的影响力。唐

玄宗时期，安史之乱的爆发极大地破坏了大运河流域的北方文化。当时的北方文人大多背井离乡，开始迁往南方定居。很多文化名人落难江淮地区，后来对于江淮地区的文化艺术的发展产生了极其深远的影响。京杭大运河的开通带动了长江中下游地区经济和文化的繁荣。而在安史之乱以后，北方地区常年被战乱所侵扰，经济发展受到了严重的影响，文化的发展又相对落后。这一时期的南方地区，尤其是江淮地区，无论是经济还是文化方面都取得了长足的发展，这就造成当时的南北方文化发展出现了明显的不平衡性，经济、文化中心逐渐由北方向南方迁移。

京杭大运河在明清时期发展达到了鼎盛时期。此时的运河沿线已经逐渐形成了一条经济繁荣带、文化兴盛带、城镇隆起带和人才流动带。这一时期，我国的南北文化深度融合、思想潮流空前活跃，社会发展突飞猛进，经济往来更加频繁。运河已经成为联系南北文化交流的重要纽带，也是催生新思想、新文化理念的重要源泉。

与此同时，京杭大运河的开通也带动了沿线商品经济的繁荣，带动形成了一批著名的运河城镇，促进了运河沿线城市和乡村地区的融合以及农村的城镇化进程，对改变传统的社会生产关系、孕育形成新的社会生产关系都起到了关键的作用。根据相关统计数据显示，明朝时期，北京的会馆就达到了40多所。很多地区的会馆都是依运河而建。清朝时期，北京的会馆更增加到70多所。大运河沿线依河而兴的商业城市也是客商云集，货物堆积如山，如通县、天津、济宁、淮安、扬州、苏州等地，均为当时较为著名的运河经济和文化中心。依托运河便捷的水上交通，逐渐形成了全国范围内的商品大流通格局，运河沿线经济空前繁荣。经济的发展也带动了人们思想观念的转变，传统"重农抑商"的思想观念开始转向工商业经济理念。与此同时，运河两岸还逐渐形成了会馆文化、商帮文化。明清时期一些有名的商帮，如江西商帮、广州商帮、龙游商帮等都是活跃在运河沿线的商业组织，这些商业组织在长期的商业贸易活动过程中，不仅促进了商品的流通，同时也推动了新的思想观念的传播[1]。运河经济的发展对沿岸居民的生活和思想都产生了深远的影响，在商业经济氛

---

[1] 杨一平.大运河安徽段遗产保护与展示研究[D].安徽大学, 2014.

围的熏陶和影响下，沿线居民的思想观念逐渐发生变化。随着京杭大运河的贯通，古代南北方文化的交融在明清两朝达到了鼎盛时期，文化的交融使得不同地区之间的社会差距逐渐缩小，同时也促进了不同地区之间的文化认同。

综上所述，京杭大运河在历史上对促进南北文化交流起到了重要的作用。京杭大运河便捷的水上交通极大地促进了南北不同地区之间的人员往来，一些文化名人在南北不同地区之间的流动同时也带动了思想的交流和革新。安史之乱以后，北方大量文人迁徙南方，将音乐、绘画等艺术形式带到了南方，极大地丰富了南方的文化形式。明清时期，京杭大运河沿线的经济发展和文化繁荣都达到了鼎盛时期，长期通行在运河之上的南北商人，在活跃南北不同地区经济的同时，带动了思想的解放和革新，促进了文化的传播、改造和创新。除此以外，南北地区宗教信仰、民间习俗、手工技艺等不同的文化内容也实现了广泛的交流沟通，成为南北文化融合的重要表现。

第五节　运河文化发展现状

京杭大运河是一条中华民族流淌千年的血脉，同时也是一条承载了中华千年文化基因的大动脉。从春秋时期开始至今，大运河已经历了2500多年的历史而仍然流淌在中国的大地上，其本身就是一个世界性的活态遗产，凝结了中华民族适应自然、改造自然，以及与自然和谐相处的中国智慧。纵观中华民族的发展历史，伟大的劳动人民创造了很多的世界性宏伟工程，其中就包括京杭大运河，它是中国文化地位的历史见证和象征。

一、运河文化传承与发展的学理分析

基于学理视角分析京杭大运河文化的传承与发展，主要的方法表现为运河文化遗产相关学术文献的理论解读，以及以高校为中心的文化遗产保护传承活动实践等。从目前大运河文化遗产的传承与发展现状来看，运河文化遗产的学理传播还没有形成稳定的传承态势。总体来看，现有的运河文化理论文献，大多都是围绕研究者自己的研究视角，以研究者自身所在领域为切入点所展开

的研究，涉及考古学、历史学以及社会学等多个研究视角。从现有相关研究的学理分析来看，研究运河文化的相关成果主要集中在2014年以后，涌现出大量研究运河发展与运河资源开发的文章。"京杭大运河""京杭运河""大运河开发"等关键词一时成为了研究热点。从运河文化的理论建设方面来看，目前"运河学"还没有形成完善的理论体系，尚处于建构过程中。高校的相关学术研究也主要都是运河文化发展的"旁支"，还不能为运河及其文化保护、传承提供有力的理论支撑和指导。华中师范大学历史文化学院吴琦教授在《运河学笔谈》中提出，运河学即围绕运河的历史与现实，形成一整套研究、保护、开发的理论与方法。从运河学的学科体系建设来说，完整的运河学学科体系应包括严谨的知识系统、系统的理论和科学的研究方法。其中，知识系统的严谨性是运河学研究的重要保障。所谓的知识系统是以历史为基础形成的有关大运河的各方面知识，如运河的产生和发展演变的历史、运河以及沿线地区的地理特征，不同历史时期中与运河相关的各种历史事件等。随着运河学研究的逐步深入，运河的理论体系也将日趋完善，其中，运河的历史地位、运河在不同时期政治、经济、社会等各方面所发挥的功能，运河与各个朝代政治、经济格局演变的内在关系等都属于运河学的理论体系范畴。目前，国内高校在京杭大运河历史文化资源研究和遗产传播方面的研究定位主要是运河相关理论研究的智力输入。从具体的表现形式上来说，高校设立了各种专门的研究机构，同时也通过组织社团活动以推进运河文化的传播。

二、运河文化遗产的官方传播落地

从政府层面来看，国家和地方各级政府主要通过制定各种相关的法律法规和政策条例，对运河文化遗产的传播进行顶层设计。政府的政策引导以及专家学者的理论支撑，项目传承人和各种社会团体、组织的积极参与，使得运河文化遗产的传承呈现一片燎原之势。经过多年的共同努力，运河文化传承也取得了较好的成效。目前，国内京杭大运河历史文化遗产的保护和传承已经初步形成了以政府为主导，各级文物部门落实推进，各种社会团体积极参与的完整格局。其中，政府在相关法律法规和政策制定、限定运河文化遗产保护责任单位以及职权范围等方面都发挥着重要的作用。

京杭大运河申遗成功后，我国政府陆续颁布实施了《大运河遗产保护管理办法》《淮北市大运河遗产保护管理规定》《洛阳市大运河遗产保护管理办法》等一系列专项法律法规；大运河流经的多个省市地区都相继制定了一些具体的运河管理规定。但在运河统一管理的律法方面，目前我国还存在着一定的不足，具体政策的落地实施还存在较大的难度。运河遗产的申遗成功迈出了推进运河文化传承的第一步。最近几年，国家从政府层面持续加大了对运河文化带建设的投入力度，在推进运河沿线资源的开发和建设以及大运河综合治理等方面做出了重要的批示和部署。这些政策和规划的落地，在推广运河文化方面起到了重要保障和指引作用。但是仍需要调动社会力量的积极参与。随着信息化水平的不断提升，目前有关运河文化遗产的信息化平台很多，其中，以政府机关为主体的信息平台较多，在运河历史文化遗产的传播方面发挥着主导性作用。然而，从另外一个角度来看，以政府为主体的信息平台存在"自我定位"同质化严重、缺少地方特色等问题，且更新频率和阅读量都比较小。在今后的工作中，还应该在运河遗产信息平台建设方面加大投入，不断提高政府主导的信息平台的传播影响力和竞争力，同时，鼓励以社会团体、组织为主体的信息平台建设。

三、运河文化传承的大众参与

文化遗产的大众参与传播，是通过新闻媒体、网络等传播媒介对运河历史文化资源进行宣传，让数字媒体技术成为推动优秀传统文化遗存传承与保护的新手段，引导公众积极参与。新兴传播媒介在丰富传统非物质文化遗产展现形式，加快运河文化传播方面确实起到了积极的作用，但同时也为运河文化遗产的宣传设置了一些障碍，公众在运河文化传播参与方面呈现两极分化的状态。

千年岁月的洗礼使得京杭大运河历史文化遗产具有较强的系统性。基于数字媒体技术的文化呈现对优秀传统文化符号的解读和筛选具有单一性和目的性，这就造成对运河整体文化的呈现表现出一种刻板印象，对运河文化的呈现脱离了运河发展的历史背景和价值，难以实现运河文化传承和保护的整体性效果。京杭大运河文化融合了物质文化遗产价值和非物质文化遗产价值、自然文化价值，运河文化遗产点比较分散。在众多的文化形式中，处于传播弱势地位的文化要素被基于数字媒体手段而日益强大的文化要素侵占，逐渐形成"文化单极化"的格局[1]。除此以外，利用新兴的数字媒体技术对文化传播内容进行筛选和文化要素的再加工，这对于保持运河优秀传统文化的真实性和完整性也是一种极大的挑战。从国家和地方政府出台的一些运河管理条例中，出现了一些调动公众文化保护与传承积极性的条款。优秀传统文化遗产内容具有精细化的属性，加之利用数字媒体技术传播的碎片化效果，使得社会公众参与优秀传统文化保护和传承的参与度难以得到提升。而运河文化传播的相关主体在引导公众认识运河文化传承的重要性时主要以说教为主，缺乏对大运河历史文化和人文价值的深度解读。社会公众对大运河文化的保护未能从认知转化为实际的行动。

四、运河文化的商业传播

随着文化在社会经济发展中的作用日益突出，文化遗产的商业潜力逐渐被挖掘出来，转变为加快地方经济发展和增加地方财政收入的重要手段之一。历史文化遗存具有文化传承、修身养性、欣赏娱乐等功能，是不同地区所拥有的特色商业资源。文化的商业化，削弱了优秀传统文化的情感升华和道德教化功能，使得人们对优秀传统文化的关注集中到官能娱乐的低层次文化功能。人们对传统历史文化遗产内涵和价值的认知匮乏也是造成历史文化遗产修复式破坏的重要原因之一。与此同时，从商家的营销策略上来看，近年来，商家为了刺激旅游消费，也开始走文化路线，为经营的旅游商品披上了文化遗产的外衣，文化旅游逐渐成了一些城市地区的"步行街"。大运河是典型的活态文化遗产，直至今日，大运河还在为沿河两岸的一些地区居民的日常生活提供着便利。因此，在对京杭大运河这一活态文化遗产实施保护管理和传承过程中，必须综合考量多种影响因素，在保障当地居民正常生活的同时，兼顾运河文化遗存的真实性和完整性，全面深入研究和分析运河旅游开发因素，权衡各方面利益相关因素，以实现最大化的社会效益和经济效益。

---

[1] 朱晗,赵荣,郗桐笛.基于文化线路视野的大运河线性文化遗产保护研究——以安徽段隋唐大运河为例[J].人文地理,2013,28(03):70-73+19.

第四章 京杭大运河沿岸历史遗存的文化生态性研究

第一节 文化生态学理论基础

一、文化生态学的理论内涵

"文化生态学"是一门交叉性科学，其概念是从"生态学"演化过来逐渐形成的用于研究文化和文化所处的环境生物集之间关系的科学。"生态学"最早由德国生物学家恩斯特·海克尔（Ernst Haeckel）于19世纪70年代提出，至今已经经历了150年的发展。在"生态学"理论基础上，美国文化人类学家朱利安·海恩斯·斯图尔德（Julian Haynes Steward）于1955年首次提出了"文化生态学"的概念，即"基于人类生存发展所处的自然环境和社会环境下各种因素的交互影响研究文化产生、发展以及变异规律的理论"[1]。"文化生态学"概念的提出为深入研究具有地域性差异的特殊文化特征和文化模式提供了理论基础，越来越多的人类学家、生态学家、文人学者开始关注文化生态学

---

[1] 朱利安·斯图尔德.文化变迁论[M].谭卫华，罗康隆，译.贵阳：贵州出版社，2013：42.

的发展，并不断进行理论扩充。最终，文化生态学逐渐成为一门新的理论学科。从这一学科的基本出发点来看，文化生态学更加注重对文化产生、发展的规律性研究，提出从人、自然、社会和文化的各种变量交互作用的视角下审视文化的发展过程，探究不同民族文化发展的特性形貌和发展模式[1]。

时至今日，对于文化生态学理论内涵的界定还没有形成一个统一的标准。不同领域对于文化生态学的界定有不同的说法。如在文化地理学中，认为文化生态学主要是"研究特定人类文化群体在特定地理环境中的发展特征，同时关注文化和环境的动态和谐的学科"。这一定义更加侧重于对文化地理差异方面的研究，强调文化的产生、发展必须与其所处的地理环境相适应，二者之间是动态和谐的关系。从生态学的角度来说，梁渭雄、叶金宝在《文化生态与先进文化的发展》一文中提出：文化生态学是研究文化与环境的互动关系的理论，这里所说的环境包括影响文化生存发展的一切因素，大体上包括外环境和内环境。外环境如社会经济制度、政治制度和自然地理状况等；内环境是指文化范围内的各种不同文化，如不同民族、不同宗教、不同学派和不同地域的文化等。[2]

文化的产生和发展过程是一个和所处环境相适应的过程。文化生态学强调对生态环境的适应性，以适应环境为基础。文化生态学本身就是一套复杂的研究技术和方法，是从根本上决定和影响文化本质的核心因素。从方法论的角度来说，文化生态学这一专门研究文化发展和变化规律的方法，在实际研究过程中主要包括如下几个步骤：

首先，文化生态学以研究和分析生产技术和环境相互作用关系为基础。社会生产技术本身就是一种典型的物质文化。社会发展不同的历史阶段，出现了不同的技术。如在原始社会，劳动工具是最为重要的生产力要素，它和社会环境之间的关系也最为紧密；而在工业社会，影响社会环境发展变化的最重要的生产力要素则表现为资本、借贷以及贸易制度等。在文化的产生和发展进程中，影响环境变化的因素也随着人们对物质文化需求的演变而不断变化。不同时代不同的影响因素有不同的表现形式，也表现为不同的重要性程度。一般来

---

[1] 戢斗勇.文化生态学论纲[J].佛山科学技术学院学报(社会科学版)，2004(05)：4.
[2] 梁渭雄,叶金宝.文化生态与先进文化的发展[J].学术研究,2000,(11)：5-9.

说，文化的制约效应对于简单文化而言表现得更为突出。

其次，文化生态学侧重分析以一项特殊的技术开发特定地区所采取的行为模式。所谓特殊的生产技术，往往和多重因素有关系，如农产品和财货之间的交换关系，人或者物品从一个地点转移到另外一个地点的实现工具等。如交通运输方式的发展演变。交通技术的革新和不断发展对于促进人和资源在空间上的流动起到了重要的作用。一个地区的发展离不开交通系统的支撑作用，而交通工具的改进更是加快推进人类社会发展进步和地区经济发展的关键因素。

再次，文化生态学能够对环境开发过程中，环境开发方法、行为模式对文化其他领域影响的方式及程度进行研究。文化生态学基于文化和环境在功能上的关联性，研究环境因素、环境开发模式等因素对于文化发展的具体影响。社会的发展进步、环境演变的形态会受到文化发展程度的影响，同时，也会反作用于文化发展。二者之间是相互影响、相互作用的关系。

二、文化生态学理论的发展演变

文化产业是绿色产业，它以低投入高产出、低能耗少污染、高知识附加值、高文化附加值和高就业率等特点而成为社会经济发展中典型的朝阳产业，经济的文化化和文化的经济化已成为社会发展的大趋势[1]。文化生态学理论的提出距今已有将近70年。1955年，美国文化人类学家斯图尔德在其著作 Theory of Culture Change（《文化变迁的理论》）中首次提到文化生态学理论，对文化生态学的理论内涵进行了明确的界定。纵观文化生态学的理论渊源及其发展演变的历史过程，文化生态学的理论基础可以追溯至19世纪中期，古典进化论和新进化论的启蒙阶段。随着人们对文化生态的关注程度日益提升，文化生态学相关的理论成果不断涌现，文化生态学理论也日趋成熟。文化生态学的产生发展过程主要可以分为三个阶段。

（一）文化生态学理论的萌芽阶段

这一阶段的典型代表人物是美国学者爱德华·伯内特·泰勒（Edward Burnett Tylor）和托马斯·享特·摩尔根（Thomas Hunt Morgan）。泰勒和摩

---

[1] 周建永，王淑娟.论河北省文化产业发展模式[J].唐山师范学院学报，2010，32（03）：110-112.

尔根是当时美国文化进化论的主要代表，在文化发展进程以及不同时期文化的生存状态方面提出了自己的观点。泰勒认为，社会文化在发展的不同阶段所表现出来的各种存在状态，都是文化持续发展的必然结果。这种存在状态是文化后期发展的重要基础，对推动文化进一步发展都具有重要的作用。摩尔根基于文化的发展，分析论证了人类发展的阶段性历程，提出文化进化能够反映人类社会发展演化的过程，因此认为人类社会发展进化的三个特征时期就是文化进化的三个阶段。

文化进化论为文化生态学理论的建立和发展奠定了一定的基础，在当时也受到了相关学者的普遍支持。然而囿于历史因素，文化进化论的研究范围仅限于文化发展历史中某个特定的阶段，不足以解释随着社会的发展变迁而出现的一些新的文化现象，具有一定的历史局限性。在此以后，莱斯利·A.怀特（Leslie A.White）基于泰勒等人的文化进化论，融合唯物论的相关思想提出了新的文化进化论，即将传统的文化进化论进一步细分为社会、技术、思想观念三个层面，提出文化整体论和能量学说。但怀特的新文化进化论也没有得到广泛的认可和发展。

（二）文化生态学初步建立阶段

文化生态学真正开始建立阶段始于斯图尔德。究其原因，斯图尔德在研究文化发展过程中，打破了传统的文化进化论的思想束缚，提出文化的发展过程是不断适应环境变化的动态过程。这一结论也能够解释在不同的地区区域，因为生态条件的相似导致文化发展和科学技术等方面发展的相似性。斯图尔德基于一定区域自然生态环境和社会生活生产环境的调查研究，首次提出了文化生态学的概念，并提出了系统的理论基础和研究方法。根据斯图尔德的文化生态学理论，其核心的思想是提出了社会经济文化在推动社会物质文明和空间环境发展演变中起到的关键作用，认为物质空间环境和社会经济文化发展二者之间存在着内在的因果关系。从研究内容上来看，文化生态学以文化核心问题为研究重点，其最大的贡献在于明确了影响环境发展的核心文化要素。特定地区所表现出来的文化特征或文化形态既是该地区长期以来社会物质文明发展的结果，也是推动地区环境发展演变的重要因素。

斯图尔德的文化生态学理论体现了文化研究的进步，但与传统的文化进

化论面临相同的问题,即在一定程度上会受到时代和思想意识的局限性限制。如斯图尔德在分析文化适应环境空间发展的同时,缺乏对意识观念层面的要素与生态要素联系的关注。生态环境范围研究对象的特殊性导致研究结论缺乏普适性和科学性。

(三)文化生态学的快速扩张与成熟阶段

随着人们对文化生态研究视角的不断扩大和研究层次的逐步深入,文化生态学理论开始进入快速发展和扩张阶段,其重要标志是约瑟夫·戈尔茨坦(Joseph Goldstein)的生态系统理论。如前文所述,斯图尔德的文化生态学在研究对象选择方面还不够全面,导致研究结论的科学性受到质疑。戈尔茨坦针对这一问题进一步完善和发展了斯图尔德的文化生态学理论。戈尔茨坦的生态系统理论将人类视为一个有机体,人类与其他生态环境要素一样,是构成生态系统的重要主体。在物质相互交换的生态系统中,各种生态要素互为环境、相互影响。戈尔茨坦的生态系统理论将文化核心和文化生态环境置于同一个系统之中,揭示了二者之间的组合、功能、机制、平衡和发展关系等。戈尔茨坦的生态系统论认为文化发展过程是文化要素与生态环境系统持续作用的结果。文化生态学研究的主要内容是文化与环境这一系统内部的协调运行和平衡机制。相比之下,戈尔茨坦的理论突破了传统的对文化和环境单一性的研究方法,而是基于文化与环境的内在关系,从整体性的层面研究文化生态系统的发展变化规律和演化路径。但是从理论和分析方法方面来看,戈尔茨坦的研究尚存在一定的不足。

综上所述,文化生态学经过几十年的发展演变,正处于不断完善和发展成熟的过程中,其研究成果主要体现在各种相关的理论和研究方法、文化生态学理论的具体应用等方面。国内外大量学者通过对文化生态学理论模式以及系统论的研究分析,逐步完善和丰富文化生态学的理论和方法。在文化生态学的理论应用方面目前较多的集中在对景观文化的研究中。

第二节　京杭大运河沿岸聚落形态与文化生态结构分析

所谓地域文化，既指在一定的地理空间范围内，自然发展演变形成的具有一定的空间区位和形态特征的文化，同时又是一种主观上的文化建构。其中地理区域是现实的基本部分，是在复杂的能够为人们所观察到的现实中有目的抽象简化出来的[1]。一定聚落空间的形成在很大程度上会受到地域文化的影响，积极、先进的地域文化能够引导和控制整个城市地区在发展建设中的环境观和方向性决策。一个特定的城市在其发展过程中所表现出来的时代特性往往是其地域文化与城市发展相互融合相互促进的结果。对于地区空间演进过程中文化生态的分析和研究，深入解读和挖掘城市所处的大区域地域特征和文化生态，能够为进一步明确地区发展方向提供有力的参考和依据。

不同的历史时期，运河沿线地区表现出不同的文化生态结构和空间演变特征。从大运河的空间走势上来看，历史上比较典型的文化生态结构主要包括吴越文化生态、齐鲁文化生态和燕赵文化生态，几种典型的文化生态格局对于运河沿线聚落形态的形成和发展演变产生了重要的影响[2]。

一、吴越文化生态对运河沿线聚落形态的影响

（一）吴越文化的形成

吴越文化主要由吴文化和越文化两部分构成。二者都起源于商末周初时期长江三角洲地区的"百越"部族。吴文化和越文化产生的环境和发展历程相似，在长期的"和而不同"与"和谐共生"过程中相互融合，最终演变为现代的"吴越文化"。在历史发展过程中，吴越文化孕育出了无数声名显赫的科学家、艺术家、文学家。同时，在吴越文化"重商轻农"思想和开拓冒险精神的影响下，江浙地区涌现出大量天下闻名的富商巨贾，该地区也是我国从古至今

---

[1] 理查德·哈特向.地理学的性质 当前地理学思想评述[M].叶光庭,译.北京:商务印书馆,1996:304.
[2] 牛会聪.多元文化生态廊道影响下京杭大运河天津段聚落形态研究[D].天津大学,2012.

经济文化较为发达的地区。从地理空间上来看，吴越文化主要在上海、江苏、浙江等地区盛行。在京杭大运河沿线，吴越文化覆盖和影响的地区主要包括杭州、扬州、湖州、嘉兴、苏州等地。吴越文化其中的一个特质就是在其整个文化体系的发展演变过程中，水文化起到了重要的作用。在吴越文化盛行地区，无数湖泊、河流、港湾等对吴越人民的生存和发展起到了至关重要的影响，培育了吴越人民坚忍不拔、勇于开拓的顽强精神。

（二）吴越时期的运河变迁

大运河的产生可追溯至春秋时期。公元前486年，吴王夫差下令在扬州开凿邗沟，用于连通长江和淮河。邗沟的开凿贯通在历史上发挥了重要作用。隋朝以前，先后进行了四项重要的运河治理工程，形成了一些零星的局部区段的运河支流。隋炀帝时期，通济渠得以开通，同时又重新疏通了邗沟，真正形成了连通南北的大运河格局。到了宋代，邗沟修筑和运河运输管理达到了鼎盛时期。明代运河已经逐渐形成了规模，对大运河的修建和治理主要体现在明朝前期对于淮阳运河的修建。到了明后期，由于黄河淤塞、淮流不畅，于是就有了高家堰段的增筑，逐渐将洪泽湖建成了水库，用来对淮河水流进行调节。清朝，对于运河的治理主要是延续了明朝运河吴越段的治理方针和政策。一是继续恢复淮阳运河，修筑洪泽湖调蓄淮水；二是不断完善运河工程的重要设施，淮水入江入海工程逐渐成形。清朝末期，在运河管理上较为混乱，水利逐渐转化为水害，运河对所在地区的经济发展和人民生活产生了严重的影响[1]。到了近代，大运河基本上处于停漕的状态，铁路、海运的兴起进一步削弱了运河水运的地位。同时，由于政治方面的原因，军阀混战，使得运河兴建工作停滞，最终导致大运河黄河北段断航，仅有吴越段运河以及区域内的一些小运河仍然保持一定的通航能力。新中国成立以后，京杭大运河重新迎来发展的生机。从20世纪50年代开始，国家和地方政府陆续开展了一系列运河整治工作，使运河河道重新得到疏通通航，运河货运逐渐兴起并达到空前繁荣。

（三）吴越段运河聚落形态的发展演变

吴越文化的形成相对较早，吴越文化盛行区域的聚落出现的也比较早。

---

[1] 王金根.隋唐大运河通济渠与沿岸聚落空间关系研究[D].郑州大学, 2012.

京杭大运河吴越段沿线的一些古城镇多形成于运河开通前后。在运河水运的带动下，吴越段逐渐形成了一些空间聚落，在吴越文化的影响下日益繁荣。从一定程度上来说，运河的发展演变和兴衰与其沿线聚落的发展是息息相关的，二者之间是相互影响、相互促进的关系。

吴越地区的最早聚落形成于2.5万年以前的海退。海退之后露出了陆地，即当时的宁绍平原[1]。海退之后宁绍平原优越的自然地理环境孕育了越族的祖先，逐渐形成了大大小小的原始部落。后来，越族部落又逐渐北迁，在此过程中聚落的发展和生产范围逐渐扩大。这一时期，人们的生产力水平较低，越族部落的中心活动主要限于迁徙农业和狩猎业。随着海岸线的逐渐稳定，越族部落开始从山丘地区迁往平原，形成了一批聚落和生产基地。自此以后，越族部落的生产力水平不断增强，为部落文化的形成奠定了物质基础。现今大运河沿线一些主要的城镇如淮安、扬州、苏州、常州、杭州等地，其最早的聚落空间主要是在隋朝大运河开通以前形成的。这些聚落的形成和发展同样与当时水网纵横、水资源丰富的自然地理条件是分不开的。隋以前的运河河道，主要承担的是军事运输功能。在这一功能的定位下，运河沿线的主要聚落也都是当时兵家必争之地。随着这些聚落的日益繁荣壮大，为了满足当时军事战争和农业灌溉的需求，统治者在沿线局部开凿了大量的运河支流，为隋朝大运河的全线贯通奠定了基础。隋炀帝即位以后，隋朝的都城迁到了洛阳。为了能够有效地支撑洛阳地区的经济和王朝的统治，隋炀帝下令开凿自洛阳经淮安至杭州的大运河，最终实现了京杭大运河历史上的第一次全线贯通。至唐宋以后，历朝历代的统治者依托大运河的南北贯通之势，就可以以两京为中心，实现南粮北调、南货北运，南北地区政治、经济、文化开始实现真正的融合和统一。吴越段大运河沿线的主要聚落在运河全线通航的带动和影响下，形成了空间上相连相通的发展格局。唐宋时期，京杭大运河迎来其发展的鼎盛时期，沿线聚落逐渐形成"之字形"城镇群，构成了当时中国经济的核心。

综合分析可知，吴越时期运河沿线聚落空间的形成主要得益于自然地理条件、运河漕运以及相关的运河水利工程等因素，在各方面因素的综合影响和

---

[1] 李静兰.隋唐大运河郑州段历史价值及遗产廊道构建研究[D].郑州大学, 2012.

作用下，逐渐形成了地域文化和运河文化相互融合的文化生态空间。

（四）吴越文化生态的空间演变

吴越文化生态的空间演变，首先表现为大运河沿线多种宗教信仰的相互融合。明清以前，大运河区域盛行程朱理学。至明代中期，各种社会矛盾日益加剧，人们的思想开始出现较大的波动。随着王守仁心学的兴起和不断发展，由封建统治者强行推行的程朱理学日渐式微。与此同时，佛教在当时统治阶级的扶持下重新走向兴盛。全国各地寺院林立，尤其是吴越之地的苏州、杭州等地，更集中了全国大量的佛教高僧和名刹古寺。明中期以后，禅宗逐渐兴起。与此同时，伊斯兰教在运河区域的传播也随着运河贯通而日益兴盛。宋元时期，杭州等地就已经形成了穆斯林集中居住区。到了明代，这些地区的穆斯林人数和经济势力都得到了快速的增长，并重新修建和扩建了"清教寺"[1]。多种宗教信仰在这一时期形成了相互融合和并存发展的局面。其次，明代运河沿线农业经济的发展变化还表现为商业性农业经营的兴起，经济作物在农业中的比重不断上升。明初洪武年间，朝廷开始以强制手段推行植棉令，棉花种植面积迅速扩大。嘉定、海盐县等，都是当时非常著名的棉花和棉布生产市场。明代大运河吴越段已经发展成为当时商品经济最为发达的地区。同时也开始出现了资本主义生产关系的萌芽，出现了雇佣关系等。清朝运河吴越段的商品经济发展水平已经超越了明代，在丝织、棉布加工以及农业等领域，资本主义生产关系表现得更加突出和明显。再次，大运河吴越文化生态的演变还表现为运河文化的交流和发展。早在明代，为了能够进一步促进运河沿线农业经济的发展，提高农产品产量，人们就已经开始致力于农业科学的研究，出现了一些农业著作，如徐光启的《农政全书》。同时，运河吴越段还孕育了大量的文学家、艺术家等。如明清时期的章回小说，被誉为"明代四大奇书"的《三国演义》《水浒传》《西游记》和《金瓶梅》。其中，《三国演义》的作者罗贯中就生活在杭州地区。这些历史著名文学作品无不和运河文化有关。运河沿线地区商品经济的繁荣为文学的发展奠定了物质基础。同时，借助运河的南北贯通，也推动了这些文学作品的广泛传播。从次，大运河吴越段是明代政治、经

---

[1] 孙久文，易淑昶. 大运河文化带建设与中国区域空间格局重塑[J]. 南京社会科学，2019（01）：11-16+33.

济和文化发展的中心区域。这一时期的书院教育是吴越地区典型的教育方式。明朝建立以后,书院教育得到了快速的发展。明中后期,学术界出现了不同的学术流派,文化生态呈现百家争鸣的繁荣景象,也为书院复兴提供了有利的条件。随着书院的复兴,运河沿线地区逐渐出现了大量的书院,借助大运河便利交通进行频繁的文化交流[1]。此外,明代的园林建筑也以吴越段最为兴盛。在便捷的交通和自然气候条件下,江南地区比较适合兴建园林建筑,再加上精湛的民间建筑技艺,使得这一时期形成的各种园林建筑时至今日仍然是古典园林艺术的精粹。最后,清末洋务运动的兴起对运河沿线区域的经济结构和社会结构都产生了深远的影响。近代工业的兴起进一步瓦解了封建王朝的经济基础,催生了资本主义生产关系的产生和蔓延,江浙地区资本主义得到了快速的发展。维新变法运动进一步推动了人们思想的解放,运河吴越段地区出现了很多学会、报刊、学堂,开始引领吴越段出现了新的思潮。

二、齐鲁文化生态对运河沿线聚落形态的影响

齐鲁文化泛指齐文化和鲁文化,是二者融合发展形成的复合文化形态。齐鲁文化的形成和发展是山东土著文化和宗周礼乐文化相互融合的结果。山东的土著文化向前可追溯至新石器时代,其前身是由山东地区的土著居民东夷人在长期的生产和生活实践中所创造的东夷文化。从东夷文化的产生和发展过程来看,这一文化形态经过长期的发展自成体系,是中华文明早期的重要组成部分,同时也是齐鲁文化形成的根基。随着时代的发展变迁,东夷文化逐渐被外来的更为先进的宗周礼乐文化所征服,东夷文化与宗周礼乐文化相互融合渗透,最终形成了我们现在所熟知的齐鲁文化。齐鲁文化主要包括齐文化和鲁文化,其中齐文化中所体现的主要是传统的东夷文化成分,宗周文化在齐文化中的比重相对较少。这主要是因为齐国在治理国家所采取的方略上,沿用了一些东夷土著居民风俗习惯,因此也传承了一部分东夷文化。具体到经济政策和经济思想方面,齐国对于农业、商业和手工业都非常重视,因此,齐文化中包含很多工商社会的文化特点。而在政治文化方面,齐文化则更多地表现为鲜明的

---

[1] 王燕燕,王浩,唐晓岚.中国大运河遗产构成及遗产价值研究综述——基于CNKI中国知网远程数据库[J].南京林业大学学报(人文社会科学版),2019,19(03):70-83.

现实主义思想。鲁文化即东周文化，是以周礼为核心的制度文化，同时这种制度文化对于其他文化的形成也具有重要的影响，其中包含了很多宗周文化的内容。在治国方略上，鲁国主要采取的是移风易俗的态度。因其从地理位置上来说更加靠近中原地区，在经济思想方面具有明显的"大农业"思想，对农业的重视程度要远高于工商业和手工业。因此，鲁文化更多地表现为农业社会的文化特点。鲁文化中比较倡导王道，其政治制度缺乏灵活性和现实性，其学术思想比较单一和正统，对于意识形态和学术思想的统治性非常强。

由此可见，齐文化和鲁文化具有明显的差异性，二者之间既相互交流，同时又存在明显的文化冲突。一直到了战国时期，齐文化和鲁文化开始走向融合，逐渐形成了一种新的具有鲜明地域特色的文化体系。总体来说，齐鲁文化是一种兼具传统与革新的哲学文化，古老的齐鲁文化，孕育了齐鲁儿女豪爽、朴实和敦厚的性情，在很长一段时间内成为影响齐鲁大地乃至中华民族发展的主导文化。

（一）齐鲁地区运河文化的发展变迁

齐鲁地区是中华文明诞生和发展的最早发源地之一。春秋战国时期，当时为了满足军事战争的需要，就有了人工开凿的运河。隋炀帝时期，南北大运河所形成的"之"字形河道北段永济渠从齐鲁地区西北部边境经过，对当时齐鲁地区经济的发展和文化的形成产生了一定的影响。元代，为了更好地统治中原地区，元世祖忽必烈将都城迁至北京，大运河东移取直，同时开凿贯通了济州河与会通河。明清时期，齐鲁段的大运河经过反复治理整修，其通航能力得到了显著的提升。

齐鲁地区最早的人工运河是公元前484年吴王夫差开凿修建的菏水。菏水连接泗水和济水，沟通了江、淮、河、济四大水系，使得齐鲁地区和中原地区之间的联系更加紧密。秦汉时期，当时统治阶级又陆续在齐鲁地区开凿了新的运河。东汉永平十二年时为了治理黄河水患，开挖了汴渠，形成了一条从中原地区经过齐鲁大地一直连接吴越富庶之地的重要水道。隋朝的建立结束了中国大地长期的分裂格局，大运河的贯通又进一步加强了南北之间的往来联系。隋文帝时期，广通渠的开通以及齐鲁地区丰兖渠的开凿，为隋炀帝迁都洛阳提供了便利条件。隋炀帝年间又进一步开通了以洛阳为中心，连接南北的大运河，

齐鲁境内的永济渠也得以贯通。永济渠的主要功能是运粮和运兵，对当时的军事行动以及齐鲁地区的发展起到了重要作用。

明清时期是运河发展的鼎盛时期。明代对于大运河齐鲁段的改造主要围绕水源问题和避黄问题展开的。明统治阶级通过疏浚改造会通河、修筑戴村坝、设置水柜等方式实现了对运河水量的主动调节，解决了水源问题。对于避黄，则主要通过对南阳新河和泇河的开凿，避开了黄河决口的侵害。在一系列重大工程改造下，明代大运河再次实现全线贯通，运河航运空前繁荣。清朝时期，大运河因黄河泛滥决堤而断航的现象已经不常见了，但仍然存在黄河、泗水河流泥沙淤堵的问题。清统治阶级为了能够解决这一问题，对运河齐鲁段制定了每年一小修，隔几年一大修的政策，同时在运河沿线兴修了很多闸坝，用于对运河水量进行调节。这一时期，大运河治理活动相对比较频繁，但运河基本能够保持畅通。清朝末年，齐鲁地区的运河逐渐走向衰落。海运在漕运中的地位逐渐上升，很多地段的运河因年久失修而出现停漕。虽然清统治阶级为了维持其统治地位，每年斥巨资清淤疏通河道，以维持运河漕运正常运行，但大运河河道仍然日益淤废不堪，水流日渐高悬，黄河泛滥频繁。民国以后，政治动荡加上帝国主义入侵，运河疏通和治理工作几乎停滞，齐鲁段运河通航受到严重影响，常常处于断航的境地。

（二）齐鲁段大运河聚落形态的发展演变

从空间分布情况来看，大运河齐鲁段沿线地区的聚落主要分布于运河沿线的闸坝以及码头所在地，因此具备非常便利的水利交通条件。在长期的发展演变中，这些聚落逐渐成为那些远离运河的政治中心连接运河的重要通道。在这些城镇聚落中，一般都会派驻专门负责运河管理的官员，连同官员办公的官署，使得这些城镇聚落的政治地位也逐渐提升，沿线各聚落之间的往来联系日益增强。纵观历史发展过程中，那些依运河而建、依运河而兴的著名城镇，大多都是纯粹的商业性城镇聚落。这些聚落主要承担对运河沿线地区以及聚落辐射腹地的商品集散功能，是运河经济网络体系下一个非常重要的节点。同时，这些聚落也承载着联系运河区域广大城市和农村地区的纽带作用。会通河的开凿和历朝历代的疏浚改造，逐渐在我国东部平原上形成了以会通河为轴心的水陆交通网。随着水路交通的日益发达完善，各地商贾客旅纷纷云集，同时沿线

地区逐渐形成了不同层次的消费群体，沿线各城镇商业日益繁荣。清代以后，运河沿线分布的市镇商贸规模得到了进一步的扩大，市镇经济更加兴盛。大运河齐鲁段的济宁市是自元代开凿济州河以后最早兴起的城市，也是明清时代的运河漕运中枢。明清时代的官私商贾都聚集在这里进行贸易。因此，济宁市的商业、服务业等发展都比较早。除此以外，运河沿线齐鲁段还分布着众多的规模较小的商业城镇，如南阳镇、魏家湾、阿城镇、安山镇等。

（三）齐鲁文化生态的空间演变

春秋末期一直到战国时期，中国大地发生了巨大的社会变革，各种社会矛盾错综复杂。不同阶级和社会集团为了自身的利益而提出各种见解和主张，并依附于不同国家的君主、官僚或者贵族。因此，在当时的社会背景下逐渐形成了一种"养士"之风。这些持不同观点的士游走于各个国家，宣传自己的主张，在当时掀起了百家争鸣的文化盛景。儒家思想最早起源于鲁国，其主要的活动区域在现今山东省的西部地区和河南省的东部地区。这些地区也是菏水连通的济水流域、泗水流域一直到后来的鸿沟流域。作为儒家思想的最早创始人，孔子一生致力于教学活动。鲁国是孔子早期开办私学的第一个国家，但后来因为季桓子的阻挠和冷遇，孔子开始了他长达十四年的流浪式教学。从一定角度来看，孔子的流浪式教学极大地推动了儒家思想在各地的传播[1]。在周游列国的过程中，孔子极力宣扬和推行其仁政德治思想，实现自己的政治抱负，最终形成了至今对华夏文明影响至深的儒家思想体系，同时也是我国两千多年以来传统思想文化的核心。孔子的儒家思想在一定程度上反映了汉民族文化的精神形态，对于国内少数民族以及邻近国家人民的思想演变和社会发展都产生了较大的影响。孔子的流浪式教学在我国广袤的地域范围内推动了古代文化的迅速传播，是运河区域第一位伟大的思想家和教育家。齐鲁地区在大运河的便利条件下，早在春秋战国时期已经是关中地区重要的农业产区，如济水和泗水之间在当时是全国重要的粮食产地。运河的沟通极大地方便了临淄地区的农业生产，同时也极大地带动了临淄以东地区的社会经济发展。在农业发展的带动下，齐鲁地区的商业和手工业也取得了快速的发展。

---

[1] 韩梅花，罗军. 京杭运河沿岸文献的传承与齐鲁私家藏书文化研究[J]. 图书馆工作与研究，2014（09）：76-78+93.

随着齐鲁运河区域经济的日益繁荣，齐鲁段运河沿线地区的文学艺术也取得了较为丰硕的成果。在建筑装饰的雕塑方面，运河区域的木雕、石雕等精巧的制作工艺和作品在当时运河沿岸比较发达的城市中的商业会馆和寺庙建筑中较为常见。明清时期，大运河齐鲁地区的织造技艺取得了非常高的艺术成就。明中期，山东省定陶、濮州等地，棉纺织业已经逐渐形成了商业性的生产。借助运河的便利交通，棉纺织业对齐鲁地区经济发展起到了重要的作用，并在现今的济宁、聊城、济南的历城区等地形成了独具特色的石榴籽花纺织。除此以外，如潍坊地区的风筝扎制技术、聊城东昌府年画、葫芦工艺等民间艺术形式，都是构成齐鲁运河区域文化艺术体系的重要内容。

清末时期，齐鲁大地作为当时帝国主义政治、经济侵略的主要地区，首先爆发了义和团运动。帝国主义向齐鲁地区的大量商品输出和资本输出严重影响了北方地区的社会经济秩序，出现了大量工商业者和手工业者的破产。同时，帝国主义在齐鲁大地多个地区开始兴建教堂，教会势力猖獗，国民的民族斗争情绪日益高涨。盛行数百年的齐鲁文化孕育了齐鲁儿女英勇善战的尚武精神。民众纷纷参加义和团掀起反对帝国主义列强的民族斗争。

三、燕赵文化生态对运河沿线聚落形态的影响

随着世界文明总体格局与中国区域文化基本框架的定型，春秋战国时期的燕赵大地在运河水文化的影响下逐渐形成了燕赵地区特有的文化形态。春秋战国时期是中国文化的轴心期。历史上比较典型的文化形态基本上都是在这一时期形成的。燕赵段运河主要指的是河北省沧州地区。沧州段大运河是元朝改线取直时京杭大运河的一部分，对于燕赵段运河及运河文化都有代表性。

（一）燕赵段运河文化的发展变迁

西汉以前，河北平原上分布的一些主要河流都是单独入海的，在空间上形成了一种渐次交汇的水流走势。到了东汉年间，为了能够征战乌桓，曹操开凿了平虏渠，也就是当今京杭大运河之南运河自青县到天津市静海独流镇区段。从空间上来看，河北境内的主要河流都是经过天津流入大海，久而久之就形成了现在的海河水系。隋炀帝时期，在平虏渠的基础上又开凿了永济渠，将沁水引到了黄河，北至涿郡，同吴越运河、通济渠共同构成了南北2500千米长

的京杭大运河。这其中，沧州段大运河发展历史较长，到建国初期还承担着内河水运任务。一直到1978年，水资源极度匮乏，导致大运河南段的水上航运全部停线。沧州段大运河也几乎完全丧失了其航运功能。

（二）燕赵段运河聚落形态的空间演变

从空间走势上来看，古黄河流经冀州地区时开始分化为九条河流，到沧州地区又汇聚成一条河流，古称逆河。逆河流经沧州入海。因此，沧州在古代被称为渤海郡。沧州最早建于北魏年间，距离当时的政治中心洛阳比较遥远。因黄河常年泛滥，这一地区遭到水患侵扰而被视为蛮荒之地。直到明代沧州城被迁至运河畔，依托运河漕运的带动，沧州经济、文化才得以迅速发展。同时借助运河的南北连通，沧州的文化精神得以在全国传播。根据历史资料显示，沧州城旧址位于大运河的东岸。在长期的社会经济发展过程中，运河东岸逐渐形成了一条带状的商业文化带。而在大运河的西岸与沧州城隔河相望的地带则形成了一些自由布局的村庄聚落。随着近代铁路以及运河漕运功能的不断完善，在铁路和运河漕运两方面因素的综合作用和影响下，沧州聚落沿大运河不断向南北延伸。与此同时，工程技术水平的不断提高，又进一步推动了沧州运河聚落朝跨河和跨铁路的方向发展。交通运输网络的日益完善使得沧州运河聚落与其他区域之间的经济和文化联系更加紧密。

（三）燕赵段运河文化生态的空间演变

燕赵文化是中华文化的重要组成部分。秦汉时期，随着大一统政体的建立和发展，各地区间文化进一步融合，燕赵文化也经历了由燕文化、赵文化、中山文化的诸侯文化向燕赵地域文化整合与融汇的发展历程，燕赵文化的整体性特征不断加强。随着沧州段大运河的开凿贯通和发展，以沧州地区为核心，以运河为纽带逐渐形成了一条独具燕赵特色的文化带。早在三国时期，为了满足军事征战的需要，曹操就开凿了平虏渠，这也是运河沧州段的雏形，当时的主要功能是通过水运满足军队的粮草运输供给。早期沧州地理环境和人文环境都比较恶劣，不适合人们的生活定居。九曲黄河流经沧州地区，但却并没有给沧州地区带来富饶，而是常年的水患侵扰。洪水过后所形成的荒滩盐碱以及贫瘠凄凉使得古代沧州地区一直被视为蛮荒之所，被作为流放罪犯和叛将的场所。再加上远离政治中心，古代沧州地区的社会局面非常混乱。和当时的吴越地区相比，沧州地区更加倾向尚武精神，比较常见的就是武馆、镖局等，这和当时沧州的社会背景是密切相关的。

至明清时期，运河经济的繁荣昌盛带动沧州地区与外界的交往更加频繁。运河的四通八达、便利的水运交通条件使沧州地方特色文化得以发扬传播。沧州武术之乡的美誉得以在我国南北地区广为流传。明代，为了保障运河漕运的安全，明朝专门设置了负责漕运安全的军队组织——漕军。清朝这一官方组织被撤销，而转由社会上的镖局、帮会对运河之上往来的商船进行护航。因此，沧州地区的镖行、装运等行业随之取得了快速的发展。沧州历史上遗留的尚武之风同时作为一种文化象征和谋生手段，成为沧州地区的一种符号为全国各地所熟知。清末年间的大刀王五、霍元甲等都是沧州武术文化的典型代表。清朝时期，运河沧州段已经发展成为京津冀鲁豫各地区之间重要的水路交通要道，同时也是重要的商品集散中心。运河经济的繁荣带动了沧州地区经济的快速发展。

燕赵地区并非纯粹的内陆地区，因此在文化生态的发展演变方面也区别于中原文化和黄河文化。随着环渤海地区社会经济的不断发展，在燕赵地区文化生态的形成发展过程中，同时还吸收了海洋文化因素，相比之下更能够体现其多元文化相互融合的特质。

第三节　运河沿岸历史遗存的文化生态梳理

京杭大运河作为一种典型的线性活态历史文化遗产，肇始于春秋时期邗沟的开凿贯通，至隋朝形成以洛阳为核心的大运河雏形。大运河到唐宋时期达到了鼎盛时期。在经过元朝对运河河道截弯取直以后，京杭大运河真正形成了南北贯通之势。到了明朝和清朝，京杭大运河作为连通南北各地区的主要水道，经过无数次的疏通修整，最终成为连通海河、黄河、淮河、长江、钱塘江五大水系的重要水路枢纽，在中国古代国家统一和社会经济发展以及文化交流等方面都起到了重要的作用。时至今日，大运河已经流淌了2500多年的历史，在纵贯南北、连接东西的水运网络支撑下，中华大地逐渐形成了各种独具特色

的地域文明，涉及众多的历史文化遗产。其中，运河沿线地区的历史文化遗产表现为较高的等级和较大的分布密度。从空间上来看，东线明清大运河横穿六省市地区，西线的隋唐大运河贯穿了五个省市地区，其中涉及黄河、长江两种中华民族古代文明的核心区域，凝聚了自隋以来千百年间的历史文化特色和地域多样性，具有丰富的历史文化内涵[1]。从结构上来看，运河沿线历史文化遗存的核心是运河自开凿运行以来历朝历代所遗留下来的运河水道、运河沿线相关的设施设备遗址。其中大量具有内河文化特色的古城镇体现了丰富的历史、科学、艺术价值。除了运河物质文化遗产以外，运河文化遗产还包括大量语言、民风民俗等非物质文化遗产，如运河沿线一些重要城镇所具有的特色人文景观以及流传千年的民俗民风等。

相比横亘崇山峻岭的万里长城所彰显的中华民族文化之仁厚雄浑，流淌千年的大运河作为历朝历代的经济命脉和文化纽带，更加昭示了中华民族的高度智慧。纵观大运河沿线各省市地区，河北、山东两省具有更多的历史文化遗存。但囿于经济发展和产业结构等方面的原因，古运河的生态环境问题也更加突出，各种工业和生活污水被肆意排放，严重污染了古运河的河道，同时也危害到运河沿线具有丰富历史文化价值的遗产遗迹。如临清地区的元代运河遗址、七级闸遗址等都遭到了不同程度的破坏。相比之下，运河江苏段、浙江段流经地区，在经济快速发展的带动和影响下，对运河历史文化遗产的重视和保护程度要更高。政府将人文环境和文化景观因素作为一种招商引资的重要优势和资本，因此，对历史文化遗存、历史街区等文化遗产都采取了较好的保护措施。如淮安总督漕运部院遗址就是一项展示历史原貌、对历史遗存进行保护性开发和有效利用并且成功的实践案例。

一、运河沿线历史遗存的文化生态机理

大运河历史文化生态结构是影响运河沿线历史遗存发展包括聚落形态空间演变的主要因素。运河沿线地区文化生态的空间演变是推动地区聚落形态发展的根本动力。运河文化生态结构主要包括一些特殊的时空文化要素。这些特

---

[1] 程庆涛, 李秋萍. 德州古运河生态文化景观再生策略研究[J]. 德州学院学报, 2019, 35（03）：19-21.

殊的时空文化要素在不同的历史时期，对于运河沿线地区历史遗存以及聚落形态的发展产生影响。

（一）运河历史文化生态结构的构成要素

文化生态结构是文化生态系统内各种构成要素及其时空分布和传播、变异、融合的具体方式和途径，是一种由人类创造的并且能够推动社会进步和发展的文化要素生长机理。不同的历史时期、不同地域、不同种族在其发展的特定阶段，将会形成不同的文化源和文化圈，具有不同的文化物质空间和文化历史演变过程。因此，文化生态将表现为不同的结构特点和影响力[1]。从具体类型上来说，文化生态结构包括时间结构和空间结构，两种类型的文化生态相互独立又互相关联。京杭大运河作为一种巨型线性文化遗产，具有很高的文化历史价值。运河文化生态结构更加侧重于其时间结构。运河文化在其长期的历史发展中，与各地区的地域文化相融合，面临不同时期外来文化的冲击影响而持续演变发展，求同存异，最终实现了多元文化的共存共荣。

从文化生态对人类社会活动的影响角度来说，文化生态结构又可以划分为物质文化生态、社会文化生态以及精神文化生态三个层次。三个层次相互之间具有一定的独立性，同时又相互依赖、彼此制约，形成了一个有机联系的文化整体。不同层次的文化生态对于大运河历史文化遗存以及沿线聚落形态的发展演变具有不同的影响。

（二）物质文化生态对运河历史遗存与聚落形态的影响

大运河沿线的物质文化生态主要是指为了满足运河沿线居民的生活和生存需要，在人类社会活动中创造出来的各种物质产品及其表现的文化生态。大运河物质文化生态不仅是指人类社会活动中那些具体的物质产品，还包括各种物质产品的生产过程、生产工艺和技术，还涉及蕴含于生产劳动中的人类智慧等。如居住文化生态、饮食文化生态等，都属于典型的物质文化生态。物质文化生态对运河历史遗存与聚落形态的影响是比较明显的。一是物质文化生态对运河沿线自然生态环境的发展演变具有很大的决定性作用，如技术文化生态对于人们征服自然、改变自然地理条件等方面具有非常明显的影响。随着科学技

---

[1] 胡建华,周延飞.鲁西北运河乡村文化生态重构策略[J].文化学刊,2018（10）：6–10.

术水平的不断提高，人类可以用各种技术手段实现对区域水资源的调节配置，满足人们在生产生活方面的各种需求，不断提升人们的生活环境品质，同时也大大提高了人们在改变自然和聚落形态发展演变中的主观能动性。二是物质文化生态对人工痕迹的物质空间形态的影响。大运河沿线分布的各种聚落形态是表现运河物质文化生态的最好的载体。不同聚落形态下人们的社会生产、生活活动都是在一定的物质文化生态影响下进行的。其中，与人类活动关系最为紧密的就是生活性空间，如聚落的选址、分布等，都会受到地域性自然生态环境的影响。此外，从聚落的发展演变过程来看，不同的聚落形态内部具有不同的功能空间要素，如码头、驿站等运河漕运衍生出的职能空间，商铺、会馆等运河商业带动下衍生出的经济功能空间，寺庙、祠堂、书院等通过运河文化交往而形成的文化职能空间等。

京杭大运河物质文化生态包括水利工程技术文化、运河漕运文化、商业文化、政治文化、民俗民风、文学艺术等一系列内容。在各种物质文化生态的综合作用下，逐渐形成了运河沿线地区历史上技术先进的水利枢纽设施、繁荣的码头经济以及沿线星罗棋布的寺庙、会馆、码头、祠堂等特色空间形态。

（三）社会文化生态对运河历史遗存与聚落形态的影响

社会文化生态是在物质文化生态结构基础上所反映的人与人之间、人与社会群体之间的内在文化关联。社会文化生态表现的是各种社会关系的约定以及为保障这种关系而设置的各种组织机构等。从发展关系的角度来看，物质文化生态是社会文化生态形成和发展的基础。随着人类社会物质文明的不断进步和物质文化生态结构的发展演变，社会文化生态不断发展变化。与此同时，社会文化生态作为一种人类社会历史发展的产物，当一种特定的社会文化意识在人类头脑中逐渐形成并产生深刻影响时，就会逐渐外化为一种较强的独立性。随着这种独立性的增强，社会文化生态将不再随着物质文化的变化而变化，反之会对人类物质文明的发展和物质文化生态的演变产生一定的制约作用。大运河社会文化生态具体包括社会关系结构、社会经济生产、社会政治管理等。主要社会关系结构主要是基于地缘、血缘和业缘而逐渐形成的，是大运河传统聚落形态形成与发展演变的根本推动因素，也是运河沿线聚落形态的核心文化生态。

（四）精神文化生态对运河历史遗存与聚落形态的影响

精神文化生态是指在人类社会长期的生产生活过程中，各种社会实践和意识活动孕育形成的价值观、思维方式、道德情操、审美情趣、宗教感情、民族性格等。运河精神文化生态是运河文化生态的最高层次，是运河沿线地区人们的文化心态在观念形态上的直接反映。运河精神文化生态具体又包括运河文化心理和社会意识形态。其中社会意识形态所涉及的范围非常广泛。从社会意识与人类现实社会的关系角度来说，社会意识形态又可以划分为基础意识形态和上层意识形态。基础意识形态主要包括在人类社会活动中与人类生存和发展息息相关的政治思想、法律思想、道德伦理观等；上层意识形态则主要是指在人类社会实践活动中创造和衍生出来的文学艺术、宗教信仰以及哲学等更高层次的意识形态。不同的时代背景下所形成的精神文化形态也不相同，但各种精神文化生态构成要素都是对一定社会背景下社会文化生态心理状况的直观反映。

运河精神文化生态是运河沿线各地区文化生态的灵魂，对各地区社会经济、文化的发展演变以及聚落形态的发展都具有明显的推动作用。精神文化生态对于聚落空间形态的影响主要表现在对聚落居民整个社会意识形态的形成和发展演变的影响。从这个角度来说，精神文化生态在很大程度上决定了物质文化生态和社会文化生态的结构以及发展演变。

二、运河沿线历史遗存的文化生态现状

京杭大运河成功入选世界文化遗产名录，极大地推动了大运河沿线历史文化遗产的保护和传承工作。对京杭大运河沿线历史遗存的有效保护和传承利用，是大运河沿线省市地区在大运河申遗过程中的核心问题，同时也是难得的发展机遇。运河沿线各省市地区纷纷结合区域内运河沿线历史遗存的发展现状和实际加强顶层设计，明确了"保护为主、抢救第一、合理利用、加强管理"的文物工作指导思想。为了能够更有针对性地对运河沿线历史遗存进行保护和传承利用，首先必须明确运河沿线各地区历史遗存的文化生态现状，掌握运河沿线重要历史遗存的分布情况。京杭大运河在历史上被分为七段，包括通惠河、北运河、南运河、鲁北运河、中运河、里运河以及江南运河。京杭大运河全境范围内历史遗存分布众多，现将主要遗存及其文化生态情况概括如下。

第四章 京杭大运河沿岸历史遗存的文化生态性研究

（一）北京至聊城段运河遗存分布

明清时期，京杭大运河自江淮北上，穿过鲁西平原，从德州进入北京。因此，德州在历史上曾经是扼守大运河交通的要塞，古代被称为"神京门户"。同时，德州还是京杭大运河"九达天衢"的繁华之地[1]。明清时期是大运河发展的鼎盛时期，运河之上往来船只众多，交通便利，成为联系南北地区乃至中外经济、文化、政治交流的重要纽带。北京至聊城段运河沿线分布着众多的历史文化遗产，比较典型的文化遗产包括以下几处。

1.苏禄王墓

苏禄东王墓，坐落在山东省德州市德城区北部的北营村，是中菲友好历史的见证，1988年1月13日被国务院公布为全国重点文物保护单位。古时苏禄国位于菲律宾的苏禄群岛上，在我国明代，苏禄国同我国开始了密切的友好往来。明永乐十五年（公元1417年）苏禄群岛上的三位国王——以东王巴都葛叭哈喇为首，率家眷、官员共三百四十多人的友好使团来我国进行访问。辞归途中，东王不幸染病殒殁，明永乐帝闻讣，即派官员为东王择地厚葬，赐谥"恭定"。

图4-1　德州苏禄王墓

（图片来源：https://travel.qunar.com/p-oi3735916-suluwangmu）

苏禄王墓修建至今已有600多年的历史，除了遗存封土、御制苏禄东王碑和神道石像以外，御碑楼、牌坊、配殿等多为根据史料复原重建的仿古建筑。

2.清真东、北二寺

清真东、北二寺位于古运河东岸的山东省临清市，是迄今为止保存比较完整的古代建筑群。自唐宋以来，日益繁荣的运河经济和文化传播，吸引了无

---
[1] 程庆涛,李秋萍.德州古运河生态文化景观再生策略研究[J].德州学院学报,2019,35(03):19-21.

数少数民族和域外人士的到来，这些人逐渐定居在运河沿线城镇，推动了运河沿线地区的多元文化发展。山东省临清市清真寺原来有三座，其中位于古运河东岸的顺河清真寺，在疏浚卫运河的时候被拆除。清真寺东寺位于临清羊头锅街北端，与北寺遥相呼应。其建筑规模相对较小，始建于明成化年间。寺内殿堂约70多间，布局紧凑。整个东寺建筑融合了中国传统的建筑艺术和伊斯兰文化，是不可多得的建筑艺术精品。北寺位于元代会通河与卫河交汇处，始建于明弘治年间。北礼拜寺现存更楼、月台、正殿等房间约80多间，修建于明朝最为兴旺的时期。主要建筑分布由东西轴线排列，森然耸峙、错落有致。临清清真寺的建筑规模较大，从建筑风格上融合了中西建筑文化因素，是鲁西北区的寺庙建筑之首，充分体现了古代劳动人民的智慧，同时也体现了中华各民族的大融合、大团结的优良传统。

图4-2　临清清真寺

（图片来源：http://www.lcgxq.com/news/newsgxq488_1.html）

（3）鳌头矶

临清鳌头矶位于今临清市先锋路街道办事处吉士口街，在元代运河与明代运河的结合处，是一组结构精巧、古朴典雅的楼阁式建筑。临清市是古代连接会通河和通惠河的交汇点。为了能够有效地调节运河水位，便于航运，临清市内分布着很多段运河和古闸桥。所谓鳌头矶，主要得名于其特殊地理环境。明代正德、嘉靖年间，会通河与卫河之间分布着一块周围环水的狭长陆地，自古以来被称为"中洲"，而鳌头矶正好处于"中洲"最为突出的位置，明正德皇帝在此叠石筑坝，其形状如鳌头，因此被称为"鳌头矶"。后来鳌头矶上又修建了观音殿、吕祖堂、望河楼、李公祠等建筑，其木构架梁采用的是明清时期

北方地区的官式做法，逐渐形成了明代北方地区典型的木结构建筑群。明清两代，运河漕运鼎盛之时，文人骚客常登临楼阁眺望运河，见船来舟往、帆樯如林，即寄情抒怀、赋诗唱和。"鳌矶凝秀"遂成为运河繁荣时期临清的一景。

图4-3 临清鳌头矶

（图片来源：https://baike.sogou.com/404.html）

4.运河钞关

临清运河钞关位于山东省临清市老城区明代会通河河畔，是明清时期朝廷设立的用于运河督理漕运税收的直属机构，同时也是全国现存的唯一一处运河钞关。临清运河钞关始建于明宣德年间。当时的钞关被升为户部榷税分司，只属于户部。至清朝光绪年间，运河漕运停止，钞关署治也随之废止。运河钞关对于研究我国明清时期的漕运历史、社会经济形态和运河城市发展都具有重要的历史价值。作为明清时期督理运河榷税的直属机构，临清运河钞关是一组建筑群，包括河口正关、阅货厅、关墩、仪门等建筑，占地约四万平方米。运河钞关是明代万历年间王朝佐反税监斗争的历史见证。在著名小说《金瓶梅》中，曾经多处描写到临清运河钞关，是研究漕运历史和封建社会经济关系、社会形态的重要实物史料。

图4-4　临清运河钞关

（图片来源：https://you.ctrip.com/sight/linqing2906/141061.html）

5.临清舍利塔

临清舍利塔坐落于山东省临清市城北卫运河东岸，与通州燃灯塔、杭州六和塔、镇江文峰塔并称为运河四大名塔。舍利塔始建于明朝万历三十九年，共分九级八面，是典型的楼阁式仿木结构建筑。舍利塔虽名为舍利，但是实际上是源于风水，在塔的建造过程中包括塔内的布置、石刻等都与风水有关。临清舍利塔应"灵收八表"的意象，每一层的塔面都呈正八边形。塔顶呈将军盔形。各层为穹隆顶，顶上拖龙骨架，地面平托金丝楠木楼板、平面铺青砖，每层辟八门，四明四暗。临清舍利塔的修建集中了精巧的建筑结构和精湛的雕刻艺术，充分体现了古代劳动人民的智慧和才能，是中国古代建筑的杰出代表。塔岸闻钟为古代临清八景之一。

图4-5　临清舍利塔

（图片来源：https://you.ctrip.com/travels/linqing2906/1796445.html）

（二）聊城至淮安段运河遗存分布

山东省聊城地处鲁西平原，拥有中国北方地区少有的宽绰水域，独具

"江北水城"特色,又被喻为"中国北方的威尼斯",是黄河与京杭大运河的交汇点。早在明清时期,借助京杭大运河的漕运之便,当时的聊城地区就已经成为大运河沿岸九大商都之一。聊城旧城遗址的规模并不是很大,其城墙早已经废弃无存,只保留了旧城的大体格局。根据清朝雍正年间《山东通志》和乾隆年间《大清一统志》记载:"东昌府城,宋淳化三年,河决圮于水,乃移治孝武渡西,即今治也,熙宁三年筑土为城。"聊城因古有聊河而得名,旧城内有很多的史迹,如光岳楼、海源阁、山陕会馆、傅斯年纪念馆、七级古镇等。

1.光岳楼

聊城光岳楼始建于明朝洪武七年,位于聊城古城的中央地带,是最古老的城防建筑,同时也是迄今为止全国现存的古代建筑中最为古老的、最雄伟的木构阁楼之一。目前,光岳楼已经成为聊城历史文化的标志性建筑。光岳楼的外观为四重檐歇山十字脊之大阁,通高33米。墩台为砖石砌成的正四棱台,底边长34.43米,与光岳楼的总高度相近,垂直高度9.38米。台的东、西、南、北四面中部,各设有一半券形拱门,券至台中心处成十字交叉拱。四个券门上方,各砌有方形门额。南曰"文明",北曰"武定",东曰"太平",西曰"兴礼"。值得注意的是,北门的"武定"带有浓郁的军事色彩,应与明初北方蒙古残存势力还抱有戒心有关。在南向拱门两侧,又各开一小拱门,形制与中间拱门相似,东侧小门门额用青石刻成,上书"凤城仙阙",西侧刻有"阆苑瀛洲"。"凤城仙阙"中的"凤城",取名于聊城旧有凤凰落古城的传说。"仙阙",这里指神仙所住之处。读来意境缥缈,给人以仙山琼阁的联想。"阆苑瀛洲"中的"阆苑",即传说中的神仙住处。"瀛洲",指传说中的仙岛。两额虽不相同,却都在烘托超然物外的仙境气氛。西门为假门,只存形式,以求和东门相称。东门则是登楼的唯一通道。门宽3.14米,拱高1.75米。而实际使用仍显过大,于是在券内另砌小券,门洞宽仅1.86米。踏门而入,门内为一方室,东设踏跺,升四级至梯台,南壁有一小窗,以供通风采光之用。游人可借光北转,信步攀37级而到达平台。平台面积不大,却可驻足小憩。游人到此多有停留休息。然后再升15级到达台面。光岳楼主楼全系木质结构,但能历经600多年风雨而完好地保存下来,不仅有着很高的科学价值,而且也有很高的艺术价值。

图4-6 聊城光岳楼

（图片来源：https://you.ctrip.com/sight/liaocheng635/61506.html）

2.海源阁

聊城海源阁始建于清朝道光二十年，是由聊城进士杨以增所建的私人藏书楼，是清代四大藏书楼之一。海源阁建成后历经四代人的悉心相守，阁内总藏书四千余种共计二十二万余卷，凝聚了中国古代劳动人民的无穷智慧和辛勤劳动。海源阁藏书楼为单檐硬山脊南向楼房，面阔三间，上下两层，下为杨氏家祠，供杨氏先人牌位，上为宋元珍本及手抄本等秘籍收藏处。藏书楼前有一长条状小院，东侧有两座长廊式高台读书亭。楼下东首为通往后院的通道，杨宅第四进院内为海源阁明清版本藏书处。上层中间门额上悬挂"海源阁"阳言语匾额一方，为杨以增亲书，额后有杨以增自题跋语。海源阁藏书浩瀚，是杨氏四代人潜心搜集的结果。海源阁是聊城文化昌盛的标志，它与巍峨壮丽的光岳楼，雕梁画栋的山陕会馆，景色秀美的东昌湖交相辉映，为江北水城增添了无穷魅力。

图4-7 聊城海源阁

（图片来源：https://www.sohu.com/a/401258117_99906744）

3.山陕会馆

大运河是明清时期最为重要的商业通道。借助大运河便捷的交通以及鲁西平原优越的地理区位优势，当时的聊城地区吸引了众多国内其他地区的商帮。在众多的商帮中以陕西商人势力最为雄厚。聊城山陕会馆俗称关帝庙，位于聊城市城区南部，大运河的西岸。山陕会馆始建于清朝乾隆八年，是清代聊城商业繁荣的缩影和历史见证。山陕会馆从开始修建到建成一共历时66年，到嘉庆十四年才初具规模。会馆按中国传统宫殿式建筑的基本格局排列各组建筑，强调中轴线两侧均衡对称，突出中轴线上建筑，通过屋顶的形式、面阔进深的大小、艺术构件雕刻的繁简等来区分建筑的主次级别。山陕会馆集中国优秀传统文化之大成，融汇了中国道、儒、佛三大哲学思想，对于中国古代建筑史、商贸史、戏剧史以及运河文化史的研究都具有非常重要的研究价值。

图4-8 聊城山陕会馆

（图片来源：https://you.ctrip.com/sight/liaocheng635/61508.html）

4.傅斯年纪念馆

傅斯年纪念馆坐落于聊城旧城北关街东首，是为纪念五四运动学生领袖傅斯年先生而修建的。傅斯年字孟真，山东聊城人，家学渊源。傅斯年在北大求学期间深受新文化运动影响，曾身先士卒肩扛北大校旗组织学生游行。傅斯年才华横溢，先后于"中研院"历史语言研究所、北京大学和台湾大学工作，在学术和教育机构任职期间推动了学术研究和教育改革飞速发展，集学问、志气、血性和修养于一身，具有光芒四射的人格魅力，为后世所敬仰和称赞。傅斯年纪念馆进门为两进小院，清雅朴素，其建筑风格凸显了傅斯年先生的高尚品行。整馆建筑规模不大，但是陈列之精心、内容之祥缜皆居同类纪念馆之首。

图4-9 聊城傅斯年纪念馆

（图片来源：http://www.mafengwo.cn/i/7201481.html）

5.七级镇

聊城七级镇位于聊城市阳谷县城东北，是聊城市阳谷、东阿、东昌府三县交界处。七级镇历史悠久，横跨古运河两岸。渡口码头建有七级台阶。七级镇目前保存下来的北闸始建于元朝大德年间，其南北长约百米。目前所能看到的古镇石桥实际上是在北闸基础上所修建的。在古镇桥头目前还遗留着一座石雕镇水兽，其上还留有当年船缆的栓磨痕迹。七级古闸是古代大运河上最为重要的水利设施，其设计之精巧坚固，施工之精细合理，代表了古代劳动人民精湛的建筑技术和水平。七级古闸是研究大运河漕运历史和古镇发展历史的重要实物史料。

图4-10 聊城七级古镇

（图片来源：https://www.sohu.com/a/394967244_283029）

（三）淮安至苏州段运河遗存分布

1.清江大闸

清江闸又称清江大闸，位于江苏省淮安市区，始建于明朝初年，用于调节水位和控制里运河流量，使漕运船只能够顺利通过，是明清时期运河漕粮的必经通道，素有"南北襟喉"之称。清江大闸是目前大运河上保存下来维护最好的一座古闸门，同时也是中国大运河沿线一处非常著名的文化景点和遗产点。清江闸由正闸和越闸两部分组成。正闸用黑麻石（玄武岩）长方条石和煮熟的糯米浆拌石灰做粘合剂砌成，宽7米许。越闸的建造时间比正闸晚，且闸身矮、闸门略窄。正闸桥面原是可启闭拉动的木桥，越闸是固定的木桥，现在均为钢筋水泥桥。

图4-11　江苏淮安清江大闸

（图片来源：https://www.ourjiangsu.com/a/20210322/1616384512335.shtml）

2.淮安总督漕运部院

总督漕运部院是我国历史上主管运河漕运的唯一行政机构。淮安总督漕运部院位于江苏省淮安市城区中心，是中国封建社会经济兴衰的历史见证。根据史料记载，明朝万历七年，元初所设置的淮安路总管府迁至现址。当时，建筑规模宏伟，有房213间，牌坊3座，中轴线上分设大门、二门、大堂、二堂、大观堂、淮河节楼。东侧有官厅、书吏办公处、东林书屋、正值堂、水土祠及一览亭等。西侧有官厅、百录堂、师竹斋、来鹤轩等。大门前有照壁，东西两侧各有一座牌坊。淮安总督漕运部院遗址从2002年开始进行规划整饬，并将考古发掘现场开发为遗址公园。遗址公园内部保留了大部分残留遗址。

图4-12　淮安总督漕运部院

（图片来源：http://www.oldha.net/4091/）

3.扬州古运河、何园、史公祠

扬州古运河是整个大运河中最为古老的一段。目前扬州段大运河和两千多年前开凿的古邗沟路线基本上吻合。扬州城区段的古运河全长约30千米，构成了著名的"扬州三湾"。扬州城区段古运河沿线是历史遗迹最多，人文景观最多的一段。扬州段运河的发展历史见证了古代扬州的发展史。扬州段运河的沿岸，分布着各个教派的各种建筑，如琼花观、普哈丁墓园等。同时也有运河运行管理的各种设施、机构，如水斗门、龙首关、东关古渡等，可谓历史遗迹星列。此外，古代无数文人墨客也在这里留下了千古诗篇，如"故人西辞黄鹤楼，烟花三月下扬州""春风十里扬州路，卷上珠帘总不如""天下三分明月夜，二分无赖是扬州"。这些千古名句都是古代扬州繁华与辉煌时代的真实写照，而这一切都是和大运河息息相关的。如今，扬州古运河的文化内涵正在为更多的人所认识，体现出了极高的旅游价值，突出了古城扬州历史上"车马少于船"的地方特色，使人们真正感悟到了"水"的经济、"水"的文化、"水"的生活方式。扬州古运河旅游资源的开发主要以龙首关和宋大城南门遗址为开篇，以何园、史公祠等为重点，展现了古城扬州历史街区的市井风貌和民俗民情。其中，何园，原名"寄啸山庄"，是扬州私家园林中的压轴之作，被誉为是"晚清第一名园"。何园造园手法非常精湛，但其独辟蹊径之处，是能够保持与时俱进、中西合璧领时代之先，可以被视为传统士大夫阶层向现代

第四章 京杭大运河沿岸历史遗存的文化生态性研究

生活迈进的一段时间隧道。史公祠位于扬州市丰乐上街9号，是为了纪念民族英雄史可法而建的祠堂，后来经过几度修缮以后，成为现今的"史可法纪念馆"。

图4-13 扬州古运河

（图片来源：https://www.sohu.com/a/13807102）

图4-14 何园　　　　　　　图4-15 史公祠

（图片来源：https://www.sohu.com/a/13807102）

（四）苏州至南通段运河遗存分布

1.吴门桥

苏州吴门桥横跨古运河，是陆路出入盘门的必经通道，始建于宋朝元丰七年，后来经过各朝代多次翻修重建，1963年被列为苏州市文物保护单位。吴门桥是目前苏州留存的最高的单孔石拱古桥，其主要建筑材料是花岗石，全长66.3米。1989年，部分拱券石被船只撞落，修补时发现各拱券石之间用定胜

形榫卯拼接，以增加牢度，避免移位。条石桥栏凿成凹凸状，犹如通长靠背椅子。桥额阴刻楷书桥名，间壁明柱一面刻"苏省水利工程总局重修"，一面刻"同治十一年壬申夏四月"。南北两坡各铺设条石踏步50级。北端金刚墙左右两翼均砌有宽约0.6米的纤道，为纤夫穿越桥洞的便民设施。吴门桥高大壮伟，与邻近的瑞光古塔、盘门浑然一体，古运河滔滔东流，舟船帆影往返不绝，是苏州城西南重要的文物古迹游览区。

图4-16 苏州吴门桥

（图片来源：http://jiangsu.sina.com.cn/suzhou/zt/suzhoudeqiao/index.shtml）

2.耦园

耦园原名涉园，坐落于苏州旧城娄仓街小新桥巷。其名源于陶渊明《归去来兮辞》中"园日涉以成趣"之意，是为清朝雍正年间保宁知府陆锦所筑。耦园因在住宅东西两侧各有一园，故名耦园。南北驳岸码头是耦园特色之一，尽显姑苏"人家尽枕河"的特色。耦园东西长108米，南北宽78米，近乎长方形，占地约8000平方米，建筑面积为4496平方米。住宅居中，东西花园分列两边，北端背河而起一排楼房，借"走马楼"贯穿，取唐人"东园载酒西园醉"诗意。这样一宅两园的布局，在苏州众多古典园林中独具特色。"耦园住佳耦，城曲筑诗城"，取名"耦"，通"偶"，即指佳偶连理，又道出园宅的特征，布局上中轴线上为明显的仕宦第宅，东西花园相互对应。东花园以中心的黄石假山为主要景点，是涉园的遗存，也是苏州古典园林里著名的黄石假山；西花园则以湖石构景，舒展绵延。同时，在个体建筑上也有或东西、或南北、或上下、或明暗、或高低等两两呼应。

88

第四章　京杭大运河沿岸历史遗存的文化生态性研究

图4-17　苏州耦园

（图片来源：http://wallpaper.desktx.com/scenery/100044.html）

综上所述，京杭大运河历史遗存不仅是我国最为宝贵的历史文化遗产，同时也是全人类社会最重要的实物遗存和文化瑰宝之一，是人类社会罕见的、部分仍然在使用的、线性跨区域的、文化和自然相结合的大规模遗产。目前对京杭大运河沿线历史文化遗存的基础情况研究还比较薄弱，严重影响了大运河遗产的历史地位、科学价值认识和传承保护思路的确定。从经济角度来说，大运河沿线地区从古至今都是我国经济活动比较活跃、商业比较繁荣发达的地区，同时也是人口比较稠密、物资比较集中、流通比较活跃、交通便捷的地区，这与大运河的功能是分不开的。从文化的角度来说，从北京至杭州沿线两千千米的运河河道以及沿岸地区，分布着众多的历史建筑，人文景观丰富多彩。民俗民风独特，形成了一条丰富多样的文化长廊。

第四节　运河沿岸文化生态的保护与发展对策

深入研究京杭大运河沿岸历史遗存的文化生态，其主要内容就是研究大运河对流经区域及其辐射区域的文化影响。一般来说，区域文化的生成包含两个主要的因素，一是区域本身在长期的演变和发展过程中，逐渐形成的自然景观环境和人文社会环境,在不断积淀和抽象概括中形成了特定地区的本土文化;二是随着不同地区文化、经济等交往的不断深入,本土文化与外来文化在相互冲突、相互影响过程中逐渐走向融合,即本土文化的传播和接受外来文化的渗透[1]。运河沿线不同地区在经过长期的历史积淀形成独具特色的地域文化,同时又融合了外来文化的因素,逐渐形成了运河沿岸地区风格各异的运河文化。这种风格独特的运河文化推动了沿岸地区社会经济、文化、聚落形态的发展演变,对运河沿岸文化生态的保护和开发有助于运河历史文化的保护利用和传承。

一、运河沿岸文化生态的保护与发展模式

大运河沿岸文化生态的保护与发展应基于运河文化生态的时代内涵,深入挖掘运河文化的新时代特征,并将其与运河沿线地区的城市发展规划相结合。基于这一宗旨,大运河沿岸文化生态的保护和发展应以运河文化主题型保护为基础,结合运河文化网络型保护与延续型发展,进一步明确对运河文化生态的保护要求和控制目标,以自然生态景观保护为主,严格控制人文痕迹以及对运河历史遗产资源的开发建设,为大运河历史文化遗产的传承保护和运河文化生态的可持续发展构建多元化的应对措施。

(一)运河文化生态的主题型保护与发展模式

所谓主题型保护与发展模式,即将大运河沿线地区文化资源的控制和管理,根据各地区历史文化形成和发展演变过程、文化生态基底和社会经济特征等因素进行有机的结合,将地域文化划分为几个典型的主题区段和节点,进行分段管理[2]。大运河河道从历史功能来看,主要表现为漕运、防洪、排涝和灌溉几种功能。运河文化生态的主题型保护发展可以考虑通过开发建设运河水上旅游线路将大运河沿线的历史文化遗存进行串联,以运河漕运文化的传播展示为重点,融入沿线地区不同的民间习俗,同时开发水上餐饮、民俗观赏、民俗体验等不同的旅游项目。

---

[1] 郭茜.胜芳镇非物质文化遗产文化生态研究[D].中国艺术研究院,2016.

[2] 潘云升.基于景观安全格局的城市滨水景观生态规划设计研究[D].河北工业大学,2014.

（二）运河文化生态的网络型保护与发展模式

京杭大运河是一条多元文化融合的文化生态廊道，在漫长悠久的历史发展中不断传承演变。新时代背景下复兴和继续传承大运河文化，必须和当今时代人们的社会生活和城市建设相结合，分层次、分等级地确保梯级网络型的文化生态视野下对大运河文化生态进行保护和发展[1]。运河文化生态的网络型保护与发展模式是实现不同层级文化形态在不同的文化生态视角下的保护与开发利用。根据运河文化所形成的空间地域差别，将运河文化形态划分为城市、乡镇、村落等不同的级别，并根据文化形态的具体级别确定保护和发展思路，实施分层次、分级别的梯次型保护。

（三）运河文化生态的延续型保护与发展模式

文化生态的延续型保护和发展模式，是在运河沿线地区文化生态的保护和发展中，适当保留一定的文化空白空间，即为运河文化的未来发展留出充足的发展空间，防止运河沿线地区文化发展走向僵化、滞后等不良的发展趋势，确保大运河文化生态能够实现良性的可持续发展。如对于运河沿线文化主题模糊的区域，可以将发展的重点集中到自然生态文化，通过对大运河自然生态环境的治理和恢复，建立适合运河区域生态环境发展的文化形态。对用于满足未来文化创新发展的运河空间形态，在进行保护和发展中要进行严格的控制，严格保护其在自发形态下的空间竞争与选择，尤其针对其中稳定的文化要素采取科学合理的措施，使其在未来运河文化生态廊道建设和发展中发挥积极的作用。

二、运河沿岸文化生态保护与发展的对策

（一）做好顶层设计，制定运河沿岸文化生态保护与发展规划

一是充分发挥政府在规划和管理方面的主导性作用，基于顶层设计制定大运河沿岸文化生态保护与发展规划。运河文化生态保护与发展规划是进行运河文化遗产保护与传承发展的指导性文件，是编制实施运河文化具体保护方案的行动纲领。运河文化生态的保护和发展首先要对运河水系的变迁、运河漕运以及沿线城市的发展历史进行系统的梳理，针对大运河沿线地区的发展现状、

---

[1] 牛会聪.多元文化生态廊道影响下京杭大运河天津段聚落形态研究[D].天津大学,2012.

历史遗存情况进行详细的调研，深入分析大运河与沿线城市发展的内在关系，进一步明确在新时代背景下，运河以及运河文化在沿线城市地区发展战略中的定位和目标。最终形成适合各地区城市建设和发展战略的具体行动计划。同时注重在运河保护和文化生态发展过程中与其他地区的相互衔接，增强规划实施的可操作性。

（二）建立、健全完善的运河文化生态管控制度和文化管控机构

运河文化生态的保护和发展需要建立在科学完善的管控制度和健全的组织机构基础上。具体可以借鉴国外在运河申遗和水文化管理方面的先进经验，结合我国大运河发展实际制定相应的运河文化生态管控制度，设置专门的运河文化管理机构，对运河文化传承与文化生态保护发展过程中的各项事务进行协调，对运河文化生态保护发展的各个阶段进行监督和控制。如可以设置一个包括政府、专业人士、公众三级人员构成的专门管理委员会，通过定期组织会议、论坛等形式，对运河文化生态的保护和发展献计献策，对大运河保护和发展进程进行监督。

（三）制定实施有效的运河文化生态保护与发展政策

大运河文化生态的保护和发展应制定有效的实施政策，通过具体的政策落实运河沿线各地区保护与发展工作。在具体实施过程中，应结合大运河区域保护与发展的各个方面，如运河自然生态环境保护、历史文物遗产保护、地区社会经济发展等方面，制定形成具有较强可操作性的政策。在有效政策的引导和控制下，各地区除了制定运河保护和发展的公共政策之外，还要进一步完善行政政策方面的监督职能，对于一些重点领域和环节，可以通过立法的形式加以强制管理，强化对运河保护和运河文化生态发展的管理力度。

下篇

大运河历史遗存保护与文化旅游产业融合发展

第五章 新时期京杭大运河文化带的精神内涵与现实价值

第一节 京杭大运河文化的内涵、时代特征

从时代发展的角度来看，流淌千年的京杭大运河在当代的价值已经不再仅仅是工程浩大的航运体系，同时也是规模宏大的文化遗产廊道。运河特色文化是历经千年不断积累形成的、融合不同时代劳动人民勤劳智慧的产物。纵观大运河形成和发展的历史进程，从隋炀帝年间大运河的开凿，到明清时期运河水道的全线贯通和兴盛，再到近现代社会的变革发展，运河沿线地区始终都是我国人口较为密集、商业发达、文化繁荣和思想活跃的集中地带。运河沿线广泛兴起的各种文学、艺术、戏剧等代代传承、历久弥新，对中华文化产生了极其深远的影响。深刻挖掘运河文化内涵、特征对传承与创新运河文化，推进运河文化带建设具有非常重要的现实意义。

一、大运河文化的内涵

（一）运河文化的载体

大运河是承载运河特色文化的重要载体。目前，学界对于大运河的称谓很多，譬如京杭大运河、南北大运河等，都是大运河的别称。中国大运河，一般的理解就是我国从春秋时期开始开凿的邗沟，后来经过隋唐宋各个时期的修建贯通，以洛阳为中心的南北大运河，以及明清时期以北京为中心的京杭大运河和浙东运河。从空间地理的角度来看，京杭大运河是古代贯穿南北的重要水道。大运河北至北京，南抵杭州，东达宁波，西至洛阳。京杭大运河与海河、黄河、淮河、长江、钱塘江五大水系相交汇，形成国内四通八达、相互贯通的水道运输网络。所谓大运河文化，是包括隋唐大运河、京杭大运河、浙东大运河等在内的广义的运河文化范畴[1]。从空间分布上来看，大运河从南向北流经六省两直辖市，全长3200千米。其中，京杭大运河全长1794千米。从大运河流经的市域面积来看，其占地面积已经达到31万平方千米，占国土陆地面积的3.2%。从大运河开凿到第一次全线贯通，大约经历了十二个世纪的时间。大运河从开凿至今，在两千多年的发展演变进程中，一直都是历代王朝经济、文化、政治、军事等各方面的重要支撑，在维护社会稳定和国家统一、推动社会经济发展方面发挥了重要的功能。时至今日，大运河很多水道及其分支仍然发挥着航运的功能，如山东济宁段有近90千米的水道仍在正常通航。

早期开凿大运河的目的是用于军事，但从其价值上来看，中国大运河是世界上唯一一个为确保粮食运输安全，达到稳定政权、维持国家统一的目的，由国家投资开凿和管理的巨大水系工程[2]。大运河的开凿和全线贯通有效地解决了我国南北不同地区社会经济发展以及自然资源分布不平衡的现实问题，促进了南北不同民族文化、政治的融汇交流。《中国大运河申遗文本》中对运河价值有这样的描述："它实现了广大国土范围内南北资源和物产的大跨度调配，沟通了国家的政治中心与经济中心，促进了不同地域间的

---

[1] 于澜. 南运河文化带建设与发展路径探究[J]. 华北水利水电大学学报（社会科学版），2019，35（05）：19-23.

[2] 姜师立. 中国大运河文化的内涵、特征及分类研究[J]. 中国名城，2019（02）：82-87.

经济、文化交流，在国家统一、政权稳定、经济繁荣、文化交流和科技发展等方面发挥了不可替代的作用。"[1]中国大运河是世界历史上人工开凿的长度最长、跨度最大、工程量最大的水利工程，它以一种超乎寻常的空间尺度和时间跨度，向世界展示了中国农业文明时期人工运河的发展历史，是中华文明孕育和发展的摇篮。

（二）大运河文化

目前，学界对于大运河文化的概念还没有形成一个统一的、标准的界定。政府部门出台的相关文件中有对大运河文化的解释说明，国家发改委编制出台的《大运河文化保护传承利用规划纲要》中写道："大运河承载的文化价值和精神内涵是依托于运河这一实体产生的，并随着大运河的历史变迁而形成和发展、创新和升华"[2]。这一表述解释了大运河文化产生的基础以及和运河发展之间存在的关联性。但是并没有明确地界定到底什么是运河文化。学界很多学者基于对运河历史发展的研究提出了大运河文化的概念。有的学者将大运河文化界定为一种社会现象，是随着运河的开凿和使用形成的产物。同时，运河文化还是一种历史现象，是在长期的历史发展中不断积淀形成的特殊的产物。大运河流经千年，历经多个帝国王朝的时代变迁，在囊括不同朝代政治、经济、军事、文化元素的同时，也孕育了沿线多民族的历史、地理、风土人情、传统风俗、生活方式、文学艺术等丰富多彩的文化内容。

一般来说，文化是一种相对于政治、经济来说的人类全部的精神活动及其活动产品。文化的概念范围广泛，包括人类社会各种族群的社会发展历史、地理、风土人情、民俗民风、生活方式、宗教信仰、文学艺术、思维方式、价值观念等。从形态上来说，人类文化又包括物质文化、精神文化以及哲学思想。运河文化是人类在特定的社会历史条件下，通过跨自然水系的通航、漕运，促进运河流域不同文化区在思想意识、价值形态、社会理念、生产方式、文化艺术、民俗风情等领域的广角度、深层次交流融合，推动沿运河流的政治、经济、科技、文化的全面发展而形成的一种跨水系、跨领域的网带状区域

---

[1] 国家文物局. 中国大运河申遗文本 [Z]. 北京, 2013: 47-78.
[2] 国家发改委. 大运河文化保护传承利用规划纲要（征求意见稿）[Z]. 北京, 2018: 12.

文化集合体[1]。

二、运河文化的时代特征

大运河是横亘我国南北的主要水道，在古代社会经济发展中发挥着重要的功能。在大运河长达千百年的发展演变过程中，吸收了沿线不同地区、不同民族的特色文明成果，汇聚积淀形成了内涵深厚、形式多样的运河文化。我国是一个多民族国家，中华民族文化也是一种多元一体的文化。在广袤的中华大地上，古代南北不同地区、不同民族，甚至与国外地区的文化交流，都在很大程度上依赖于大运河的航运功能，大运河的开通和使用，在吸收沿线地区和民族特色文化的过程中，以其强大的包容性和开放性，将沿线差异性的文化，如燕赵文化、齐鲁文化、中原文化、西楚文化、吴越文化等纳入其中，逐渐形成了运河特有的文化体系[2]。从时间和空间的双重维度来看，不同时期、不同地域的运河文化表现出不同的特点。

（一）春秋战国至秦汉时期

春秋战国至秦汉时期是运河文化形成的早期阶段。这一时期，运河流域不同地区之间的文化在相互交流和融汇过程中不断向前发展，地区之间以及不同民族之间的文化差异性越来越模糊，同时呈现出一定的共同化的文化特质。大运河的兴修极大地促进了水陆交通网络的形成。运河沿线地区随着商品交换的日益频繁，逐渐形成了一些作为商品集聚地的商业城市。总体来看，这一阶段运河文化经历了春秋时期的邦国林立到战国末年的百家合流。到了东汉时期，北方运河流域的关中地区、三晋所居的中原地区以及齐鲁地区的政治、学术文化已经开始趋于统一。

（二）隋唐时期的运河文化

隋唐时期是中国历史上第一次规模巨大的南北文化交流形成时期。这一时期，运河文化带以关中地区的长安为中心，而经济中心则逐渐南迁，政治中心和经济中心开始出现分离。大运河的全线贯通极大地促进了南北文化的大交流和中外经济、文化的往来。唐朝时期，大运河已经成了当时王朝主要的经济

---

[1] 王永波.运河文化的运动规律及其启示[J].东南文化,2002(03): 64-69.
[2] 吴楠.促进运河文化带文旅融合发展[N].中国社会科学报,2019-05-10(002).

生命线和文化生命线。无数文人墨客沿运河往来南北，使得唐代在充分的南北文化交融过程中成为古代最为灿烂夺目的盛世王朝。同时，数以万计的外国游客、政商文人等出入长安。因此可以说，大运河在这一时期不仅是国内文化、政治、商业往来的重要水道，也是促进中国和世界各国经济、文化等全方位交流的重要基础。

（三）宋元时期的运河文化

这一时期，从运河文化的地域特点来看，北宋时期出现了"泰山学派"反思儒学、力倡道统，出现了"程门学派"，立足洛阳地区倡导"天理"。这一时期也出现了很多的历史名人，如北宋时期的欧阳修、王安石、"三苏"等。在众多文人大家的共同努力下，运河文化呈现平易顺达、极具现实主义的繁荣局面。

（四）明清时期的运河文化

随着大运河的发展演变，运河沿线经济发展较快，同时带动人们开始追求更高质量的生活品质。文学艺术和科技发展站在了一个更高的起点上。与此同时，运河文化在广泛吸收了黄河流域文化和长江流域文化的基础上，也逐渐形成了独具创新精神的特色地域文化。随着运河功能的逐步完善，文学艺术在运河沿线传播的周期越来越短，一些新的作品和新生事物层出不穷并沿运河迅速传播，不同地区之间的地域性差异已经越来越模糊。在北京、天津地区推崇才子佳人和侠义小说的同时，南方江浙一带出现了一大批志怪小说。反映运河地区社会现状的四大名著之一的《红楼梦》诞生并广为流传。书画艺术则继承了宋元时期的传统。江浙地区开始盛行哲学、经学、史学等方面的研究。随着清王朝的建立，各地区大规模的反抗斗争开始平息，社会经济得以恢复和发展，同时文学艺术也开始呈现欣欣向荣的发展局面。运河流域的文学艺术，是在广泛汲取众家流派所长，吸收不同民族优秀文化基因的基础上形成的艺术精华。

（五）民国时期的运河文化

民国时期，国家动荡，经济发展停滞，此时的运河漕运几乎处于废弛的境地。但是由于运河地区是革命势力势在必得的地区，使得运河沿线地区依然是中国文学创作的丰沛源泉。运河沿线丰富多彩的社会生活，滋养了大量文

人墨客。无数世界观、人生观不同的文人创作了大量的文学作品。如鲁迅、矛盾、叶圣陶、朱自清等南方文人流转至北方地区，在小说、诗歌、散文、戏剧等方面都做出了突出贡献，在中国文学和运河文化发展史上留下了不朽的作品。民国时期运河流域的文化发展在中国文学史上占有重要的地位。各种文学思潮、流派、群体在运河区域形成。围绕运河流域民生问题而形成的作品大量涌现，反映了这一时期的社会生活状况和时代特色。

在大运河这个公共空间中，燕赵文化、齐鲁文化、楚汉文化、淮扬文化、吴越文化等多重区域的文化在此交融互通。尽管这些区域文化多元多样，但中华民族的文化认同却始终如一、自上而下地贯穿其中，成为其精神实质里从未动摇的坚硬内核，以及在共同文化魂魄的统摄下全民族共享的精神财富[1]。

第二节　京杭大运河历史文化遗产保护传承的历史考察

大运河从产生至今，对沿线地区的社会经济发展起到了重要的促进作用。同时，大运河还是沿线地区农业生产的重要灌溉水源，在长期的发展中孕育了悠久的农业文明。因此，大运河发展的历史同时也是中华农业文明的动态发展史和活性的水运史。早在2006年，我国政府就已经开始筹备中国大运河的申遗工作，并于2014年成功入选《世界文化遗产名录》。中国大运河的成功申遗在大运河保护与发展的历史过程中以及运河文化的传承发展进程中是具有里程碑意义的标志性事件。对大运河申遗历程以及运河历史文化遗产的保护传承进行系统考察，对于有效保护和利用运河遗产，发扬传播运河历史文化具有重要的意义。

---

[1] 路璐,吴昊.多重张力中大运河文化遗产与国家形象话语建构研究[J].浙江社会科学,2021(02)：133-139+131+159-160.

第五章 新时期京杭大运河文化带的精神内涵与现实价值

一、京杭大运河的申遗进程梳理

线性文化遗产开始申遗的最早尝试是美国伊利诺伊和密歇根运河。"1984年美国指定伊利诺伊和密歇根运河为国家遗产廊道。"[1]自此拉开了线性文化遗产申遗的序幕，西班牙、法国、日本、加拿大等国家，纷纷将国内的河谷、运河、朝圣之路等典型的线性文化遗产列入申遗目录。1990年，在加拿大召开的世界遗产会议，提出运河遗产具有从历史到技术角度的世界遗产价值，既是综合文化景观的组成部分，又体现出线性文化的特征，诠释了运河线性遗产的特征。我国大运河在1996年被收入《国际运河古迹名录》。运河与廊道等线性、动态和跨区域的历史遗产以其内含的丰富人文底蕴一时成为各国政府和学术界共同关注的焦点问题。我国自此开始大运河的申遗工作。从申遗的目的来说，大运河申遗的出发点是通过运河申遗让全社会乃至全世界形成对运河遗产的共同认识，推动全社会成员共同参与到大运河以及运河沿线历史遗产的传承保护活动中。

早在20世纪50年代，我国古建筑学家、国家文物局古建筑专家组组长罗哲文就提出大运河文化遗产的保护问题，1986年又明确提出了大运河的申遗问题。2005年，罗哲文又号召大运河沿线的城市政府要加强对大运河的保护，共同推进大运河申遗进程。2006年，第十一届全国政协副主席陈奎元组织全国政协委员共同对大运河进行了深入全面的考察，此后发表了《京杭大运河保护与申遗杭州宣言》。该宣言提出京杭大运河遗产的保护应上升到国家战略层面，制定并颁布相关的法律法规对大运河进行保护和管理，对运河资源和历史文化遗产进行有效的保护和利用。2006年12月，国家政府正式将京杭大运河列入中国世界文化遗产预备名单，大运河申遗工作正式启动。2007年4月，国家文物局正式下发文件，要求运河沿线省市地区要做好对大运河的保护工作，共同为大运河的申遗做好准备。同年9月，江苏扬州市召开的运河名城博览会发布《世界运河城市可持续发展扬州宣言》。会议确定将扬州市作为大运河申遗的牵头城市。2008年3月，在国家文物局的组织下，运河保护规划编制研讨会在

---

[1] 刘庆余."申遗"背景下的京杭大运河遗产保护与利用[J].北京社会科学，2012（05）：8-13.

扬州召开。围绕大运河申遗的指导思想，与会运河沿线城市就大运河遗产保护达成了共识。2009年4月，京杭大运河保护和申遗的省部级会商小组召开会议并制定了大运河申遗工作的具体工作制度，形成了大运河申遗的年度工作计划。2011年，扬州大运河申遗工作会议宣布将运河沿线8个省35个城市的132个遗产点和43段河道列为大运河文化遗产。2012年，当时的文化部公布了《大运河遗产保护管理办法》。同年9月，35个运河沿线城市共同签署了《大运河遗产联合保护协定》。2013年，联合国组织专家对大运河沿线的所有遗产点进行了现场的考察评估。2014年6月22日，中国大运河申遗成功。如表5-1所示为京杭大运河的申遗时间进度与基本工作流程。

表5-1 大运河申遗时间进度与基本工作流程

时间	地点	组织方	基本工作流程
2005.12	北京	罗哲文、朱炳仁等	罗哲文等联名致信运河沿线城市市长，呼吁运河申遗
2006.3	北京	全国政协	政协委员联合提交提案，倡议运河申遗
2006.6	北京	国家文物局	大运河成为第六批全国重点文物保护单位
2006.12	北京	国家文物局	大运河列入中国文化遗产预备名单
2007.9	扬州	运河申遗办公室	大运河联合申报世界文化遗产办公室成立
2008.3	扬州	国家文物局	成立"大运河申遗城市联盟"，达成"扬州共识"
2009.3	北京	运河保护和申遗省部级会商小组	成立大运河保护与申遗省部级会商小组，申遗成为国家行动
2011.3	北京	国家文物局	公布大运河申遗预备名单
2012.6	扬州	运河申遗办公室	确定大运河首批申遗范围和申报文本内容
2012.9	扬州	运河申遗办公室	申报文本初稿形成
2013.1	北京	国家文物局	正式确定首批申遗的点段
2013.9		运河沿线城市	运河遗产点接受联合国专家现场考察评估
2014.6	多哈	世界遗产大会	大运河成功列入《世界文化遗产名录》

二、运河沿线历史文化遗产的有效保护

京杭大运河的申遗成功使得大运河在世界上的地位得到了显著的提升，同时也有效地推动和促进了大运河文化遗产的保护利用和文化传承。无论是对

第五章 新时期京杭大运河文化带的精神内涵与现实价值

于运河沿线城市和地区的政府和城乡居民,还是对于每一个中华儿女来说,传承和保护好运河悠久的历史文化都是延续中华文明的重要任务,同时也是运河沿线省市地区申遗过程中的核心。此外,大运河成功入选世界文化遗产名录,也为沿线地区提供了重大的发展机遇。运河沿线地区应以运河申遗为契机,着力推动地方文化事业发展,以此带动区域经济发展水平提升。习近平总书记指出,"保护大运河是运河沿线所有地区的共同责任"[1]。在这一宗旨的指引下,运河沿线省市地区一方面要加强完善运河管理、保护和利用的顶层设计,明确"保护为主、抢救第一、合理利用、加强管理"的遗产保护指导思想,另一方面也要加强同沿线其他省市地区的跨域合作,树立全局管理理念和系统思维,推动运河管理的跨域协同和统一协作。

目前,大运河遗产保护和规划管理主要包括国家总体规划、省级规划和市(区)级规划三个层面。其中,市(区)级规划管理的重点是对市域范围内的运河文化价值和发展现状进行评估、制定并实施有效的运河管理和保护措施;省级规划的重点是对市级规划和管理的成果进行汇总、评定。国家总体规划是依据各省市地区的规划汇总对运河进行总体评估,并提出保护、管理和监测的宏观指导意见,制定并推行《大运河遗产保护管理办法》。大运河具体申遗过程中,沿线省市地区分别根据运河遗产保护和管理的顶层设计,采取了积极有效的措施,在推进运河申遗过程中发挥了积极的作用。2011年,北京市启动了永通桥文物保护工程,投资西城区的文物保护和改造修复,重点改造了什刹海前海东沿区域;在国家规划指引下,天津市制定了运河文物保护巡查制度,并形成了运河整治工程文物保护应急预案;河北省制定完成了大运河北段的具体保护规划,如沧州市全面拆除了大运河沿岸的违章违法建筑;江苏省就大运河遗产保护和管理工作设置了专款和专门的管理部门,在牵头大运河申遗工作中起到了很好的表率作用;浙江省则及早完成了大运河遗产保护规划的编制,基于对浙江段运河遗产点的前期梳理遴选,推出了一系列运河遗产保护和整治的具体措施;安徽省加快编制申遗文本,确定了省"一点三段"申遗文本资料清单和申报点段的责任主体单位和配合单位;山东省根据《大运河遗产保

---

[1] 王淼.留住运河记忆,谱写文化华章[N].中国改革报,2017-08-01.

护管理办法》以及区域内运河遗产的现状，编制完成了《大运河遗产山东段保护规划（2012—2030）》《大运河遗产南旺枢纽本体保护工程设计》《大运河遗产聊城段本体保护工程设计》等一系列文物保护方案；河南省编制了时间跨度为20年的运河遗产保护管理规划，确认了隋唐至北宋时期粮仓遗址。

三、后申遗时代运河文明重塑

大运河的成功申遗为今后大运河历史文化遗产的保护和传承奠定了基础。专家指出，运河成功申遗并不意味着运河管理工作的结束，相反只是一个开始，运河申遗成功以后对大运河遗产的保护就进入了"后申遗时代"。运河申遗工作的开展推动了运河遗产的保护、传承和创新，使我们重新认识到了大运河遗产的资源状况和发展历史，同时也有助于引导全社会更好地树立起对历史文化遗产的保护和传承意识。大运河申遗的基本宗旨是通过申遗极大地推动全社会对历史文化遗产的保护工作，保护好大运河历史遗产，揭示和展示运河历史遗产所蕴含的杰出、优秀的普遍价值以及更深层次的中华民族优秀传统文化特色，使之代代相传[1]。大运河历史文化遗产的保护和传承需要依靠政府以及全社会成员的积极参与，群策群力，共同实施对运河活态文化的传承和利用。京杭大运河成功申遗后，作为运河文化保护的主要组织单位，国家文物局立即付之于行动，致函运河沿线各地区政府，要求各地区文物保护部门结合地方实际情况，进一步加强对大运河沿线历史遗产的保护和管理工作。运河沿线各省市地区政府以及文物管理部门在收到致函以后对运河管理和保护工作以及运河文化的传承都非常重视，并采取了主动积极的措施，如加强政府顶层设计、加强立法、强化制度体系建设等。各地区文物保护部门在国家文物局的要求和指导下，重点围绕运河文化遗址的梳理、沿线文物保护、生态绿化维护、景观建设以及文化旅游开发等方面开展了一系列的工作。运河沿线大部分省市地区结合自身发展实际和地方特色，制定了运河遗产保护的具体行动规划，深入挖掘、阐释大运河的历史文化基因，对辖区内的运河历史遗产开展了战略性、全局性的规划设计和总体部署，对地方社会经济文化的发展起到了重

---

[1] 吴楠，王广禄. "申遗"成功是大运河保护和开发的新起点[N]. 中国社会科学报，2014-06-23.

要的推动作用。习近平总书记提出了围绕推动大运河文化带建设的具体要求，运河沿线省市地区纷纷制定了切实可行的行动方案，从保护运河遗产原真性、系统性、完整性等方面推出了具体的措施，积极推动运河文化带建设和经济带建设，重塑大运河文明。运河沿线地区有关文化带建设的部分措施如表5-2所示。

表5-2　运河沿线省市地区运河文化带建设部分措施

省市地区	措施一	措施二
北京市	擦亮世界认可的国家文化符号	将大运河文化建成北京市标志性文化品牌
天津市	建成京津冀运河文化休闲观光带	恢复大运河的传统功能
河北省	实施河北段大运河重点遗产保护展示工程	建造河北大运河博物馆，建立数字化信息化数据库
山东省	实施《山东省大运河遗产山东段保护管理办法》	打造"大运河历史文化长廊"
江苏省	将扬州建成国际文化旅游名城	城市建设服从古城保护，古城保护服从遗产保护
浙江省	出台《大运河文化带（浙江）建设工作方案》	建设文化休闲体验长廊和水上旅游黄金城
河南省	建立河南省大运河文化遗产数据资料库	建设河南大运河文化带示范区
安徽省	出台《濉溪县大运河文化带建设规划方案（草案）》	塑造"水运泗州运河名城"城市品牌

如表5-2所示，北京市提出"以高度的历史使命感推进大运河文化带建设，进一步擦亮世界认可的国家文化符号"[1]，将大运河文化建成北京市标志性文化品牌。天津市则主要依托天津段运河资源以及历史遗产，重点打造京津冀运河文化休闲观光带，将运河文化传播与旅游产业相融合，打造京津冀"水上通道"。河北省在运河遗产保护和开发利用方面，主要通过构建协调联动机制，强化与北京、天津、山东等地区在运河遗产保护工作方面的对接和联动。在全面调查大运河生态环境、水资源现状、运河沿线遗产遗迹以及当前在运河管理和遗产保护中存在的主要问题的基础上，精准施策，制定了推进大运河文

---

[1] 王征.保护大运河,责无旁贷[N].中国文物报,2017–08–11.

化带建设的具体举措。2013年，山东省颁布实施了《山东省大运河遗产山东段保护管理办法》，计划打造"大运河历史文化长廊"。

综上所述，大运河自2014年申遗成功以来，沿线省市地区纷纷开始了运河资源开发和遗产保护工作，在运河基本功能恢复、运河生态环境治理、运河文化传承保护等方面均取得了较为理想的效果。北京加大了对运河文物的保护力度，天津市规划建立了北运河绿带公园，河北省沧州段运河区大力投资运河沿线造林，打造运河景观带，形成了网格化的监管体系。山东省打造大运河历史文化长廊，推进考古遗址公园建设等。运河沿线省市地区在运河遗产保护管理方面，结合地方运河发展实际采取了一系列行之有效的措施，有效地推动了运河历史文化的传承和地方文化建设。

第三节　新时期京杭大运河文化带的精神内涵与现时价值

大运河文化带的建设，需要文化工程等物质文化载体，同时更需要弘扬大运河文化的精神内核。因此，在推进新时期京杭大运河文化带建设时必须首先明确在新的时代背景下大运河文化带的精神内涵，以及大运河文化在当前的价值。京杭大运河从开凿贯通至今经历了2500多年的历史，几经修复，是我国古代劳动人民利用自己的聪明智慧和勤劳创造的一项伟大的水利工程，是祖先留给我们的宝贵财产，也是中华民族历代优秀文化的活态见证[1]。历朝历代，大运河在促进国家社会经济发展、维护国家统一稳定以及加快民族文化交流和各民族融合统一等方面都发挥了非常重要的作用。新时代背景下，加快推动京杭大运河文化带建设是活化中华民族千年文化资源、打造世界级文化发展平台和增强我国文化软实力的重大举措，同时也是提升我国民族自信心和自豪感、凝聚民族向心力和凝聚力的应然之举。

---

[1] 于江.古盐运河文化带的价值取向及实践路径[J].江南论坛，2019（04）：59-61.

第五章　新时期京杭大运河文化带的精神内涵与现实价值

一、新时期大运河文化带的精神内涵

所谓大运河文化带，是指以大运河文化为内核，以运河沿线文化遗产的保护、传承和利用为主线，以运河空间分布的带状地理空间为载体，以区域交通束为基础，将运河沿线历史文化遗产和自然生态保护、社会经济发展、文化与休闲游憩等多种功能进行有效统一融合的综合性文化功能区域。简言之，运河文化带是以运河带状区域历史发展进程中不断积淀流传下来的，由劳动人民创造、遵循、延续的制度、技术和社会文化的总和。运河文化是运河自开凿贯通以来，在千百年的历史发展演变中不断积累、流传、发展形成的大量物质财富和精神财富的总和。运河文化呈现工程性、线廊性、活态性以及融合性等典型特征。相比其他地域文化，运河文化因为大运河在空间上的大跨度特性而表现为明显的地域差异，因此缺乏实际意义上的归属感和认同感。然而从另外一个角度来说，大运河又具有一种强烈的历史、地域整合和沟通功能，因此，建设大运河文化带的本质是推动新时代背景下一种线性文化共同体的建设。

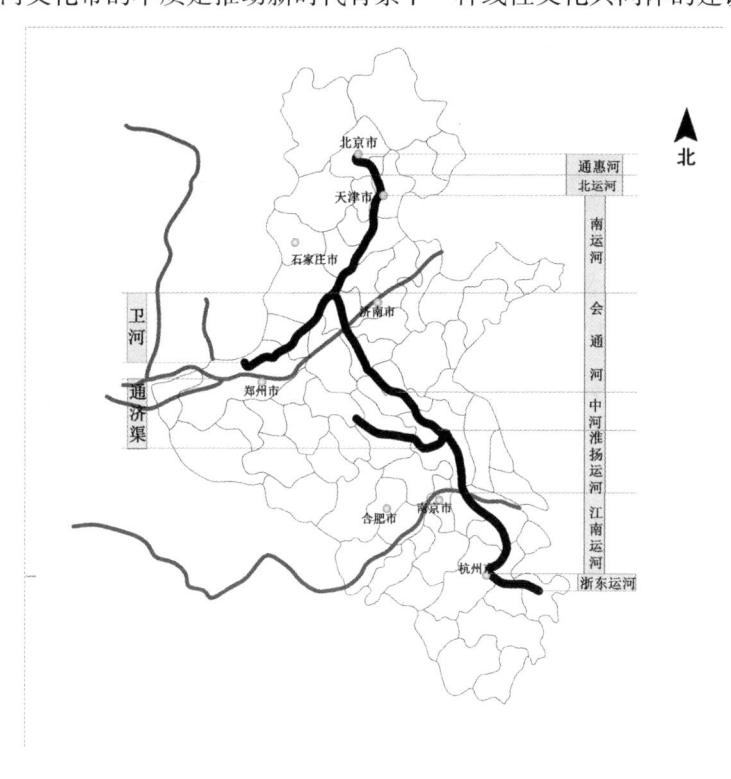

简而言之，运河文化带是以运河带状区域为载体，在运河历史发展进程中不断积淀流传下来的，由劳动人民创造、遵循、延续的制度、技术和社会文化的总和。运河文化是运河自开凿贯通以来，在千百年的历史发展演变中不断积累、流传、发展形成的大量物质财富和精神财富的总和。运河文化呈现工程性、线廊性、活态性以及融合性等典型特征。相比其他地域文化，运河文化因为大运河在空间上的大跨度特性而表现为明显的地域差异，因此缺乏实际意义上的归属感和认同感。然而从另外一个角度来说，大运河又具有一种强大的历史、地域整合和沟通功能，因此，建设大运河文化带的本质是推动新时代背景下一种线性文化共同体的建设。

文化是一个相对比较抽象的概念，是一种以物质为载体，凝结于物质之中但又游离于物质之外的，能够为人们所认识并传承延续的特殊物质，包括历史、地理、风土人情、传统习俗、生活方式、文学艺术、行为规范、思维方式、价值观念以及宗教信仰等多种形式。运河文化的载体是开凿贯通的古运河河道以及分布在运河沿线的各种历史建筑、古代城市村镇等。运河文化带具有区别于其他一般文化的特殊内涵。从与其他古河道的比较来看，人工开挖是其最为典型的特殊水利属性，大运河的贯通开凿使我国南北地区实现了地域交通上的联结，是保障国家统一稳定的重要基础。运河文化带的精神内涵主要表现为技术文化、制度文化和生活文化三个层面。

（一）技术层面的内涵

运河文化带技术层面的文化内涵即运河的文物属性。京杭大运河是迄今为止世界上规模最为浩大、里程最长的人工运河，其人工开挖的特点决定了大运河首先反映了人与自然之间的相互关系，彰显了中国古代劳动人民的积极态度。同时，京杭大运河作为古代水利工程的奇迹，也蕴含了相地而流、本乎时势的理性，其工程开凿和实现反映了人类对适应自然、改造自然这一永恒矛盾的权衡。这种人定胜天的积极思想和人与自然矛盾的权衡融入大运河的开凿、疏通以及维护的过程之中，久而久之就形成了一种技术文化。从具体的构成内容上来看，运河技术文化又包括水运工程技术、引水工程技术、蓄水工程技术、河道整治以及防灾减灾技术等。运河开凿以及维护和运行使用过程中，涉及一些专门性的工程技术，如节制工程、穿越工程、闸坝工程等核心技术。这

些水利工程技术是古代工程技术的典型代表，也彰显了古代水利专家和劳动人民高超的智慧和工程思想。正是这些历代劳动人民超前的工程思想和不断的技术实践，支撑和推动了中国古代运河技术系统的不断完善和发展。

（二）制度层面的内涵

大运河文化带制度层面的精神内涵主要是指在运河运行过程中，运河漕运和运河治理所反映的制度文化。"漕运之制，为中国大制。"在经历了无数朝代变迁和发展演变后，京杭大运河沿岸地区已经逐渐形成了一种稳定的制度文化。无论是对于哪种文化，在分析和研究其发展历程时，都要以制度文化的变迁为前提。大运河文化带的制度文化，具体包括运河行政管理文化和战略文化两个层面。一方面，行政管理文化主要包括与运河漕运有关的机构组织、法律规制、人事安排等所有漕运管理制度。运河河道的修整维护、运河漕运的正常管理都属于历朝历代统治阶级的行政管理内容。运河沿线地区漕运和运河管理是地方政府行政管理的重要组成部分。运河漕运管理制度的日益完备和成熟，是传统制度文化建设的必然过程，同时也彰显了制度文化不断发展的特质。另一方面，不同时期运河所发挥的功能和作用不尽相同，但从整个历史发展的进程来看，运河在地理空间上的布局从最初的人字形向贯穿南北的一字形转变，极大地缩短了南北地区在空间上的距离，同时也从国家战略格局上促进了南北地区的统一，加速了南北地区传统经济格局和政治地缘格局的转变，显著地提高了集权政治的稳定性和区域发展的均衡性。

（三）生活文化层面的内涵

生活文化即社会文化，是运河沿线地区劳动人民所创造的、遵循的以及代代相承的文化。运河生活文化是在运河开凿贯通以及通航运行过程中，不断积淀延续下来的全部物质文化和精神文化的总和。运河生活文化是一个以时空辐射为演变特征的跨区域、综合性的文化系统。运河生活文化表现为一种典型的"水"文化特质，具有开放性、沟通性和区域性。大运河流经地域的宽泛性决定了运河社会文化的宽泛性。在不同的划分标准下，运河文化也包括多种类型。总体来看，运河社会文化既强调其文化的多元性和综合性，运河社会文化体系涉及商业文化、建筑文化、曲艺文化、饮食文化、信仰文化以及民俗风情等。与此同时，运河社会文化体系还是一个完整的整体，运河社会文化的本质

更多地体现为运河人的行为，以及影响人行为要素的整体联系的事实。对于运河社会文化的理解应立足全局，从整体性联系的角度去理解和认识运河社会文化对于社会经济发展的作用。运河社会文化是运河区域劳动文化本身和文化形成过程的集合。

二、大运河文化带的现时价值

纵观大运河在历史长河中的发展进程，大运河在跨时域、跨空域的发展过程中实现了功能的价值性延续。新时代背景下对大运河的时代价值进行研究，要从文化遗产层面、知识系统层面进行分析，这是传承和发展民族精神和伦理价值观的需求，也是新时代进行社会文化传播和战略布局的内在要求。新时代背景下大运河文化带的"社会性"价值主要体现在三个层面。

一是大运河作为文化的直接载体具有物化和符号化的价值，其本身承载了"水利—物质""国家—社会""精神—行为"三个层面的内容。运河以其古河道以及沿线分布的附属工程、历史建筑等作为物质载体，承载了自开凿以来历朝历代无数劳动人民的聪明智慧，是作为一种"事物"存在于人们观念之中的整体形象。大运河在不同时期的文化载体价值体现在其对沿线社会文化的聚合、传播和催生的功能上。受大运河的影响，运河沿线地区的人口流动也更加频繁，社会上层精英文化的价值观念与沿线地区市井民俗生活文化加速融合，不同地区之间的文化融合日益增强，不同的地域文化在相互交融、相互吸收的过程中从内容和形式上都发生了一定的变化，在共性认识的基础上逐渐建立、形成了具有连续性和一致性的新文化。不同时期运河文化载体功能的发挥，本质上就是不同地域文化相互融合，最终走向一体化的过程。

二是运河作为不同文化的连接纽带，是带有标签性的"线性共同体"。大运河数千年的发展历史培育和滋生了运河沿线特有的地域文化，同时又与各地区文化相互融合，形成了跨区域的特色文化。大运河横跨南北，涉及燕赵、齐鲁、江南、中原等几大文化圈，在长期的发展演变中已经逐渐形成了比较完善的经济、文化传播网络。大运河古河道与各支流及其他自然河流共同构成了中国地域的线性框架性格局。从另外一个角度来看，大运河是海上丝绸之路和陆上丝绸之路的连接线，在大运河的连通下，草原、沙漠、丝绸之路形成相互贯通的环状运输网络,同时也构成了一个巨大的文化交流和商品贸易通道。随着运河功能的不断完善,运河文化本身的历史演变及其蕴含的文化脉络最终形成了一个巨大的文化网络。

三是运河之于沿线两岸居民来说不仅是一条贯穿南北的重要水道,更是一种生活方式。人类群体独特的生活方式就是一种文化。运河的开凿贯通和通航改变了两岸居民以往的生存环境和生活条件。因运河而生、因运河而兴的漕运群体、商业组织、河工人群、城市村镇等在运河的带动下形成了各自独特的生活方式。大运河造就了沿线地区居民特殊的生存、生活和生计方式,同时也催生了沿线不同地区不一样的世俗理念。随着大运河的不断发展演变,沿线地区居民的生活方式也处在不断的动态演变过程中。不断变化的真实生动的生活场景和基本生活形态,赋予了大运河源源不竭的动力和活力。沿线各地区人们的主体价值和社会能动性也在日常的社会生活中,在日常劳作、社会交往以及文化交流等活动中得到了延续和传承。在漫长的人类和运河发展历史中,运河文化已经逐渐渗透进人们的日常生活,并转化为一种"自我"构成,成为人类文明和民族优秀传统文化的重要组成部分。运河文化的传承保护,其最终的目的是唤醒、传承集体记忆,在不断的传承和历史发展中逐渐消除运河遗产作为"物"化运河与作为主体的"人"之间的边界。通过大运河文化带建设和物化的运河历史遗产,传承已经浸润千年的运河文化,延续与运河精神融为一体的运河生活。

第四节 京杭大运河文化带建设的系统思维

系统思维是一种全局思维,即在把握事物的过程中同时关注整体和部分、整体和环境之间的关系。新时期京杭大运河文化带的建设应立足高质量发展和坚定文化自信的宏观格局进行系统谋划。一方面,高质量发展是当前社会经济发展的主基调。具体到京杭大运河文化带的建设,则表现为高品位的文化长廊、高颜值的生态长廊、高效益的经济长廊的发展定位;另一方面,坚定文化自信能够为推动中华民族文化事业的持续发展提供不竭的动力。大运河承载

了中华民族悠久发展历史的民族文化基因，也是展现了中华五千年文明的金色名片。运河文化带的建设应立足文化自信，从提升文化软实力和增强民族凝聚力的宏观层面出发，着力打造运河特色品牌文化长廊。

京杭大运河历经千年沧桑岁月的洗礼，是一条凝聚了适应自然、改造自然、与自然和谐相处的中国智慧，积淀了流动着的世界文化遗产的运河。京杭大运河横跨大江南北多个省市地区，具有航运、农业灌溉、文化承载等综合功能，是至今仍然发挥多种综合功能的活态遗产。

大运河文化带建设涉及的具体内容以及内涵非常丰富，其最终的目的是为了能够更好地保护和传承发展运河世界遗产。从具体内容上来说，以系统思维推进大运河文化传承与保护既包括运河文化遗产保护和活化利用、运河文化的传播与弘扬、运河沿线经济建设与发展，也包括运河沿线城市地区产业发展和生态文明建设等方面。理念形象是城市价值观念、精神风貌的高度浓缩与集中展现，是城市形象的核心与原动力[1]。

大运河文化带的建设，旨在将大运河打造成为一条世界级的文化长廊、旅游廊道、生态廊道和生活廊道，在景观带的设计中，运河文化首先体现的便是最直观的运河形状[2]，推动大运河历史文化产业发展与国际化接轨，不断提升中国优秀传统文化在世界舞台上的影响力和话语权。新时代背景下，重塑绿色文化、生态文化、历史文化于一体的运河文明是运河文化带建设的重要内容，同时也是推动运河文化、运河经济可持续发展的内在要求。大运河文化带建设应以高质量的生态环境建设为基础，促进实现高质量的文化建设，让古老的大运河重新焕发新的发展生机，充分释放古运河的生态价值、文化价值和经济价值，坚持文化、生态和经济三位一体的建设思路，并将其具体落实到地理空间上[3]。其中，促进经济发展是大运河自古以来最重要、最基本的功能。大运河开凿的最初目的是为了满足军事战争的要求，在保障古代都城物资需要的同时，也带动了运河沿线地区经济的繁荣和商业的发展。如今，运河沿线经济

---

[1] 田菲，王淑娟.城镇化进程中的城市形象塑造[N].光明日报，2014-05-11（007）.

[2] 李洪玮.沧州地域文化融入大运河景观带的设计策略.[J].沧州师范学院学报.2020（04）：39-42.

[3] 郑民德."运河文化带"视阈下的遗产保护与利用研究[J].华北水利水电大学学报（社会科学版），2019，35（01）：1-5.

第五章　新时期京杭大运河文化带的精神内涵与现实价值

发展水平较高的城市地区，正在以其雄厚的经济实力反哺运河文化带的建设，为运河文明的传承奠定了坚实的经济基础。与此同时，在注重运河沿线地区经济发展的同时，还应该协调好经济发展与自然生态和文化遗产保护之间的关系，防止因资源的过度开发造成对运河沿岸历史遗存和生态景观的破坏。运河沿线省市地区应牢固树立"绿水青山就是金山银山"的可持续发展理念，将区域经济的发展与运河生态和历史遗产保护相融合，以运河沿线生态修复、培育、维护为使命，重塑运河文明，营造良好的沿河人居环境，打造运河生态文明与生产、生活、文化繁荣相互支撑、相互促进、相互协调的可持续发展局面[1]。具体来说，以系统思维推动大运河文化传承与保护应遵循从运河水生态治理，到沿运地区遗产保护，再到沿线城市发展的实施路径，层层推进大运河文化带建设。

一是跨域联动积极推动大运河水环境治理和水质改善。水是维系运河文化灵魂之本，水利和运河漕运也是大运河活化之基。随着社会经济的不断发展，工业规模的不断扩大对运河水质产生了较为严重的影响，运河沿线污染物排放量不断增加，沿线地区的农业水源污染问题突出，有些河段的水质已经遭到了严重的破坏，河道管护不利、堤防设施杂乱等一系列问题日益凸显，极大地破坏了大运河作为世界文化遗产的形象。因此，加强运河水质恢复和治理工作，确保大运河水质达标和水文生态安全是推进大运河生态廊道建设的首要任务，也是实现大运河生态、经济与社会功能有机统一的关键核心问题。具体而言，加强大运河沿线跨域联动，积极推动大运河水环境治理和水质改善，首先应采取必要的措施，严格控制大运河沿线地区的排污总量，根据各地区实际情况，详细核定运河各流域的纳污总量；其次，尽快完善运河沿线地区的水质动态监测和管理机制，形成对运河水功能的动态实时监测，科学设置运河沿线的生态监测点，对运河水质进行实时监测；再次，对于运河沿线地区未按规定非法侵占运河水域、非法进行采砂取土取水等破坏运河生态和运河河道的行为进行严厉打击，坚决维护运河生态健康；从次，加强完善运河保护与管理的制度建设，通过构建运河跨域联动机制和联席会议制度，加强不同地区之间在运河

---

[1] 谢光前,李道国.大运河文化带建设的立场、原则及其治理体系构建[J].江南大学学报(人文社会科学版),2018,17(05):116–120.

保护和管理方面的深入合作；最后，进一步明确运河沿线各段面的责权利，分段实施和逐步完善强化运河的"河长制"管理，制定健全的运河水域管理考核机制。

二是加强对大运河沿线地区文化遗产和自然生态系统的维护。对于运河有些段面来说，运河岸线本身就是运河文化遗产的重要组成部分，是运河文化遗产物化和运河功能发挥的重要空间场所。各地区加强对大运河岸线的管理，是在维护运河生态平衡的前提下，对运河岸线上分布的各种历史文化遗产进行有效的保护，为保障运河的交通、灌溉等实用性功能而采取必要的手段，为发展运河旅游、民俗休闲和文化教育等事业而对运河资源进行可持续的开发利用。具体而言，运河岸线管理可以参照长江、黄河等重要水系的岸线管理办法，在空间上对运河岸线进行合理的划分，如可将其划分为保护区、保留区、控制利用区和开发利用区等。其中，运河保护区具体包括对防洪安全、河势稳定、供水、生态等影响比较大的区域，对于这类区域，在制定城市发展规划和运河资源开发战略时应禁止开发，最大程度地保持其原貌。对于保护区和保留区的运河河段，应因地制宜，严禁违法违章修建建筑，同时注重加强对生态的修复。目前，对于运河资源的开发利用应主要限定在控制利用区和开发利用区，尤其是开发利用区的运河岸线应尽可能提高其开发利用效率，同时应注重运河岸线开发与辐射地区土地的使用和协调管理。对于运河沿线的重点生态功能区，应加强生态修复和保护工作，有效保护其天然资源，积极开展退田还湖还湿、修复沙化土地等生态修复工程。在运河沿线保护区和保留区加强运河水资源保护带和生态隔离带建设，促进提升运河水源涵养和水土保持功能。同时，加强运河沿岸生态景观建设与绿化工程，促进城市人文景观与运河自然景观相互融合，将运河沿线文化遗产要素有机融入城市景观建设，实现沿岸城市人文与自然生态的和谐统一。

三是积极促进和推动运河沿线城市建设与古城复兴。大运河文化带建设的最终落脚点是以运河线性文化遗产带动沿线城市经济、文化与生态发展，通过加强沿线城市绿色发展，激发城市活力，推动城市文化与经济繁荣，最终实现沿线城市发展与运河文化的共荣共生。运河沿线城市经济的振兴与城市发展，与大运河历史遗产的保护和运河水环境治理之间，存在着一定的冲突和矛

盾。为了能够有效地化解这一矛盾，必须通过不断健全和创新管理体制机制，革新管理方法和技术来推动城市发展和运河保护治理的相互协调。大运河是典型的活态线性文化遗产，其保护必须通过立法的方式对遗产保护和流域城市发展之间的关系进行正确的处理，对沿线地区的社会经济发展和城市建设、运河生态修复以及历史文化传承进行科学安排。从目前运河沿线地区在运河保护立法方面的实践来看，杭州、嘉善、扬州等地已经推出并施行了地方性的运河文化遗产保护条例。其他地区的相关立法尚处于探索性阶段。运河管理与城市发展之间在功能和定位上无法保持完全一致，沿运城市地区在制定城市发展战略时应根据城市的具体功能特点，因地制宜地对运河文化资源进行保护性开发，对运河所蕴含的历史文化进行深入挖掘，并将其有效融入并活化到城市发展之中。运河沿线城市地区的历史文化构成了大运河历史文化的主体，繁荣新时代的城市文化，能够为古老的运河文化注入新的血液、制造新的元素。

综上所述，运河文化带建设应遵循系统思维，将运河水生态治理、运河沿线历史遗存保护开发和运河城市复兴与持续发展有机融合，将文化、生态和经济三位一体相统一，以大运河文化带建设促运河保护、城市发展、文化传承与发展创新，积极推动大运河从地理空间向文化空间转变。

第六章　京杭大运河历史遗存的活化利用模式与策略研究

　　京杭大运河是我国，同时也是世界上著名的历史文化遗产，与万里长城、坎儿井并列为我国古代三项伟大工程，是世界上工程量最大、运输里程最长和最为古老的人工运河。京杭大运河在悠久的历史长河中孕育了沿线多元的建筑遗产。2014年京杭大运河成功申遗后，如何有效利用大运河沿线珍贵的历史文化遗存，对其进行活化成为学界和各地方政府共同关注的焦点问题。大运河在历史上的价值体系是多元化的，无论是在经济、政治、军事方面，还是文化方面，大运河的贯通、通航和使用都起着非常重要的作用，是我国社会发展的重要经济命脉。因此，对大运河历史价值的评价应从多个方面进行客观、系统、全面的分析。

第六章 京杭大运河历史遗存的活化利用模式与策略研究

第一节 京杭大运河历史遗存活化利用的目标与原则

京杭大运河经历了千年岁月的洗礼，为后世留下了无数丰富多样的历史遗产遗物。大运河历史遗存的保护和利用是运河文化传承的内在要求。我国在运河遗产保护和利用方面，既要关注从运河以及沿线相关遗产遗物的生存环境角度采取积极的措施进行保护，同时也要从更深层次挖掘运河文化的内涵，对沿线各种历史文物古迹进行多角度、多元化的保护和利用，促进运河文化实现永续的传承和发展。

一、京杭大运河历史遗存活化利用的目标

（一）总体目标

运河文化是在运河开凿贯通及运行过程中，不断积淀孕育而逐渐形成的。运河文化遗产经过了多年的发展更新，积聚了不同朝代、不同地区和民族的时代特色，蕴含了古代劳动人民的勤劳和智慧。因此，无论是运河物质文化遗产还是非物质文化遗产，从文化价值的角度来说都具有非常重要的地位。运河建筑遗产包括运河沿线的古代城镇村落，运河水道上修建的码头、桥梁，运河使用过程中发挥重要支撑作用的驿站、漕仓，以及古代用于祭祀水神的各种雕像、寺庙等。这些古代建筑以及背后所蕴含的文化构成了运河水文化的主体，具有非常高的文化价值。其中，很多运河古建筑时至今日还保持着一定的实用价值。大运河的贯通运行，以及与运河相关的各种水利工程项目，反映了中国古代水利规划的最高水平，对于改善运河流域水质环境、促进沿线工农业发展都起到了重要的作用。因此，京杭大运河历史遗存的活化利用和传承，必须从总体上坚持以"水"为核心的文化价值，注重对运河历史遗存的自然特性和文化遗产特性的双重保护。

（二）具体目标

1.文化目标

京杭大运河历史遗存的传承与活化利用，最为核心的内容就是其文化价值的发掘和传承。纵观大运河开凿贯通的整个历史发展进程，以及不同时代所经历的各种历史事件，大运河的发展进程实际上就是一种文化的不断传承更新和发展演进的过程。"运河性"的文化特征来源于历史记忆、场所依恋和人民的价值认同。重建运河城乡社会的"运河性"，打造运河城乡的文化景观，要重视活态传承，注重维护运河本身使用功能的活态性及运河两岸水上人家生活方式的活态性[1]。运河多元化的历史文化价值不仅体现在历朝历代运河的漕运、依托运河往来的商贸活动、运河沿线地区的民间艺术、民俗风情、政治外交、思路文化等方面，同时也影响了沿线地区文化和近现代工业文化的发展，促进形成了不同的地域文化。不同的文化内容背后，实际上反映的是运河在不同领域所发挥的不同功能。在不同的历史阶段，运河扮演着不同的角色。在运河功能的影响和支撑下，不同历史时期、不同地区的生产方式、产业结构、文化层级、外交商贸等都表现出不同的特征。因此，大运河所承载的文化特质形式也表现为更加多元化，运河文化所覆盖的空间范围更加广阔，历史跨度更加久远，内在价值也更加深厚。大运河历史文化遗存的活化利用应同时兼顾运河在地理和历史两个方面的文化内涵挖掘，形成更加全面、合理的文化目标，深度挖掘运河多元文化内涵。同时，结合运河沿线地区的地域特征，适当引入特色文化旅游产业，依托运河历史遗存和地域文化特征打造新兴的文化产业链。

2.生态目标

大运河作为一项流淌千年的线性活态文化遗产，其沿线生态保护问题一直以来都是人们所关注的焦点。运河河道以及水环境质量的改善对于沿线居民生活、工农业生产都具有非常重要的意义，同时也是推动和促进运河遗产和运河文化可持续发展的必然要求。对于运河沿线一些污染较为严重的城市和地区，如何修复运河遗产周边的生态环境，促进人类活动和自然生态的和谐是一项复杂的系统工程。长久以来，运河沿线的一些地方政府在运河生态环境的治

---

[1] 王广禄.注重大运河整体性研究[N].中国社会科学报，2020.12.09（001）.

理方面缺乏足够的关注和科学有效的方法，对运河建筑遗产的保护和水环境的生态治理多采取的是各自为政的态度。这种割裂的治理方式，造成运河不同区段的生态相互影响，难以实现全域的综合治理。对于同一地区来说，在运河生态治理方面也多考虑水生态的恢复和治理，缺乏对沿线建筑遗产原真性的重视。针对这一问题，较为合理的治理方式是将大运河沿线分布的建筑遗产和运河自然生态的保护实施有效地统一结合，在加强运河水环境和生态治理的同时，也要关注运河游线上分布的桥梁、水工设施、驳岸、码头等元素的保存。将生态廊道的修复保存与水质恢复、生态修复相结合，将运河生态环境、建筑遗产、文化景观有机融为一体，持续提升运河整体环境水平和河道价值。

3.经济目标

京杭大运河历史遗存活化利用的经济目标，是依托运河沿线各种具有旅游参观价值的古建筑、城镇村落实现运河建筑遗产与旅游产业发展的相互融合，通过旅游产业带动和刺激运河沿线地区的经济复苏和发展。目前，我国从国家层面非常重视对地区旅游业的发展，尤其是旅游文化产业的发展。"文化强国""文化兴国"的国家战略催生了旅游文化产业的兴起。在此背景下，京杭大运河沿线的历史建筑遗产、文化遗产所反映的艺术魅力和空间魅力都已经被塑造成为重要的"品牌"形象，成为中华民族文化的象征。在绵延数千千米的运河沿线，不同地区、不同民族千年积淀的历史文化特质，在旅游文化产业的包装和推动下，为沿线建筑遗产找到了最佳的转型模式，也进一步放大了这些建筑遗产、文物古迹、民俗风情等文化载体的现时功能。

4.社会目标

从社会效益的角度来看，京杭大运河历史遗存的活化利用还体现在依托其已有的水道实现交通运输网络的贯通。大运河从修建伊始便是沟通南北的重要水路运输通道。大运河历史遗存的活化利用，应从社会效益的角度出发，利用现有的运河线性廊道和遗产点分布位置，通过多元化的交通形式，使沿线各遗产城市相互连接，形成新的交通网络，打造遗产旅游全域客运文化发展线路。依托大运河线性廊道和沿线遗产点分布构建形成新的旅游交通网络，是以"遗产点—城市""点—线—网络"的形式，通过遗产点集结形成新的网络通道。客运文化的交通工具，目前主要是以城市高铁和公路运输为主，再辅以游

船、骑行等形成景区生态慢行系统。通过对运河历史遗存的活化利用构建新的旅游交通网络，能够将城市、自然和运河遗产相互结合，最终形成既具有生态效应，同时又彰显城市文化底蕴的特色遗产廊道。

京杭大运河的开凿贯通，在推动中国历史发展进程中所发挥了重要的作用，是中华民族悠久历史的活态见证。大运河自然条件得天独厚，是古代水利工程技术应用的优秀成果，具有很高的科学价值和历史价值。如今，大运河的发展现状与其历史文化地位形成了强烈的反差。运河沿线地区的历史古迹、建筑遭到了不同程度的破坏，运河遗产保护迫在眉睫。运河水利功能、文化功能、生态功能的恢复与保护是实现运河工程和运河珍贵历史文化资源持续利用传承的必然要求。

二、京杭大运河历史遗存活化利用的原则

京杭大运河历史文化遗存的活化利用应以遗存保护为前提，尤其是对京杭大运河沿线分布的各种历史建筑遗产，必须采取保护与利用相结合的方式，二者相辅相成、相互促进。沿线遗留下来的历史建筑保护得越好，这些遗产的利用价值越高，利用情况越好。从一定意义上来说，对运河沿线历史遗存的活化利用也是对其进行保护的另一种方式。2012年，国家出台了运河专项管理条例——《大运河遗产保护管理办法》。在此之前，有关大运河保护和传承利用的具体规定已经见诸法律和行政法规，但还没有形成统一的能够统揽全局的、提纲挈领的专门法律。具体来说，京杭大运河历史文化遗存的保护与活化利用应遵循如下几方面原则。

（一）以相关法律法规为基础坚持保护与利用有法可依

京杭大运河历史文化遗存的保护和利用，如民居建筑、民风民俗、水道、船闸等遗存的保护和利用，必须建立在详细具体的法律法规基础之上并进行科学合理的规划实施。保护是建筑等历史遗存能够被合理利用的前提和基础。反之，运河历史遗存的合理利用和传承则是遗产保护的延续。除了有关运河遗产保护的专门性法律法规，大运河历史遗存的活化利用还必须遵循《中华人民共和国文物保护法》《中国文物古迹保护准则》。其中，《中华人民共和国文物保护法》提出文物保护工作的工作方针，即"保护为主、抢救第一、合

第六章 京杭大运河历史遗存的活化利用模式与策略研究

理利用、加强管理",同时这也是指导文物工作的基本准则。《中国文物古迹保护准则》提出,文物古迹的保护应遵循用科学恰当的技术,以真实完整为前提,不破坏原状,争取做到干预度最低,同时做好防护工作,避免灾害。由此可知,历史遗留的文物古迹的合理保护是保证遗存能够被活化利用和代代相传的重要基础。对于历史遗存的利用工作,《中华人民共和国文物保护法》《中国文物古迹保护准则》分别进行了具体的规定。《中华人民共和国文物保护法》中规定可以对纪念型建筑和古建筑进行博物馆等游览场所的改建。《中国文物古迹保护准则》规定文物古迹的保护工作必须基于文物古迹本身的现状和特点进行科学、合理的利用,严禁过度使用。由此可见,在一些综合性法律法规或者专门性法律中已经界定了历史文物古迹的合理利用范围,对历史文物古迹的利用应在不破坏、不损害文物古迹历史价值和文化特色的前提下进行合理的开发利用。

(二)构建科学合理的遗产价值评估体系

京杭大运河历史遗存的价值分析和评价对于运河沿线建筑的保护和合理利用具有重要的现实意义。对运河历史建筑遗存进行评价的前提是要具有真实性,也就是要判定京杭大运河建筑遗产信息的真实性。基于建筑遗产信息的真实性,再加上对其他相关重要元素和信息的收集,构建科学合理的建筑遗产评估体系。目前应用较为普遍的建筑遗产评估体系是澳大利亚ICOMOS制定的巴拉宪章。这是世界上第一部用于遗产文化和遗产保护方面的法律文件,具有较强的操作性。巴拉宪章将建筑遗产的价值分为美学价值、历史价值、科学价值和社会价值。针对京杭大运河历史遗存的特点,在构建运河遗产价值评估体系时可以参考和借鉴巴拉宪章中的建筑遗产价值体系,主要考虑的内容包括运河沿线历史遗产本身的特点、沿线遗产所代表的文化和历史特点、遗产和周边地区城镇村落的历史关联性、各种建筑遗产的完整性等。遗产的建筑风格往往和不同时期的历史文化背景有关,其建筑等级和遗产等级划分取决于对其风格、起源和特征,以及建筑风格在当时当地所处历史地位的理解。不同的建筑类型、建筑在功能和美学方面的特色设计以及创新构造方法等,也能够反映遗产本身的重要性。对于不同时期以及不同的社会生活、人物活动等,运河遗产都起到了重要的影响,与当时的社会背景具有密切的历史关联性。反之,不同历

史时期的政治、社会和经济发展情况，也会影响到运河沿线地区的发展。除此以外，在构建运河遗产价值评估体系时，还应该充分考虑到运河沿线遗产与周边地区村镇以及相邻建筑之间的历史关联性，尤其是与建筑遗产与相邻建筑物之间在视觉效果上所形成的历史脉络关系。同时，还要考虑到运河遗产在原貌基础上对建筑物风格、设计和构造方面的添加、修复在建筑学上所具有的重要意义。

（三）全面开发运河历史遗存的综合价值，实现运河文化的可持续发展

京杭大运河不仅在我国历史发展中具有重要的意义，对全世界人类历史的发展和文化传承也同样占有重要的地位。运河沿线不同地区遗留的各种建筑、遗迹遗物等在历史研究中也表现出重要的价值，在文化艺术、社会发展等方面发挥着无可比拟的作用，是全人类发展历史中的瑰宝。运河沿线历史遗存的活化利用，必须首先明确其对于社会发展的意义。运河遗产是中国历史千百年来不断积累和传承下来的宝贵财富，也是全体社会成员所共同拥有的文化瑰宝。对运河历史遗存的活化利用，能够更好地服务社会，促进实现运河文化以及整个社会的可持续发展。运河历史遗存以及运河文化的可持续传承发展，是在保证满足当前社会需求的前提下，考虑到社会今后长期的需求，是在不消耗、不损坏的前提下实现的利益和发展，是一种和平、稳定、长足的发展。运河历史遗存，尤其是其中的建筑遗产，是一种不可再生的宝贵财产，其不可再生和无可替代的特质决定了人们在开发利用这种财产的时候必须遵循可持续发展理念。从本质上来说，对历史遗存的开发利用实际上是一种文化消费的过程。因此，在开发和活化利用过程中必须兼顾其经济效益和社会效益，注重和强调遗产开发的公益性，切忌过度开发和利用造成对建筑遗产的开发性破坏。因此，运河历史遗存的价值评估应注重对遗产综合价值的全面开发，坚持对运河遗产的可持续开发和保护利用。

第二节　国外运河文化遗产活化利用的成功案例与启示

大运河的申遗成功对大运河保护工作提出了更高的要求。大运河历史文化遗产的传承保护和活化利用迎来了更多的机遇，同时也面临更多的挑战。全面把握和了解世界文化遗产的保护原则和保护制度，是做好大运河历史文化遗产保护工作的前提和基础。除此以外，正所谓"他山之石，可以攻玉"，国外运河文化遗产保护和活化利用的成功案例能够给我们提供有益的借鉴和启示。

一、世界历史文化遗产的保护原则

世界历史文化遗产从本质上来说应该是属于全人类的共同财富，是传承人类文化和传播人类文明的重要载体。从不同国家历史文化遗产的发展现状来看，还存在着文化遗产不能被合理的开发利用甚至历史遗迹遗存被破坏的现象。2002年，张家界武陵源遗产本体在城市化进程中受到破坏威胁，因此遭到世界遗产委员会的警告通知；2008年，我国洛阳龙门石窟保护区有人私自建造别墅；2016年，日本京都6处历史遗产被刻字破坏。上述事件虽然发生在不同的地区，但却反映了一个共同的问题，就是人们对于历史文化遗产的价值认知还有待于提升，即"如何认识和保持历史文化遗产的原真性与完整性"[1]。

首先，世界历史文化遗产的保护应坚持真实性原则。《威尼斯宪章》最早将真实性原则与文化遗产保护相联系。历史文化遗产因为不同国家的历史发展背景不同、民族文化不同，也会表现出多样性的特征，因此无法用固定的标准进行衡量。世界历史文化遗产的真实性主要包括：遗产遗迹的外形和设计；历史遗产的材料和实体全貌；遗产的主要用途和功能；传统、技术和管理体制；遗产遗迹的方位和位置；语言和其他形式的非物质遗产；精神和感觉及其

---

[1] 张成渝.国内外世界遗产原真性与完整性研究综述[J].东南文化,2010(04):30-37.

他内外因素等[1]。根据联合国对世界文化遗产真实性的界定，我国学者在此基础上对文化遗产真实性的内涵又进行了进一步的拓展，认为文化遗产的真实性主要包括："历史上的真实"，即从考古的角度来看历史遗存的本真性；"演进中的真实"，即现代人类对历史文化遗产的新贡献；"妥协下的真实"；即为满足历史文化遗产的社会功能而在真实性问题上不得不做出的微局部、非本质的、暂时性的、可回复的妥协[2]。由此可见，按照真实性原则，大运河文化遗产研究与传承保护也必须从考古、运河相关遗产遗迹、运河文化遗产的现时价值等几个方面进行综合考虑。

其次，世界历史文化遗产的保护应坚持完整性原则。完整性或原整性最早也是《威尼斯宪章》中提到的历史文化遗产保护的基本原则。完整性主要是指历史文化遗产的物质环境安全。在此基础上，1976年《内毕罗建议》中又将社会因素、经济因素的影响也纳入了完整性原则的考察标准。早期时候，完整性原则主要是适用于对自然遗产的评价和保护。直到2005年《实施〈世界遗产公约〉操作指南》中将完整性原则进一步拓展到了文化遗产，提出完整性是评判自然遗产和文化遗产及其品质是否处于完整无缺和健康无损状态的标准。我国在历史文化遗产保护中对完整性原则的适用范围更加广泛，将完整性原则的内涵界定为"周边环境对古迹遗址重要性和独特性的贡献"，认为历史文化遗产的完整性应包括物质文化遗产、非物质文化遗产、自然环境、人类活动因素等[3]。

再次，世界历史文化遗产的保护应坚持可持续发展原则。遗产遗迹的历史传承是保证历史连续性和世界文明延续的基础。历史文化遗产既是世界长期发展不断积累延续下来的产物，同时也必须继续流传后世，否则人类发展的历史就会断裂。历史遗产遗迹的产生与不同时代人们的生产、生活息息相关，是一个长期创造的过程。历史文化遗产的可持续发展是当前文化遗产开发和活化

---

[1] 联合国教科文组织世界遗产中心（World Heritage Centre）1994年11月在日本召开"世界遗产公约真实性原则奈良会议"（Nara Conference on Authenticity in relation to the World Heritage Convention）时发布。

[2] 徐嵩龄.中国的世界遗产管理之路——黄山模式评价及其更新（中）[J].旅游学刊,2003(01)：44-50.

[3] 单霁翔.从"文物保护"走向"文化遗产保护"[M].天津：天津大学出版社,2008：12.

利用的一个最基本的原则，不能只顾当前的利益而损害了后人对遗产享有价值原貌的权利。以现代的视角审视大运河的存在，大运河既是一种历经千年流传至今的珍贵历史文化遗产，同时也是一种重要的文化资源，其保护和开发利用应以保护为第一要义，即尊重其真实性和完整性，在此基础上实现运河文化遗产的可持续发展。

二、世界历史文化遗产的保护制度

目前，世界遗产委员会对全世界被列入世界文化遗产名录的遗产遗迹的管理主要采取的是"除名"制度，即对各个国家和地区的遗产遗迹实施动态管理。"除名"制度规定"当某一遗产面临具体的且确知即将来临的危险，或者潜在的危险——该遗产面临可能会对其固有特性造成损害的威胁，且威胁完整性的因素必须是人力可以补救的因素"[1]。如果有些国家或地区已经被列入世界文化遗产名录的遗产符合上述"除名"制度规定，世界遗产委员会将会将其列入《濒危世界遗产名录》。在此后的管理中世界遗产委员会将会对此名录内的遗产进行定期的跟踪检查，由相关技术人员和专家进行监测，并采取一定的补救措施。并根据补救措施的效果来确定是否将其从世界文化遗产名录中除名，即如果通过采取补救措施以后无法恢复遗产的真实性或者完整性，那么该项遗产将会被取消世界文化遗产的资格和称号。

根据最新的《濒危世界遗产名录》显示，目前已经被列为濒危世界遗产的遗产项目已经达到48个。其中，德国的德雷斯顿易北河谷、阿拉伯阿曼的阿拉伯羚羊保护区已经被世界文化遗产名录除名。从性质来看，世界历史文化遗产的"除名"制度虽然是一种惩罚性的制度，但其目的并不是简单的撤销遗产项目的"世界文化遗产"资格，而是一种督促、警告的制度化评估手段，其出发点是为了督促遗产所在国家充分重视对遗产的保护，加大对遗产的保护力度。如我国故宫、布达拉宫等6处世界遗产项目在2007年时就被世界遗产大会亮黄牌警告。为了能够使"除名"制度切实发挥其功能，必须深入分析和研读《实施<世界遗产公约>的操作指南》，熟悉世界文化遗产遴选的标准、评估

---

[1] 实施世界遗产公约的操作指南[M].杨爱英,王毅,刘霖雨,译.北京:文物出版社,2013:34.

操作规程及遗产保护的具体规定。针对国内受到世界遗产委员会警告的几处文化遗产,则必须责成有关部门和地方政府参照世界文化遗产委员会的遗产保护标准,对几处文化遗产进行详细评估和跟踪普查,要求遗产管理部门进行自查,为运河遗产保护积累经验。此外,参照遗产"除名"制度,我国应结合我国文化遗产的实际情况制定出台专门的运河遗产保护评估制度,对大运河沿线地区的文化遗产项目进行动态评估。

三、国外运河文化遗产保护与活化利用的成功案例借鉴

目前,全世界共有包括中国大运河在内的5处运河被列入世界历史文化遗产名录。除中国大运河外,其他四处运河类世界文化遗产分别是加拿大里多运河、法国米迪运河、英国庞特基西斯输入水道与运河、比利时拉卢维耶尔和罗尔克斯中央运河上的四座船舶吊车。相比之下,国外在运河文化遗产保护方面已经积累了相当丰富的经验,能够为我国运河文化遗产的活化利用提供有力的借鉴。然而,不同国家和地区的社会环境背景不同,运河文化遗产的具体情况也存在较大的差异,我国不可能完全照搬移植国外的运河遗产保护模式。具体来说,对我国运河文化遗产的保护与活化利用具有显著参考意义的主要是法国米迪运河和美国伊利运河。

(一)法国米迪运河的管理经验借鉴

法国米迪运河修建于1667年至1694年。米迪运河西连大西洋,东入地中海,是世界上第一条运河类世界文化遗产,同时也是17世纪全球最宏大的土木工程之一。米迪运河的修建,早期最主要的目的是为了使贸易运输水上路线能够避开直布罗陀海峡、海盗以及西班牙的税收。经过一千多年的发展,目前米迪运河已经不再用于水上货物运输用途,而主要表现为旅游功能。从修建完成到使用至今,米迪运河是路易十四王朝最先进工程技术的水利设施,其设计修建中蕴含了较高的建筑和景观美学价值。米迪运河全长约360千米,沿线河道分布着328座各种各样的桥梁、渡槽、隧道和船闸等基本的水利设施。世界上第一条地下航运隧道——马尔帕斯隧道就位于米迪运河之上。米迪运河同时还拥有世界上最早的航运桥——勒皮德尔引水桥。米迪运河沿线分布着很多古老的葡萄酒庄和中世纪古镇,在相互映衬中彰显了米迪运河特色的景观观赏价

第六章　京杭大运河历史遗存的活化利用模式与策略研究

值。1996年，米迪运河成功入选世界文化遗产名录。在此后的二十多年间，米迪运河从一条曾经重要的货运水道转向线性旅游景观，在运河遗产保护与管理方面也逐渐形成了比较成熟的保护和管理体制。与中国大运河类似，米迪运河也有广泛的流域和遗产种类，涉及的运河管理部门众多。

法国政府在运河保护和管理方面，最为典型的特色是采用了"国家—地方"两级管理体制。这种管理体制下，对运河的具体管理权利下放到了国家航道管理局下属的图卢兹水行政部。国家航道管理局则从宏观层面进行原则把握。现如今，米迪运河的旅游和生态景观功能早已取代了其传统的货运功能。米迪运河在设计和修建阶段，就融入了"和谐"的理念，即注重运河与沿线周围地理和人文环境的协调。在开发建设阶段，各地政府特别注重运河沿线地区生态环境的保护和建设，如在运河两岸大量种植了一些白杨、松柏等树木，在米迪运河沿线打造了一条具有特色的绿色生态长廊。米迪运河的设计和修建，在保持运河生态景观的同时，也为沿线居民以及游人提供了一个很好的旅游景点，极大地改善了沿线居民的生活质量和生活环境，实现了人类社会与自然生态的完美平衡。

相比之下，我国大运河的开凿也在很大程度上代表了古代水利工程技术的最高水平，其发展历史更长、规模更为宏大。米迪运河文化遗产保护的管理体制能够为我们提供很好的借鉴。运河的管理以及遗产遗迹的保护涉及众多的管理部门，这种情况下米迪运河采取的将权力下放的做法能够进一步明确不同部门的权责，有效避免不同级别政府和管理部门在管理过程中出现的多头管理或无人管理等问题，从而提高运河管理和遗产保护的效率。中国大运河流经更加广袤的地域，因此其管理的复杂程度要远高于米迪运河。在具体的运河管理区段内可以借鉴米迪运河的管理经验和管理方式，对不同部门、不同级别政府的利益进行协调。与此同时，米迪运河从设计之初就提出了和谐的理念，这也是我们当前在大运河文化遗产保护和传承中应该注意的问题，即注重大运河生态景观的保护，促进运河生态景观与沿线居民生活相融合，实现运河生态与沿线居民生活品质以及城市建设的共同改善和提升。

（二）美国伊利运河

美国伊利运河最早修建于1817年，全长584千米，是美国五大湖和纽约的

重要连接纽带。由于哈德逊河与伊利湖之间存在134米的水位落差，伊利运河全线分布着83个水闸，用于控制通航水位。伊利运河修建完成并通航后，就成为连接美国西部内陆与美国东海岸的一条重要水道。发展到今天，伊利运河的水路运输功能也早已弱化，已成为美国国内重要的线性文化遗产，并于2000年被确认为美国遗产廊道重要保护对象。美国伊利运河采取的是遗产廊道的保护方式。遗产廊道保护方式即"拥有特殊文化资源集合的线性景观，通常有明显的经济中心、蓬勃发展的旅游、老建筑的适应性再利用、娱乐及环境改善"[1]。这也是美国对一些大型线性文化景观常用的一种保护方式。我国大运河也是一种典型的线性文化遗产。因此，这种遗产廊道管理方式对于我国大运河文化遗产的保护和传承利用同样具有一定的参考价值。

一是在运河遗产廊道管理和保护的相关法律法规建设方面。1998年之前，美国伊利运河的管理采取的是分段立法管理，即不同的区段分别制定了不同的法律法规对运河遗产管理进行规制，如1991年的哈德逊河谷慢行道系统、1995年纽约州运河游憩道规划等。很明显这种分段式的管理缺乏整体性，容易导致运河不同区段管理的不统一。1998年美国国家公园管理处完成了《伊利运河：纽约州运河系统特有资源研究》，进一步将对伊利运河的管理研究拓展到了运河全线。2000年，美国通过了伊利运河国家遗产廊道保护法案，通过法律的形式确立了伊利运河的遗产价值。2006年，美国又进一步颁布实施了《伊利运河国家遗产廊道保护与管理规划》，对伊利运河遗产廊道的具体保护工作进行了详细的规定和部署。总体来看，美国对伊利运河文化遗产的保护采用的是由部分到整体的管理思路。地方立法相对较早，但仅限于对本区段范围内的运河进行管理，最终运河全线的统一管理需要国家层面的立法调整。我国大运河的遗产保护思路是以申遗为契机，采取的是由整体到部分的保护思路，即首先是国家层面2011年出台了《大运河遗产保护与管理总体规划》，在此基础上，各地方政府陆续制定出台了地方性的运河保护规划。

二是在运河遗产保护方式方面。美国运河遗产保护的主体不仅仅限于国家和各地政府，同时也将大中专学生纳入其中，使大中专学生也参与伊利运河

---

[1] 龚道德，张青萍. 美国国家遗产廊道的动态管理对中国大运河保护与管理的启示[J]. 中国园林，2015, 31(03)：68-71.

的生态恢复和保护工作。同时，政府建立运河解说系统，将运河相关的内容通过多种解说媒介进行宣传和展示。我国在此方面目前采用的主要是政策性的保护措施，社会民众对大运河保护和生态治理参与度不够，缺乏创新性的保护方式。

三是在运河遗产保护的组织机构方面。美国伊利运河的管理主要以"合作关系"为主，同时发挥核心管理部门的功能。线性文化遗产的主要特点是空间上的跨地域性，一般会涉及多个不同的行政区域和职能部门。在运河遗产管理和保护的组织结构设置上，美国的核心管理部门是伊利运河国家遗产廊道委员会。这一组织内部成员来自内政部、州行政长官以及各地地方部门等多个行政职能部门。这样的组织结构有利于协调廊道遗产地、地方政府和国家层面的关系。通过相互合作和协调，能够使对运河遗产廊道的管理效率最大化。

通过对美国伊利运河遗产廊道管理方式的分析可知，立法的完备性和组织机构运作的高效性是保障运河遗产管理高效和保护成功的重要基础。我国目前对大运河文化遗产的保护和传承发展还处于探索阶段，相关的法律法规体系建设还不够完善，不同运河城市地区在运河管理上还处于各自为政的阶段，缺乏高效的协调和统筹。因此，大运河管理和遗产保护工作效率不高。美国伊利运河"合作关系"的管理模式以及组织机构的设置能够给我们提供有益的借鉴和全新的思路。

第三节　京杭大运河历史遗存的活化利用模式

京杭大运河从开凿贯通运行至今已经经历了2500多年的发展历史，是一条历史文化之河，同时也是当之无愧的中华文脉。在绵延数千千米的沿线地区，大运河积聚了丰富的文化资源，形成了特有的水文化形态和自然人文景观，为后世留下了丰富多彩的历史遗存。在文旅融合的新时代背景下，大运河深厚的精神文化内涵和优秀的精神文化品格得以重新发扬传播。运河资源的有效整合和保护性开发，有助于运河文化遗产和文化精神的薪火相传，重新唤醒中华民族的文化自信。

一、依托运河历史遗存打造线性旅游文化带

运河的空间分布特征决定了运河两岸建筑等遗产遗迹的分布也表现出强烈的线性特征。大运河空间布局和时间分布的大跨度、运河河道结构的复杂和功能的多样化，都给当前对运河遗产的活化利用造成了较大的难度。依托运河历史遗存打造线性旅游文化带，是一种全新的以遗产廊道理念为主体的活化利用思路。首先，京杭大运河历史遗存的活化利用应将遗产蕴含的文化价值与当前旅游产业的发展相融合，借助旅游产业的杠杆效应，推动沿线运河遗产分布地区的文化复兴和经济复苏。因此，旅游产业的发展模式以及发展特点会直接影响沿线运河经济的转型和复兴。京杭大运河流经流域积累了丰富的旅游资源和极为复杂的遗产体系，拥有众多的文化旅游资源和生态景观，同时也集聚了不同历史阶段南北各地文化群落的内容和精粹[1]。因此，大运河沿线地区拥有巨大的文化旅游开发潜能。随着国家"文化兴国""文化强国"战略的深入推进，大运河沿线丰富的历史遗存内聚的艺术魅力和空间魅力迎来释放的历史机遇，已经逐渐被打造成我国重要的文化旅游"品牌"。大运河深厚的历史、文化价值随着文旅业的蓬勃发展而日益显现。从这个角度来说，旅游产业是实现大运河功能置换的最佳转型模式。同时，随着大运河世界文化遗产地位的确立，运河本身受到了国内外旅游爱好者的青睐，其国际形象也得到了不断地提升。其次，从本质上来说，大运河"遗产廊道"是一种典型区域性遗产保护方式。这种保护方式尤其适用于那些具备大尺度、跨区域型的线性文化景观，能够在更大程度上覆盖包括自然、文化、城市等各种资源在内的遗产保护。将京杭大运河历史遗存打造成线性"遗产廊道"和旅游文化带进行保护和利用，把本来呈"碎片"状态的景观连贯起来进行整体性的解说和展示，形成一个集生态、文化和休闲为一体的绿色走廊，增强区域的可游性和可达性，构筑水陆并进的大旅游格局[2]。其核心的资源是特殊的水文化遗产，而大运河悠久的历史

---

[1] 吕雯. 扬州"世界名城"战略背景下运河文化的历史传承与提升研究[J]. 太原城市职业技术学院学报，2018（01）：19-20.

[2] 吴元芳. 基于遗产廊道模式的运河旅游开发研究——以山东省枣庄市为例[J]. 枣庄学院学报，2008（01）：129-132.

主题则是旅游文化带的主流文脉线索。通过绿色通道和解说系统引入，对运河沿线地区的自然资源和生态景观进行整合修复，在空间上形成一种现行的、带状的文化旅游产业带，最终形成产业结构完整、生态环境修复、文化产业振兴、社会经济发展的综合性目标。具体来说，打造运河线性"遗产廊道"，是从运河历史遗产的布局形态入手，对运河沿线遗留的历史建筑、遗产遗迹等内容的组织结构、发展演变线索进行深层次分析，在此基础上对运河遗产进行长远的规划和设计。"遗产廊道"保护模式对于大运河遗产资源的开发和整合利用具有一定的促进作用。同时，这种保护模式能够有效地整合运河线性景观上的文化遗产点和产业链条，赋予优秀传统文化遗产以新的产业模式，最终实现运河文化遗产的传承复兴和活化利用。

二、基于运河建筑遗产优势构建斑块状商业文化综合体

对于线性文化景观，可以综合比较不同区段所具有的相对优势，打造具有地方特色的斑块状商业文化综合体。京杭大运河文化景观呈现线性分布特征，因此，基于运河建筑遗产的区位优势构建斑块状商业文化综合体是一种更加灵活的活化利用策略。相对而言，斑块状商业文化综合体模式对于实体建筑本身及其功能要求较低。基于运河建筑遗产的区位优势构建斑块状商业文化综合体，要以运河古河道以及运河沿线分布的各种建筑遗产为主线，向运河沿线两侧区域进行辐射，从而形成辐射范围大小不一的斑块状区域，从商业价值开发和文化价值传承两个方面全面开展活化利用[1]。在这种模式下，运河遗产将被塑造成一种具有典型代表性的文化品牌，形成对沿线周边地区商业和经济发展的巨大辐射和带动效应。

具体而言，基于运河建筑遗产的区位优势构建斑块状商业文化综合体，是以运河沿岸建筑遗产或者建筑遗产群作为区域性和标志性的景观节点，基于运河遗产向沿线两个辐射形成斑块状商业文化综合体。目前，斑块状商业文化综合体应用较为成功的案例是美国旧金山渔人码头的模式。美国旧金山的渔人码头将曾经渔民捕鱼的港口码头进行了统一的商业规划，在引入大量商业实体

---

[1] 牛若铃，骆高远，张玉夔. 杭州运河文化旅游开发与对策研究[J]. 旅游纵览（下半月），2013（08）：137–138.

入驻的同时为景区注入了新的文化基因，最终打造成了美国旧金山最具代表性的"文化地标"和"城市名片"（如图6-1所示）。

图6-1　旧金山渔人码头

（图片来源：http://www.gousa.cn/experience/fishermans-wharf）

美国旧金山渔人码头其本身既是一种港口遗产，同时也是一种典型的商品市场。通过对传统码头的重新规划、包装和文化塑造，码头实现了成功转型升级，有力地带动了周边地区商业的兴起和发展。随着美国旧金山渔人码头商业文化模式的成功，世界上很多国家开始效仿这种理念开展文化遗产的开发和转型利用。

除此以外，斑块状商业文化综合体模式还能有效的结合户外活动与商业旅游，在传播传统历史文化的同时带动户外运动产业的发展。如意大利多洛米蒂山脉下的滑雪场，就是一战时期意大利和奥匈帝国战后遗留下来的小路，后来经过包装成为旅游探险和攀岩运动的著名场所，每年接纳世界各地游客来此游玩和徒步探险，有效地带动了山下阿维亚诺小镇的商业繁荣和经济振兴（如图6-2所示）。

京杭大运河拥有绵延数千千米的古河道，其中不乏已经枯竭的河床和坝体。参照阿维亚诺小镇的模式，可以将运河建筑遗产和户外旅游运动与户外装备产业相结合，打造成独具运河特色的户外徒步之旅，将历史体验和运动旅游有机结合，形成一条完整的商业产业链条，在拉动地方经济发展的同时，也能够有效地促进户外体育产业的发展，充分发挥运河建筑遗产和古河道的商业价值。

图6-2 意大利多洛米蒂山脉下的阿维亚诺小镇

（图片来源：https://www.sohu.com/a/225526518_616663）

三、围绕运河建筑遗产聚落建立点状文化园区

目前，我国对于历史文化遗产的活化利用应用相对比较成熟的模式是将建筑遗产打造成富有特色的点状文化园区。这一遗产活化利用思路是将历史遗存与第三产业进行有效结合，是目前国家层面大力倡导的遗产传承创新模式。一般来说，具有一定场所聚落特点的遗产群，往往具有非常丰富的空间形态，尤其适合那些中小型的文创公司和创业团体。同时，多样化的空间形态以及粗放的空间也能够满足不同创意人群的需求。反之，在文化遗产聚落场所，中小型文创企业的入驻能够在该区域形成一定的产业集群，从而促进区域内产业的快速发展。随着很多地区创意产业园、艺术园区的不断发展成熟，吸引了大量文艺青年来此旅游，一定程度上促进了优秀传统文化遗产的传播，也提高了对历史遗产的利用。

如图6-3所示，大运河无锡段的外滩艺术中心前身为无锡机床厂，后来经过改建包装成为现在的文化艺术园区。无锡外滩文化艺术中心就属于典型的点状文化园区，其设计灵感来源于太湖石的形状。整个园区布局以及风格都反映了无锡人临太湖而居的吴文化。在重新改造后，原来的机床厂老厂房和沿河而建的新建筑以及外滩艺术中心成为整个园区的基本组成部分，其中，

外滩艺术中心是标志性建筑。园区建成后，吸引了国内外无数艺术家和设计师的到来。艺术中心内部布局了很多画廊、艺术工作室等，为空旷的厂房增添了生气和灵魂。

图6-3　无锡外滩文化艺术中心

（图片来源：http://www.linkshop.com.cn/web/archives/2014/283799.shtml）

京杭大运河沿线曾经有很多地区都是工业生产基地，遗留了很多高敞型的厂房建筑。依托这些厂房资源，可以尝试建立点状文化园区，对厂区内部的空间和建筑进行重组和重新利用，使其转化为艺术创业园改造的基础。例如，在京杭大运河分布着很多古时用于存储粮食的粮仓。从运河沿线遗留的粮仓现状来看，这些粮仓类的建筑多保存的比较好，具备改进和重新利用的条件。粮仓类的建筑一般跨度较大，且具有较高的高度，同时还设置有一些气窗等特色建筑，这些特色能够为建筑遗产的改建设计和创新应用提供思路。以京杭大运河京津冀段为例，目前对分布在这一区段的粮仓较多，其中较为著名的就是北京的南新仓。南新仓是现存规模最大的，也是保存最为完整的皇家仓廒，也是京都史、漕运史、仓储史的历史见证。北京南新仓至今已经经历了六百多年的历史，是明清两代京城内用于储存皇粮奉米的皇家官仓。2005年以后，政府对北京南新仓的九座仓廒进行了改造，将南新仓打造成了有名的文化休闲街，街区洋溢着浓郁的艺术气息。北京南新仓的改造是对运河沿岸历史建筑遗存传承利用的创新尝试，将古粮仓所承载的历史文化真正融入当代的百姓生活。

第四节 京杭大运河历史遗存活化利用的发展策略

随着社会经济的不断发展，运河沿线古城地区逐渐失去了往日的繁华和活力。如何积极开发和活化利用运河沿线历史遗存，使沿线古迹和遗产得到充分的利用，发挥其文化传承与生态景观的功能和作用，是沿线各地区政府和管理者应该深入思考的问题。大运河沿线分布着无数珍贵的历史文化遗迹，在进行活化利用时应与现代城市空间进行有效结合，同时尽可能地创造能够符合当地居民和外来游客需求的沿线开放空间。针对京杭大运河历史遗存的现时分析，为了有效提升运河历史遗存的利用水平，充分发挥各类遗存遗迹的文化传承功能，使运河文化与地方居民生活深度融合，大运河历史遗存的活化利用应重点从思想意识层面、实践操作层面以及实施策略层面制定相应的发展策略。

一、思想意识层面

从目前大运河沿线各地政府在开发和利用运河历史遗存的发展现状来看，各地政府在开发运河历史遗存过程中多数孤立于城市或地区规划之外，缺乏城市或地区空间与水空间之间的联系。现有的区域性城市绿地规划和运河保护政策缺乏从线性遗产保护和利用的角度对运河在城区建设发展中的功能、作用的专项研究。相比国外一些水空间规划比较成熟的国家，其历史遗存保护性利用的理念较为滞后，在大运河沿线空间保护、利用以及规划方面缺乏系统性。

相比之下，美国在线性水文化的传承利用和遗产开发方面，能够为我国大运河历史遗存的活化利用提供一定的参考和借鉴。经过多年的发展，美国"绿道"理念已经深入人心，逐渐由简单的连续线状绿地向"为了多用途而规划、设计和管理的线性要素组成的土地网络"[1]。从发展历程来看，美国绿道建设大体上经历了从公园园道，到户外开放空间，再到绿道网络三个阶段。绿

---

[1] Ahern J. Greenways as a planning strategy [J]. Landscape and Urban Planning, 1995, 33(01): 131-155.

道规划理论以及实践都取得了较为丰富和成功的成果,成为一种有效融合历史文化、解决环境和生态问题的方式。绿道建设已经成为美国解决生态环保问题和提高城市居民生活品质的重要途径。在美国绿道建设实践中,比较著名的案例就是波士顿公园体系。其规划者奥姆斯特德,在波士顿公园原有的园道体系基础上,进一步沿查尔斯河将其绿色网络拓展至贝克湾公园、牙买加公园、阿诺德公园和富兰克林公园,实现了公园之间的拓展。在此基础上,查尔斯·艾略特将串联起来的公园系统和沿海河流相连,将绿色网络延伸到了整个波士顿大都市区,波士顿城市发展结构得到了显著的改善和优化。

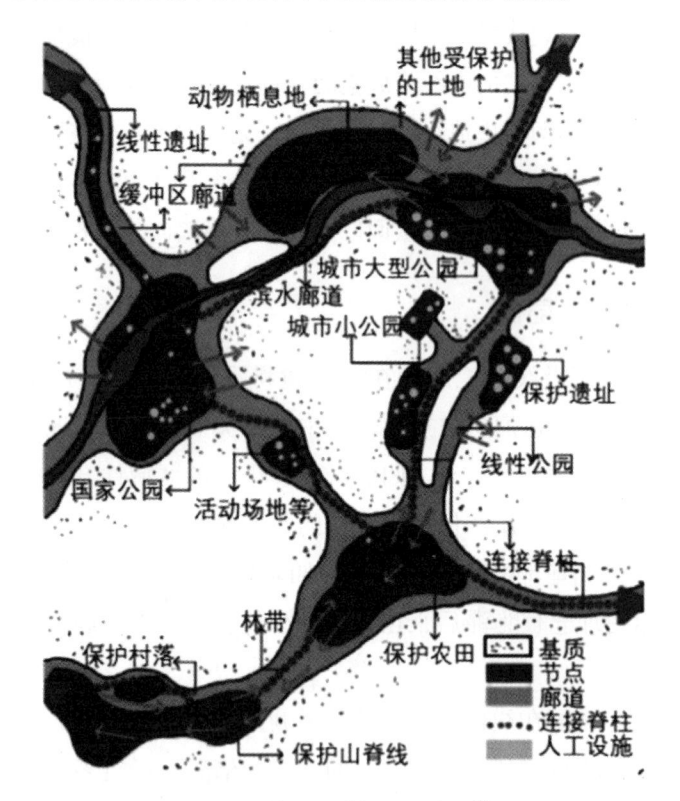

图6-4 美国绿道构成示意图[1]

(图片来源:秦小萍,中国绿道与美国Greenway的比较研究,中国园林,2013.)

我国在沿海城市绿地规划方面,部分地区也参考了美国绿道建设的理

---

[1] 秦小萍,魏民.中国绿道与美国Greenway的比较研究[J].中国园林,2013,29(04):119–124.

念。如珠三角地区于2010年便出台了《珠江三角洲绿道网总体规划纲要》（简称《规划》）。该《规划》中对珠三角地区的自然资源、历史文化遗迹以及城镇布局等因素进行了系统的分析和研究，为珠三角地区的绿道网络建设提供了总体的布局思路。

具体到大运河沿线历史遗存的活化利用，沿线地区政府也可以充分借鉴国内外有关绿道规划建设的理念，对沿线地区现有的园林、公园和绿地资源进行系统整合，在充分研究和分析沿线绿地生态、自然景观以及历史和文化资源的基础上，从思想意识层面上树立多层次绿道网络理念，基于运河历史遗存和沿线城市地区的空间关联性，编制形成能够体现地方特色和先进理念的绿道系统规划，打造多层次、多样化，同时兼顾生态、游憩和运河文化传承的绿道网络系统。

二、实践操作层面

大运河自北向南流经四省两直辖市，其河道和风貌的管理保护是途径地区城市空间规划的重要内容，对提高沿线地区城市空间的整体性、系统性和独特性都具有重要的现实意义。目前，在大运河河道和风貌管理以及运河遗产开发利用方面，很多地区仍存在一定的问题，诸如在城市规划方面更多地注重运河的保护而忽略了运河的未来发展；片面地关注运河发展对城市地区经济增长的贡献，而忽略了运河遗产对社会政治和文化方面的正向反馈等。京杭大运河"申遗"成功并非运河管理的终点，而是另一个新的起点，必须立足大运河的可持续发展，全面推动运河经济、文化、政治等多方面的深入研究和历史传承。2012年8月14日，中华人民共和国文化部出台《大运河遗产保护管理办法》，此后，部分省份根据这一文件陆续出台了本省份的运河遗产管理保护办法，如山东、安徽、江苏等地。市级地区如德州、聊城、枣庄、郑州、洛阳等地也陆续发布了加强大运河遗产管理和保护的通知。在运河遗产保护规划编制方面，部分地区的规划集中于对运河遗址和遗产的保护利用，并没有将大运河河道、风貌与城市空间规划布局进行系统性的融合。综合借鉴前文国外比较成熟的历史遗存管理模式，大运河历史遗存的活化利用与保护在实践操作层面应重点从以下几个方面展开。

一是加强对运河遗产的类别划分,将运河遗产保护和利用区别对待。根据运河遗产的具体特点可以将运河遗产进一步划分为严格保护类、保护利用结合类以及允许利用类三个类别。对于严格保护类遗产,应高度重视其原真性的保持,在遗产周围划定缓冲区并维持其原有的历史文化风貌;对于保护利用结合类遗产,应在保护其价值的前提下加以合理的开发利用;对于那些历史文物价值不是很强的历史建筑和街区等,可以进行重新修缮加固,在不破坏整体格局的基础上使其与现代城市生活需求相融合,进行充分的利用。二是积极建立运河遗产管理协作组织,有效协调不同区段的运河遗产管理工作。大运河是典型的线性功能性遗产,其管理工作必然涉及诸如水利、文物、交通、环保等多重管理部门。大运河历史遗存的传承保护和活化利用需要对各个管理部门之间的工作进行协调。不同管理机构之间应着眼于大运河整体利益对当前工作进行协调和调整,建立运河管理多方协调机制,在保证国家整体利益和运河可持续发展的前提下,形成能够协调各个管理部门工作的协作组织和管理办法。三是积极引入民众参与,促进市民参与运河遗产的保护传承。京杭大运河是全人类的宝贵财富,既是古代劳动人民勤劳与智慧的象征,也是当代人民群众的物质和精神财富,更应该是后代的珍贵财产。运河遗产传承保护和活化利用的最大受益者是人民。因此,运河遗产的保护利用应引入民众的积极参与,使民众积极投入到运河遗产的维护和传承工作中来。通过媒体和公众教育等多种途径提高公众对运河遗产保护重要性的认识。

三、实施策略层面

大运河数千年的发展历史,带动了沿线很多城市地区的经济发展、文化交流,是沿线城市地区往日繁华的最好见证。同时,运河独特的自然风景也是沿线城市地区重要的文化景观资源。当前,保育运河文化已经成为沿线各地区政府最重要的历史使命。其中,"保"即运河历史文化遗产的保护,"育"则指的是运河文化的当代培育。目前很多地区在运河文化资源保护和传承利用方面还存在很多的误区,究其原因,主要是由于人们忽视了运河文化从本质上来说还是人与运河的关系。运河文化是随着运河的开凿贯通和使用,不断积淀形成的文化体系,其中最为主要和核心的元素是人类的活动,运河文化蕴含了古代劳动人民的勤劳和智慧，见证了人类社会不断发展的历史进程。归根结底，人民是运河文化的创造者。同样，运河文化的传承也必须依靠各个时代的人民。否则，运河文化就失去了存在的意义和根基，成为无本之木、无源之水。

具体到实施策略层面，大运河历史遗存的活化利用既要保护传统的遗址文化，同时也要注重对运河活态文化的培育创新。历史上遗留的物质文化遗产具有不可再生性，如果这些遗产遭到破坏，将会很难复原到其原有的风貌。因此，对于历史遗留下来的珍贵的遗产必须加以严格的保护。其中既包括对遗产本体的保护，同时还要采取必要的措施保护遗产的历史空间结构，使遗产单体存在于其特定的历史风貌环境。此外，由于现代民众并非当时创造运河文化的民众，因此，运河文化遗产与现代文化群体之间并不具有对应关系。因此，运河历史文化遗产的传承必须将运河历史景观与现代人民群众生活相互融合，培育形成活态文化，使古运河文化及其载体与当代市民生活相互融合，将运河遗产纳入城市的开放空间体系中。只有这样，才能保持市民与开放空间相对比较稳定的历史空间关系，同时有利于培育开放空间中的历史记忆类文化成果。既要保护历史遗存，又要适应当代人的需要，发展当代文化。我们的城市要在文化遗址上继续健康地生长，这才是保护、传承、利用的理想关系[1]。

---

[1] 王幸芳.古今交融,城市要在文化遗址上继续生长[J].杭州,2021(01):24-27.

第七章 大运河文化旅游发展与品牌体系建设策略研究

　　京杭大运河作为全世界重要的古代遗址和文化景观，受到了国内外专家学者的广泛关注。作为一种特殊的水系形态，京杭大运河是我国历朝历代有规划、有目的建设的成果，是我国古代贯穿南北的经济命脉，也是实现漕运、军调、防洪、灌溉等功能的重要水道。大运河的开凿贯通有效地连接了沿岸地区的城市、村镇，带动地方经济快速发展。大运河在悠久的历史发展中，积累遗留下来大量丰富多样的历史遗迹、古镇村落，催生了多元的地域特色文化。大运河同时作为一条沟通南北交流的"文化桥梁"，凝聚了众多的历史文化信息，承载着多元的物质文化形态和非物质文化遗产。运河文化包括漕运文化、商业文化、民俗文化、古代外交文化、丝路文化以及近现代工业文化等多元文化形态。大运河因水而生的文化形态，为其沿线地区发展文化旅游创造了动态的文化积淀和旅游元素，依托丰富的旅游资源形成了以水脉为特色的旅游产品主线。因此，大运河实际上还是一种以水为媒介的文化旅游。

第七章 大运河文化旅游发展与品牌体系建设策略研究

第一节 大运河文化旅游资源现状

文化旅游作为一种特殊的旅游形式，是第三产业的重要组成部分，也是当今世界上的朝阳产业之一。文化旅游是通过旅游的方式使游客对旅游地的地域文化、民俗风情、名胜古迹等有更深层次的理解。因此，文化旅游的开发需要具备一定的条件，其中最为关键的是旅游地区应具有非常深厚并独具特色的文化底蕴。文化旅游的开发，就是要充分利用地区的资源优势和文化优势，将文化传播与旅游相融合，逐渐打造并形成具有地区特色的文化旅游品牌以及设施齐全、服务周全的文化旅游服务体系。

一、大运河文化旅游资源

大运河是世界上最长的人工运河，在绵延数千千米的运河河道以及沿线地区，分布着非常丰富的旅游资源，在悠久的历史发展过程中逐渐形成了别具特色的物质遗产和非物质遗产。因此，大运河也被称为"活古迹""历史的画廊"。总体来说，大运河文化旅游资源主要可以分为自然旅游资源和人文旅游资源两大类。

（一）大运河自然旅游资源

所谓运河自然旅游资源，主要是指那些伴随运河开凿贯通而形成的运河河道、各类湖泊、运河支流等旅游资源。水是大自然的美容师，同时也是大运河运行的血脉。大运河长达数千千米的水道两岸，因水而形成了众多具备优秀旅游价值的水景。如河沿线分布的湖泊，像一颗颗光彩夺目的蓝色宝石镶嵌在运河沿岸的城市，成为这些城市独特的风景名胜。如享誉中外的杭州西湖景区、大运河遗产点扬州瘦西湖、洪泽湖等。中国十大淡水湖有超过一半的湖泊都分布在大运河沿线地区。除此以外，大运河沿线还分布着众多的泉景，也是运河沿线旅游的重要景点，如北京玉泉、镇江中泠泉、北京白浮泉等。

（二）大运河人文旅游资源

大运河被誉为是活态文化遗产。运河沿线地区分布的各种水工设施、码

头、庙宇、会馆、园林等均具有悠久的发展历史，展现了古代水利工程、建筑工程、商业文化的发展历程。大运河是人类文化的物质结晶和文化凝聚，是古代劳动人民聪明智慧的杰出成果，反映中国古代劳动人民的伟大创造力，是中华民族的象征。大运河沿线地区不仅分布着众多规模宏大、气势磅礴的宫廷建筑，一些历史名城古城同样以其古朴典雅的小城建筑而享誉中外。不仅有富丽堂皇的北方皇家园林，同时也有南方清雅淡泊的私家园林。在大运河沿线地区，随处可见一些拱桥宝塔、宗教庙宇、特色民居建筑等，运河沿线地区遗留下来的历史古迹，在我国甚至世界上，很多已经是非常稀有的建筑风格和建筑艺术了，具有非常珍贵的保存价值和文化遗产价值。如河北沧州的铁狮子，是我国现存的铁狮子中最大的一座；隋唐运河边的开封铁塔、大运河畔的聊城铁塔等都是我国古代建筑中非常少见的杰出代表作品。

除此以外，运河沿线发达的经济和商业，也为沿线地区文学艺术的发展创造了良好的条件。我国历史上的很多著名文学作品都是诞生于运河沿线地区，其中很多作品描写了沿运地区居民的生活情景。如关汉卿的《窦娥冤》、吴承恩的《西游记》等。各种戏曲、绘画艺术，刺绣、玉雕、剪纸、泥塑等手工艺技术在运河经济的带动下也取得了快速的发展，成为中华民族传统手工艺以及运河文化的重要组成部分。这些丰富多彩、风格别致的文化形态构成大运河文化旅游的重要基础。

二、大运河文化旅游交通现状

大运河特有的自然景观和历经千年积淀遗留下来的丰富的人文内涵为当今发展大运河文化旅游奠定了坚实的基础。运河沿线众多的历史建筑遗产以及丰富的人文景观借助运河线路串联成一个完整的有机整体，成为一种特殊的线性文化景观。随着历史的不断发展，大运河在当今社会的功能和角色已经发生了根本性的变化，不再以传统的漕运功能为主，运河漕运功能的转变使原来依托运河漕运而形成的经济环境也逐步发生变化。沿线部分地区经济环境、商业环境的改变导致运河部分支流出现断流，甚至有些流域因为地区政府缺乏环境保护意识而沦为城乡排污沟渠。面临这种局面，加强运河环境保护和资源开发，发展文化遗产旅游，成为推动运河复兴和优秀传统文化传承的重要手段。

第七章 大运河文化旅游发展与品牌体系建设策略研究

大运河自成功入选世界文化遗产名录以来，沿线地区旅游产业发展势头迅猛，旅游人数激增。另一方面，运河沿线地区文化旅游景点的配套设施建设还不够完善，尤其在旅游交通方面还存在诸多问题。

首先，在大运河沿线地区的很多文化遗产旅游景点，由于缺乏科学合理的系统规划，导致文化旅游景点配套的停车场服务能力不足，如旅游旺季大量游客将车辆停靠在路边的情况，严重影响了景区道路的通行能力。同时也给景区周围居民出行等造成较大的影响。另根据相关调查显示，多数游客在一些沿运景区景点旅游时对景区的导览系统满意度不高，部分导览系统的设计并未考虑到游客不同的年龄层次，所传递的内容缺乏互动性和系统性，相关的配套设备如导览牌等界面信息不够明确合理。例如大运河河北沧州段的铁狮子景区，在通往景区的道路建设方面还存在道路级别低、景区停车位少、景区基础设施维护差等问题，同时还存在安全隐患。

其次，运河沿线部分文化遗产旅游景点的展示系统陈旧，展示手段和相应的设施设备落后。景点展示系统是向游客直接介绍景点蕴含的历史文化的重要媒介。但是目前多数景点在信息介绍体系和展示系统方面的投入不是很高，导致展示系统落后，无法向游客全面详细的展示景点文化。从景点的展示手段方面仍然采用的是陈旧的人工介绍方法，缺乏先进的设施设备。景点展示系统所介绍的内容过于僵化，缺乏亮点以及对历史文化更深层次的挖掘。这一问题在运河沿线部分地区的文化遗产景点表现较为突出。如河北沧州铁狮子景区，根据相关调研结果显示，老龄人群占景区游客总数的比重较高，但景区展示系统并未结合老年游客群体视觉弱、行动缓慢等现实问题进行针对性的导览和解说，造成老年游客未能获得良好的旅游体验，对景区服务质量满意度不高，未能获得良好的旅游体验，不利于运河文化的传播和传承。

再次，通过对运河沿线地区主要旅游景点的调查可知，目前景区的交通方式选择方面还比较单一。景点一些重要的历史遗留建筑本身已经经过千百年岁月的侵蚀，在自然因素和人为因素的双重影响下，已经造成部分河段出现了比较严重的污染和断流问题，以水为依托的文化旅游项目中，陆路旅游却占据了较大的比重，很大程度上影响了运河水文化的传播效果以及游客的文化体验。

第二节　大运河文化旅游发展过程与阶段性特征

运河文化旅游主要侧重于从文化传承的视角，依托运河现有的旅游资源，将文化传承与旅游活动相结合，寓深刻的传统历史文化于丰富多样的旅游活动之中，是将运河风光与沿运历史遗产作为风景来欣赏，作为文化来研究和传承的旅行。封建社会时期，大运河作为连接南北的最主要的交通水道，为古代帝王将相以及文人雅士巡游、游学、宦游等提供了便利的条件。古代的运河旅游，无论是帝王的出巡还是文人墨客的游历，都给后世留下了大量的游记佳作，也让后世了解了当时大运河两岸经济、文化的繁荣。如隋炀帝出巡扬州，唐朝一些著名诗人如杜甫、张若虚等文人沿运河的游历活动等。这一时期的运河旅游带有明显的政治色彩和采风性质。尤其是一些文人在沿运河游历采风过程中留下了无数千古流传的佳作。这些作品直至当今都是运河沿线一些名城古镇的宣传广告。现代意义上的大运河文化旅游起始于我国改革开放以后，大致可以分为起步阶段、调整阶段、快速增长阶段以及申遗阶段四个阶段。

一、运河文化旅游的起步阶段

运河文化旅游的起步阶段主要是指从1978年改革开放开始至20世纪90年代初。随着改革开放政策的推行实施，大力发展经济成为国家发展的重心。其中，旅游业受到了党中央和国务院的高度重视。大运河作为一种典型的历史文化遗产，早期的旅游开发活动主要集中在苏州、扬州、无锡等一些古运河段。其中无锡是最早开辟运河旅游市场的城市。早在1981年4月，苏州至扬州运河河段就开辟了一条长约220千米的水上旅游专线。这条旅游专线贯穿苏州、无锡、常州、镇江、扬州五市，后来又被延展至杭州。这条水上旅游专线的开辟也成为了新时代运河旅游诞生的标志。

在运河文化旅游的起步阶段，由于国家社会经济发展水平还比较低，对运河旅游资源的开发力度以及沿线旅游景点基础设施和配套服务的投入相对都比较小，因此早期对运河旅游资源的开发主要是对航运功能相对弱化的古运河

旅游价值的开发，运河旅游项目开发的最初目的主要是为了满足外国政要以及观光游客的需求。1981年无锡市打出了"欲游古运河，请到无锡来"的宣传口号，萌发了早期的"产品定向向游客定向转变"的市场导向思维。至20世纪80年代中期，运河苏杭线旅游达到了鼎盛时期，平均每天接待的水上游客最高达8000多人。1987年，无锡市接待古运河游览的人数超过7万人。到了20世纪80年代末期，随着国内旅游市场的逐步开放，在各地大力宣传下，大运河旅游产品已经初步得到了市场认同。

二、运河文化旅游市场调整阶段

运河文化旅游的市场调整阶段是从1991年到1997年。进入20世纪90年代以后，国内经济进一步开放，城市化进程加速，在各地区大力推进城市化进程的过程中，很多历史古迹的原真性遭到了不同程度的破坏。与此同时，运河沿线城市加快了城市建设和工业化发展，大运河水域景观遭到水质污染的严重威胁，航道开始出现堵塞，两岸的风情风貌也遭到破坏，严重影响了大运河旅游的发展。统计显示，1992年至1995年，每年运河旅游的海外游客数量已经下降到了2万人次。另一方面，运河客运专线这种大空间尺度的水上旅游产品也逐渐暴露出耗时长、噪音大、利润低等一系列问题，每年游客数量急速下降。

面临新的形势，运河沿线地区旅游发展表现出两种态势。一些运河旅游项目开发较早的城市如苏州、无锡、扬州等，开始主动调整旅游开发战略，主动适应市场变化，在巩固运河旅游资源优势的基础上开始"重振古运河之旅"。另外有些沿运城市如通州、聊城、镇江等，因为运河旅游的起步时间较晚，此时基本上处于开始进行运河旅游资源普查和运河旅游规划阶段，在这些城市的积极参与下，大运河旅游开始向南北方向延伸。运河旅游的市场调整阶段主要表现为两个方面的特征。首先，随着运河水上线路客源的逐渐萎缩和经营成本的上升，苏州、扬州等一些起步较早的地区开始调整其旅游市场定位，运河长线旅游开始由大众型产品转向"亚豪华"休闲型产品，水上旅游和水上客运开始逐步分离[1]。运河旅游与旅游市场实现了更为紧密的联系和接轨。其

---

[1] 沈旭炜. 改革开放后我国大运河旅游发展阶段及特征[J]. 商丘职业技术学院学报, 2017, 16(05): 51-55.

次，运河旅游开始走向区域聚合，突出表现为运河旅游的经营开发出现了行政条块分割和地方保护行为。从空间层面来看，大运河旅游逐渐呈现"省际—市际—市内"线路递减的规律性变化，短途旅游线路在旅游市场中的受欢迎程度不断上升。大运河作为沿线地区发展的主轴，在旅游市场中其核心旅游产品的市场地位和战略地位日益提升。除此以外，随着后知后觉型发展城市如通州、聊城，对大运河旅游资源开发和旅游事业重视程度的不断提高，一些围绕运河旅游的发展规划得以提出并付诸实施，如山东运河水浒带、聊城古运河三日游等。大运河旅游又重新获得了生机，开始全线升温。

三、运河文化旅游的快速增长阶段

运河文化旅游的快速增长阶段是从1998年至2005年。城市化进程的加速推进以及运河水污染问题等严重阻碍了运河旅游事业的发展。早期运河旅游的开发程度与开发层次无法匹配其蕴含的深刻文化价值和旅游价值。然而，城镇化建设也给古运河改道创造了巨大的发展空间。在这一思路的引领下，运河沿线城市地区开始了一场以城镇化和城市有机更新为特征的运河整治活动。在此过程中，运河沿线地区的土地开发潜力和市场价值开始被进一步的挖掘，各地区开始加大对运河河道整治和旅游资源开发的投入力度，开展截污纳管、河道清淤、生态治理、景观绿化等综合性整治活动。运河景观、生态、旅游等运河新兴功能逐渐成为沿运地区城市振兴的重要手段，由此带动运河文化旅游进入快速增长阶段。

运河旅游的快速增长阶段，运河功能发生了一定转变。随着交通运输事业的快速发展和城市产业结构的调整，运河在城市发展中的地位和影响降到了历史最低，城区段的运河传统功能已经消失殆尽，运河沿线很多原生态的旅游资源在城市建设中遭到破坏。运河功能的转变开始推动休闲游憩导向的保护开发成为一种全社会共识。地方政府和全社会开始关注对运河传统功能的保护延续和创新发展。通过一系列的整治和调整恢复措施，运河在沿线地区的生活功能得到了极大的拓展和延伸，运河两岸休憩空间更加丰富多样。诸如天津运河桃花节、扬州烟花三月旅游节等一系列节庆活动推动大运河旅游的社会影响力不断提升，大运河的休闲游憩形象和生活功能日益增长。与此同时，运河生态环境和文化氛围也得到了显著的改善，出现了运河风光带、游憩带等生活文化空间。社会公众对大运河的认识程度逐渐由沿运区域向全国范围甚至全世界扩散，认识高度也逐渐由分段式保护"历史文化群落"向与国际接轨的整体性保护"遗产廊道"转变，运河申遗提上日程。

四、运河申遗阶段

2006年，京杭大运河保护与申遗研讨会在杭州召开。会议通过了《京杭大运河保护与申遗杭州宣言》，商定筹建了全国性的京杭大运河研究会，以推进大运河保护与申遗工作稳定开展。《京杭大运河保护与申遗杭州宣言》标志着大运河正式迈出了申遗的步伐。京杭大运河是目前仍处在使用状态的线性历史文化遗产。大运河的申遗是深入挖掘大运河历史文化价值的必然要求，也是推动运河旅游发展理念转变的重要举措。2007年，由国家文物局立项资助的科研项目《为实现整体保护目的的京杭大运河遗产廊道研究》中，明确提到要将大运河作为文化遗产廊道、生态廊道、游憩廊道进行整合研究。这一提法有效地推动了对大运河的基础研究的进程。2014年，大运河申遗成功，大运河自此进入了一个新的时代，文化遗产成为大运河旅游不可或缺的形象元素和产品载体，同时也赋予了运河旅游以新的意义和功能，即历史文脉传承。

大运河申遗阶段，人们对大运河的内涵以及历史文化地位的认识发生了一定的转变，即从大运河风光带到大运河文化遗产廊道的转变。文化遗产廊道是指具有特殊文化资源集合的线性景观，通常带有明显的经济中心、蓬勃发展的旅游、老建筑的适应性再利用、娱乐以及环境的改善等[1]。引入遗产廊道的概念，有效地补充了传统的对于文物古迹、历史街区等的认知体系。大运河文化遗产廊道为运河旅游构建了一个全新的框架体系，同时也为大运河文化旅游的发展提供了一种新的思路和实践方法。建立运河遗产廊道是运河文化旅游成功的关键[2]。遵循这一发展思路，各地区开始围绕运河旅游开展价值评估、开

---

[1] 沈旭炜. 改革开放后我国大运河旅游发展阶段及特征[J]. 商丘职业技术学院学报, 2017, 16（05）: 51-55.

[2] 吴元芳. 基于遗产廊道模式的运河旅游开发研究：以山东省枣庄市为例[J]. 枣庄学院学报, 2008（01）: 129-132.

发模式研究、工业遗产廊道构建的一系列深度研究和实践尝试，产生了大运河线性旅游空间、带状休闲空间、遗产小道等创新性研究，支撑运河文化遗产廊道向旅游化、系统化和生活化的方向发展。

第三节　大运河沿岸历史遗存保护与文化旅游开发的良性互动机制

京杭大运河沿岸历史文化遗产种类齐全、数量丰富。在长期的历史积淀中逐渐形成了独特的历史价值和文化价值。传承利用大运河历史遗存，必须加快推进运河文化和旅游产业发展相互融合。传统历史文化遗产的保护传承与文化旅游开发的良性互动，是实现大运河沿岸历史文化遗存保护和旅游产业发展相互协调和互促共生的必然选择。遗产保护和旅游资源开发的良性互动关系需要借助良性互动机制来进行维系和支撑，准确定位遗产保护与旅游开发之间的有效联结和相互作用的契合点。京杭大运河历史遗存保护与文化旅游开发的良性互动机制具体来说主要包括动力机制、合作机制、互利机制和创新机制、保障机制。

一、动力机制

大运河沿岸历史遗存具有丰富的历史价值和文化价值。根据习近平总书记的指示精神，运河沿岸各地区要充分挖掘大运河丰富的历史文化资源，保护好、传承好、利用好大运河宝贵的历史文化遗产。因此，传承和保护好大运河历史文化遗产是发展文化事业的内在要求。另一方面，旅游产业是振兴运河沿线城市地区经济的重要支柱产业。依托运河旅游资源大力发展文化旅游是加快推动运河文化传承和旅游产业发展的重要途径。从一定意义上来说，运河历史文化遗存的保护传承与文化旅游开发具有内在的同一性和需求上的互补性，这种同一性和互补性是实现和保持二者之间良性互动的根本动力。文化遗产保护与旅游开发的相互融合和良性互动，其本质是文化需求和经济需求之间的互补互促。一方面，沿线地区历史遗存的保护和传承必须借助一定的物质载体，需

要一定的投入。而旅游产业的介入正好能够为历史遗产的保护、优秀传统文化的传播延续提供很好的渠道；另一方面，旅游产业的发展需要以优质、独特的旅游资源为基础。运河历史悠久的文化遗产、古代建筑等本身就蕴藏着较大的旅游开发价值和开发潜力。因此，运河文化遗产的保护传承与旅游产业发展和旅游资源开发在需求上相互契合、相互补充，二者之间能够实现紧密结合和良性互动。

古老神秘的大运河在千年的发展历史中积聚了非常丰富的文化底蕴，对于游客来说具有非常强大的吸引力，能够为运河旅游开发提供坚实的物质基础。依托大运河历史文化遗产开发文化旅游项目，能够为运河文化的传承和发展解决资金、市场等现实问题，加快推动运河文化的传播和传承。特色鲜明的运河文化则能够满足游客文化精神和景观游览方面的双重需求，有效的提升旅游产业的经济效益，带动和促进沿运城市地区的经济发展，从而进一步刺激沿运地区对运河旅游资源的保护性开发，使运河沿岸历史遗存能够得到更好的保护和传承利用。

二、合作机制

大运河沿岸历史遗存保护与文化旅游开发具有互补性，其良性互动过程同时也是运河遗产管理和保护参与各方的合作过程。为了能够保障运河遗产管理参与各方的合作能够顺畅高效，必须构建一套科学合理的合作机制，对参与各方合作行为进行协调和控制，对遗产传承人、地方政府、旅游开发商以及沿线居民之间的相互利益关系进行协调。对于运河文化遗产传承人来说，在进行遗产保护性开发和发展文化旅游时应保持开放的心态。一方面，运河管理和保护部门应积极做好本职工作，推动运河文化遗产保护和运河文化传承；另一方面，政府、传承人等应积极融入和参与运河旅游开发工作，积极实施联合与分工协作。作为运河文化旅游的开发商，应为运河文化的传承与发展提供良好的条件，使传承人以及沿线居民等参与方能够在相互合作和良性互动的过程中获得充足的成就感，同时为沿线地区居民创造更多的就业机会，使运河旅游开发与发展真正惠及沿线居民，成为带动地方经济振兴与持续发展的核心支柱。运河沿线地区的居民要不断强化自身对运河文化的认识和理解，积极关注和参与运河文化旅游与遗产保护工作，并在多方参与的互动合作中逐步实现自身民生改善的正当利益诉求。

大运河绵延千里，贯穿多个文化带和经济带。随着大运河申遗成功，国家致力于将大运河打造成为中华民族伟大复兴的标志性文化品牌。这一宏伟目标的实现不仅需要运河沿线地区不断加强旅游景区建设，同时也需要运河遗产保护和文化旅游项目开发的跨区域、跨企业合作，打造形成多种形式的跨区域互动合作机制。对于运河沿线空间上相互毗邻的行政区域来说，在运河旅游资源禀赋方面往往具有较强的互补性。因此，可以以运河文化旅游价值链为纽带，推动不同区域之间在运河历史遗产保护、旅游资源开发、旅游产品生产以及旅游市场整合和旅游产品营销等多个方面的联动协同与共同发展。

三、互利机制

互利共赢是实现多方合作的重要基础，也是保障和推动合作组织能够持续、健康和稳定发展的重要因素。大运河历史遗产保护与文化旅游开发合作机制的构建最主要的功能是明确和协调各参与方之间的利益关系，构建科学合理的互利共赢机制，使参与各方都能够得到应有的利益。利益分配不公将会直接影响参与各方的积极性。在运河文化旅游品牌塑造和体系建设过程中，必须采取适宜的分配策略以确保参与各方的合法权益[1]。

因此，在进行大运河历史文化遗产保护和旅游资源开发与利用过程中，必须充分发挥文化旅游开发的综合带动作用，有效地对接历史遗产保护和旅游产业发展，形成"以文兴旅，以旅哺文"的良性循环。具体而言，合作组织各方必须深入了解和把握文化旅游开发合作共同体的利益格局以及合作组织的发展演变趋势。在此基础上，通过充分讨论和相互协商，形成公平合理的利益分配机制，基于利益分配机制对合作过程中的各种矛盾进行协调和处理，最大化的满足共同体成员的正当利益诉求。尤其是要合理的兼顾和平衡运河历史遗产保护与旅游开发方面的利益诉求。一般来说，旅游产业在遗产保护和资源开发方面处于强势地位，对文化旅游资源的进一步开发利用给旅游从业者创造了

---

[1] 李国庆.社区参与背景下乡村旅游利益协调机制探究[J].农业经济，2018(03)：119–120.

巨大的经济利益，使其变得更加强大。在此过程中用于遗产保护和传承方面的资源相对减少，甚至可能导致运河沿线生态环境持续恶化，增加其保护工作难度。因此，在推动文化旅游资源开发过程中必须同时注重对文化遗产的保护、挖掘和整理，真正形成以文化带动旅游经济发展，以旅游经济基础支撑文化传承保护的良性发展，真正实现运河历史文化遗产旅游资源的永续开发和利用。从一定角度来说，促进运河文化遗产传承和保护最为有效的激励手段就是经济手段。文化旅游开发对运河沿线历史遗存保护的反哺补偿机制是实现二者相互促进、相互协调和良性循环互动的重要途径。

四、创新机制

运河沿线分布的各种历史建筑、文物古迹等承载了中华民族数千年的文化精髓，蕴含了丰富的中华优秀传统文化。通过对这些历史文化遗存的活化利用，盘活这些珍贵的历史文化资源，使其与现代社会生活相互融合，能够实现对这些历史文化遗存的积极保护和有效传承。真正实现对运河历史文化遗产的生产性保护，必须借助一定的创新机制来保障和支撑。与此同时，鉴于大运河特殊的地理和生态环境，沿线分布的各种历史文化遗存也表现出独特的一面，在具体制定遗产保护和旅游开发方式时也应注意保护和开发方式的创新性，在继承中创新，在保护中发展。具体来说，构建运河历史遗存保护与文化旅游开发的创新机制，应着力从以下几个方面开展。

一是积极提升文化遗产传承人的文化保护意识和创新意识，提高其遗产保护传承的创新能力。文化遗产的传承人，尤其是非物质文化遗产的继承人是实施文化遗产保护的重要力量，同时也是文化旅游开发中的重要参与者。根据调查情况来看，目前仍然有很多文化遗产的传承人没有意识到文化遗产保护和传承的重要性，缺乏主动融入市场的意识和创新能力，这在很大程度上制约了运河历史遗产的保护效果和运河文化的有效传播。因此，必须积极培养和提高运河文化遗产继承人在遗产保护和传承方面的创新意识与创新能力，使其能够自觉强化对遗产旅游资源开发利用方面的知识学习，提高创新素质。

二是不断推动运河历史遗产和文化传承的载体的创新，构建运河历史文化遗产与旅游开发互动发展的新平台。运河历史遗产和文化传承的载体应多样

化,综合利用网络、电视媒体等多种信息媒介传播和宣传运河文化以及旅游产品信息。同时,在运河沿线旅游景点,开设表演区和非遗产品交易区,精心设计和打造运河文化遗产集聚区、主题旅游功能区和精品旅游线路等,对运河传统历史文化进行多维展示和宣传。

三是围绕运河历史文化遗产构建文化旅游产品创新机制,推动运河文化遗产旅游产品提质。要想实现运河文化旅游对国内外游客的持续吸引,在发展运河文化旅游过程中必须不断为其注入新的元素,通过不断创新运河文化旅游产品将文化创意产业和运河文化旅游相结合,借助文化创新产业的方法和手段,持续推进运河文化旅游产品的研发创新和提质升级[1]。

五、保障机制

高效的保障机制是支撑和维系上述动力机制、合作机制、互利机制和创新机制的基础。随着运河历史遗产保护和文化旅游开发互动合作的深入开展,合作组织各方对于互动合作的深度、广度要求越来越高,这就需要科学高效的保障机制来保障各种工作机制的正常运行,共同推动和保障合作组织持续、稳定地运行。系统的保障机制要能够为系统的正常运行提供必要的物质和精神资源。同时,系统内部要具有一定的监督和预警功能,对系统运行的各个环节进行有效的监控、实时反馈和预警。大运河遗产保护和旅游开发互动的保障机制必须同时从政府和合作共同体两个维度进行构建。一是政府层面要提供必要的保障,即对相关公共产品提供保障和优化调整,如为合作共同体的互动构建良好的法治环境,积极完善基础设施建设等。二是对于合作共同体内部的保障,主要通过组织制度的健全和完善,对参与各方的合作关系进行有效的协调和维护等。具体操作过程中,可以建立一个由政府、遗产传承人、地区居民以及旅游企业多方参与的合作理事会,对遗产保护和旅游开发过程中的各个环节进行协调,通过明确各方在合作中的角色定位和职能分工,形成优势互补、制度共拟、过程共管、收益共享的合作保障体系,实现互动合作的健康、持续和高效开展。

---

[1] 贺小荣,胡强盛.湖南省旅游产业集群与区域经济的互动机制[J].经济地理,2018,38(07):209-216.

第四节　大运河文化旅游品牌体系构成要素与结构

京杭大运河的开凿贯通、改道以及通航使运河沿线地区的生存环境和生活条件发生了巨大的改变，形成了特定的生活场景和景观形态。基于千年运河发展而逐渐形成并流传下来的文化基因不会随着运河河道以及运河运行状态的改变而改变，同样也不是一成不变的，是存在并存续在运河沿线地区悠久发展历史和文化脉络之中的。不同的朝代，不同的社会发展过程以及民众生活赋予了运河文化以不同的内容，不断丰富和充实着运河文化体系。品牌化是旅游目的地在建设与发展过程中的必由之路。立足文化振兴与旅游产业融合发展的现实背景，探究大运河文化旅游品牌体系建设对于推动运河文化旅游协同发展，打造国际化运河文化旅游品牌具有重要的现实意义。

一、大运河文化旅游品牌构成要素

2019年2月，中共中央办公厅、国务院办公厅联合印发了《大运河文化保护传承利用规划纲要》，其中明确大运河的功能定位为"继古开今的璀璨文化带""山水秀丽的绿色生态带""享誉中外的缤纷旅游带"，并提出打造"千年运河"品牌的运河旅游发展战略定位。这一运河发展战略定位明确了大运河文化带建设和旅游带建设的双重要求。大运河历经数千年的历史发展，沿线地区积聚了丰富的历史文化资源。从空间分布特点上来看，大运河从南向北分布着吴越文化、淮扬文化、中原文化、齐鲁文化、燕赵文化以及京津文化六种地域文化。"千年运河"的品牌定位应充分考虑沿岸地区的多元地域文化。运河沿线地区在长期的历史发展中所形成的地域文化具有天然的互融共生性。在推动"千年运河"品牌建设过程中，既要注重对沿线地区个性化、特显鲜明的地域文化的全方位展示，同时也要注重沿线地区之间文化旅游功能的相互衔接与融合发展，打造功能互补、文化交织的一体化文化遗产旅游带。从本质上来说，"千年运河"的品牌定位与运河沿线地区的地域文化发展是内在统一的，契合"河为线，城为珠，线串珠，珠带面"的总体发展思路。

品牌就是市场竞争力，拥有强势文化品牌，是一个地区文化产业高度发达的标志[1]。区域品牌不同于一般的品牌概念。文化旅游品牌蕴含了深厚的区域品牌资产价值。文化旅游品牌建设的基础是文化旅游的资产构成要素[2]。大运河作为一种典型的活态线性文化遗产，其文化机理对于打造"千年运河"品牌具有非常重要的影响。通过对"千年运河"品牌体系的解构分析，大运河文化旅游品牌的构成要素主要包括物质要素、社会要素以及精神要素三个方面。

（一）物质要素

大运河物质要素是运河文化旅游品牌建设的根本要素，具体包括自然生态景观、运河沿线水工以及附属设施、运河沿线聚落分布与建筑景观等。其中，运河自然生态景观主要是指大运河流经地域所形成的大小河道、湖泊以及各地区所形成的山体等自然生态结构，同时也包括在不同的历史时期，基于各种社会需求对运河进行改道所形成的新的河道。运河沿线分布的各种水工以及附属设施是在大运河功能的历史演变过程中建造形成的码头渡口、桥梁涵洞、船闸水坝等配套设施。运河流经的沿线地区分布着一些历史名城、古镇村落以及不同朝代建立的运河管理机构、宗教场所等，这些历史建筑构成了运河沿线的特色建筑景观。物质要素是大运河多元功能催生出来的显性的实体文化遗产资源。

（二）社会要素

大运河文化旅游品牌的社会要素主要是指在大运河悠久的历史发展过程中，沿运地区所形成的各种人文风情、社会风貌等。运河沿线地区积累了大量丰富多彩的非物质文化，如一些地区所特有的民间技艺、船歌民舞等艺术形式，还有一些近现代出现的文化展演等。在运河文化旅游品牌的社会要素中，沿运地区分布的聚落和建筑景观以及一些地区流传至今的礼仪规制等内容是社会要素的两类特色景观，其中所蕴含的优秀传统文化底蕴和精神要素等都是运河文化品牌的特色。大运河发展至今已经不再仅仅是一条用于运输的河流，更多地体现为一种融合沿线地区各种生活方式、民俗民风、商业文化等经济、文

---

[1] 王淑娟.河北省文化产业竞争力提升研究[J].特区经济,2010(09):71-72.

[2] 侯兵,张慧.基于区域协同视角的大运河文化旅游品牌体系构建研究——兼论"千年运河"文化旅游品牌建设思路[J].扬州大学学报（人文社会科学版）,2019,23(05):81-92.

化元素的庞大的复杂系统，并在多元要素相互融合的过程中造就了沿运区域特殊的生活和生产方式，形成了独具特色的风俗观念。

（三）精神要素

大运河文化旅游品牌的精神要素是古代劳动人民在运河开凿和整治过程中所体现的人文精神，以及运河文化对现代社会的重要启示和价值体现。运河文化旅游品牌的精神要素具体包括三个方面的内容。一是古代劳动人民在用水、治水过程中所表现出来的优秀精神品质；二是历朝历代在运河开凿、疏浚、改道等运河整治过程中应用到的各种工艺、造船以及漕运等过程中所表现出来的人文精神，如在造船技艺、节事节庆、船歌民舞等各种非物质文化遗产的继承上表现出来的对优秀传统文化的坚守和传承；三是运河文化的精神要素体现在运河文化对沿线地区不同地域文化的包容和融合，包括沿运地区崇文尚武风尚的形成和延续、运河文化体系中独特的礼仪规制等。

二、大运河文化旅游品牌要素的结构分析

大运河文化旅游品牌构成要素相互之间具有互相影响的关系。同时，不同的要素构成内容也为大运河"千年运河"品牌的塑造提供了丰富的素材。通过对大运河文化旅游品牌体系的解构分析，可以将运河文化旅游品牌分成自然生态景观、运河水工及附属设施、沿线聚落与建筑景观、运河非物质文化遗产与运河文化精神几个部分。从自然生态景观到运河反映的文化精神，相互之间存在到一定的内在联系，总体上表现为一种递进发展的关系。

首先，大运河文化旅游品牌体系的基础要素是大运河自然生态景观以及分布在大运河河道和沿线地区的各种水工及附属实施。这些自然生态景观和水工设施集中体现了古代劳动人民在航运、用水和治水工程方面的高超智慧和杰出才能，为"千年运河"品牌的塑造以及运河文化遗产保护和传承利用提供了原始的实物依据。其次，大运河沿线分布的主要聚落和历史名城、古镇村落等建筑景观，是大运河多元功能的不断演变而逐渐形成的，如沿线的军事功能设施、运河管理和漕运机构等。这些历史遗留下来的古建筑群落为运河文化旅游开发提供了足够的场景空间，同时对于当前运河文化旅游品牌建设也提出了更高的要求。再次，对于大运河非物质文化遗产的保护和活态传承利用，是发

展运河文化旅游的重要历史使命和根本任务,必须采取先进科学的方法和手段对运河沿线地区的非物质文化遗产进行创造性和继承和创新性的开发利用。最后,运河文化旅游品牌的塑造在精神层面上则表现为对运河文脉的挖掘与对运河精神的传承和发扬。大运河贯通中国大地五大水系、串联六大文化高地,其对古今中外劳动人民聪明智慧的集成和地域文化的融合为当前打造文化旅游品牌提供了精神支持,同时也有力地推动运河沿线地区形成了发展共识。

第五节　大运河文化旅游品牌体系建设策略

《大运河文化保护传承利用规划纲要》提出打造"千年运河"品牌的运河旅游发展战略定位,其出发点旨在更好地保护和传承运河历史遗产与运河文化精神,消除大运河作为遗产的"物"与作为主体的"人"之间的边界,使运河文化精神能够代代相传、不断更新。

一、运河文化旅游品牌建设的原则

目前,在大运河历史文化遗产保护的具体工作过程中还存在一系列问题,如大运河沿线涉及的行政区域较多,相关部门比较复杂。目前还没有统一的规划或者法律对大运河相关的管理工作进行协调和规制。因此在实际工作过程中很难实现不同区域、不同部门之间的统一。当前也没有一个统一的、专业化的、多层次的大运河遗产保护和利用、管理组织。学术界对于大运河文化的阐释也没有形成统一的说法,对于大运河文化带沿线地区的文化遗产保护范围也没有形成一个明确的界定。因此,在具体实施大运河文化旅游品牌建设过程中,首先应该明确大运河文化旅游品牌建设的出发点,即运河历史遗产与运河文化的保护传承。基于这一历史使命,运河文化旅游品牌建设应围绕凝聚共识、共谋发展、协同打造和"四个统一"发展原则,即坚持文化旅游品牌共性与沿运地区地域文化个性相统一、文化旅游核心价值与历史遗产资源能力相统一、遗产文化传承与消费者导向相统一、旅游品牌延伸管线与品牌扩张能力相统一。第一,大运河流经多个文化高地,不同地区地域文化内涵丰富。但不同的地域文化之间也存在着共同的文化基因。运河文化旅游品牌建设应充分考虑到不同地区在文化思想上的共性和文化特色上的个性,坚持文化旅游品牌共性与沿运地区地域文化个性相统一。第二,借助媒体等手段对运河文化精神进行传播,有助于使旅游消费者了解运河文化旅游品牌的核心价值。但从本质上来说,运河文化旅游品牌的核心价值并不是传播其概念,而是运河历史文化遗产资源能力。根据运河沿线地区历史文化遗产的分布密度,构建分工有序的协同建设体系。第三,文化传承是遗产责任的重要内容,在遗产价值认知、阐释和再现过程中,相关利益主体应承担其应有的伦理道德责任[1]。运河历史文化遗产的传承利用应遵循文化遗产的原真性和完整性。但在具体的推广和旅游产品营销方面,则可以充分利用文化创新设计寻求与消费者导向一致,使运河文化旅游品牌能够更快、更好地"飞入寻常百姓家"。第四,运河文化旅游品牌作为一种资产,其定位必须具有一定的前瞻性和包容性,能够为文化旅游产品体系建设创设更加合理的时序和发展空间。与此同时,在进行运河文化旅游品牌建设时还应该强调统一的功能性利益,其品牌建设不应该仅针对某一具体的旅游产品,而是应该立足未来运河文化旅游产品和开发项目的共性进行品牌设计,以保证在未来运河文化旅游品牌扩张过程中品牌建设宗旨的稳定性和一致性。

二、运河文化旅游品牌建设的实施路径

《大运河文化保护传承利用规划纲要》提出的打造"千年运河"品牌为当前发展大运河文化旅游明确了具体的要求和方向。在运河文化旅游品牌建设过程中,针对大运河横跨多个行政区域和多个文化高地的空间分布特点,必须对大运河沿线不同的地域文化类型进行深度整合,形成"以线串珠、以珠带线"的联动发展效果,坚持共生、融合与集成发展的品牌建设路径。一是品牌建设的共生,即在运河文化旅游主品牌的建设和引领下,结合地方运河文化旅游特色,建设和形成运河文化旅游的子品牌系列,推动运河文化旅游品牌自成体系、协同共生;二是运河文化旅游品牌建设的融合,包括运河文化旅游时间

---

[1] 张朝枝, 王雄志. 遗产责任批判反思: 基于列维纳斯责任观视角[J]. 遗产与保护研究, 2018, 3(09): 26–32.

上的古今融合与空间上的地域融合；三是将运河文化旅游的主品牌和子品牌进行有效的集成，在优秀传统文化旅游发展的基础上，将文化创意产业的发展成果有效地融入运河文化旅游之中，在更大的空间和层面上拓展运河文化旅游的内容，推动运河文化旅游新产品的业态开发和转型升级。具体而言，建设和打造大运河文化旅游品牌体系应以深化文旅融合为主线，统领沿运河地区全域旅游发展，借助媒体资源，打造多元化的文化传播方式和渠道，大力发展智慧旅游，建设一体化的品牌推广体系，同时加强区域协同，打造国际化的运河文化旅游品牌。

（一）以深化文旅融合为主线促进沿运地区全域旅游发展

第一，文化事业和旅游产业都是推动地方文化旅游产业高质量发展的重要方面。新时代背景下，文旅融合已经成为驱动地方经济发展的重要手段和时代趋势。旅游产业是文化传播的重要途径和载体，文化在旅游产业中的介入、融合进一步丰富了旅游的形式和内容，文旅要素在大运河的传承发展中相得益彰。随着运河旅游的深入开展，运河沿线各地区不同文化脉络相互融合，极大地提升了运河旅游的品质内涵。反之，旅游产业的繁荣复兴进一步彰显了中华民族的文化自信。大运河文化旅游品牌建设以及"千年运河"品牌定位为大运河文旅融合向纵深发展提供了源源不竭的动力。

第二，对于大运河沿线主要城市和地区来说，在制定文旅融合发展战略时应注重加强文旅融合体系培育，促进文化和旅游产业体系的完善，不断提升文旅产业融合治理能力提升，为地方文化事业发展和旅游产业振兴注入新的动能，最终实现国家文化软实力的持续增强。大运河文化旅游品牌建设应遵循"以文促旅，以旅彰文"的时代主题，围绕彰显运河文化主线，将文化、娱乐、教育等多个产业与旅游产业相互融合，跳出传统的运河旅游运营发展模式，将大运河沿岸地区分布的历史名城古镇、村落街区等与都市旅游、乡村旅游进行有机的融合，打造层次鲜明、业态多样、内容丰富的多元化运河文化旅游产品体系。通过对运河文化的深入挖掘，尤其是对运河非物质文化遗产的传承、创新和利用，将厚重的运河历史文化内涵植入现代旅游项目和产品中，注重旅游过程中的文化体验和对运河文化旅游品牌内容的塑造，建立形成运河文化旅游品牌建设的长效机制，从不同的维度满足不同类型旅游消费者的消费需求,为游客创造独特的文化体验。最终在大运河文化旅游品牌的支撑和带动效应下,实现运河沿线地区文化旅游行业的全区域、全要素和全产业链式快速发展。

第三,大运河文化旅游品牌建设应积极探寻文旅融合发展的新空间、新模式、新思路。随着运河文化的推广和广泛传播,运河文化逐渐从"地理空间"走向"文化空间",运河文化所反映的沿线地区古代经济、文化繁荣发展的历史,已经逐渐成为现代社会人们的一种生活方式和遵循的价值。大运河文化旅游品牌建设应围绕运河文化,明确文化与旅游的最佳契合点,不断深化文旅融合发展的成效。随着人们旅游目的地选择倾向的变化,传统的、单纯以自然生态景观为主的旅游目的地已经无法满足游客的现实需求,而那些能够体现文化独特性、鲜活性和多样性的文化场景,对于游客的吸引力和感染力越来越强[1]。优秀传统文化要素的加入为旅游产业的发展注入了新的活力,进一步提升了旅游产品自身的生命力和对游客的吸引力。除此以外,运河文化旅游品牌建设还应该致力于推动文旅产业融合的供给侧改革,积极推动和促进文化产业与旅游、农业、教育、体育等相关产业的融合发展,培育形成区域发展的新的增长点和新的消费市场。

(二)基于媒体资源整合打造多元化的传播方式与传播渠道

首先,运河沿线地区应深入调查和了解地区内所拥有的各类媒体资源,包括传统的电视、电台、报纸等资源,也包括互联网站、数字报纸、杂志、移动网络平台等新兴媒体。围绕大运河文化旅游品牌推介和公众传播宣传建立统一的、权威解读和推广系统,强化不同媒体形式在运河文化旅游品牌内涵和外延推介方面的一致性和稳定性。作为地方政府来说,应在政府门户网站专门开辟运河文化旅游的推介平台,结合运河文化旅游品牌建设的分工和进展情况,从旅游资源整合、历史文化介绍到民俗民风等文化内容的全景展现,通过开设文旅项目推介、节事活动组织等多种方式,对运河文化旅游品牌以及地方特色运河文化旅游产品进行全方位、立体化的推广介绍。

其次,综合应用新兴的网络媒体技术手段和网络社交平台,开展运河文

---

[1] 杨志纯. 推动文旅融合发展从理念走向行动[N]. 中国旅游报, 2019-01-18(003).

化旅游品牌营销，使运河文化旅游品牌真正融入百姓日常生活。实际操作过程中，政府以及相关机构应积极引入和构建互联网电商营销平台，借助新媒体技术开展运河文化旅游形象宣传推广。同时大力推动电子商务、现代物流等衍生产业链的发展，加强运河文化旅游电商队伍的建设。文化旅游相关主管部门应综合应用微博、微信等多种社交网络平台对运河文化旅游进行全覆盖式的推广宣传，运用亲民性内容引导"微博语境"，借助微信、微博等社交网络平台的信息实时交互功能，对运河文化旅游线下节事活动等进行直播报道。除此以外，全面引入社交媒体，借助社交媒体的参与以及影响力，以自媒体方式让游客和居民记录运河文化旅游产业的发展，充分调动社会公众力量，让社会公众既是运河文化旅游的接受者、受益者，同时也成为一个独立的运河文旅品牌的传播者。

再次，在大运河文化旅游品牌塑造和建设过程中，无论是政府及相关主管机构，还是旅游从业者，都应该能够并善于应用新兴媒体技术开展运河文化旅游项目的开发和设计策划，充分发挥现代信息技术优势和新兴媒体的功能优势，创新运河文化旅游产品和项目开发。具体而言，如文化创意企业与旅游企业的合作，通过制作运河文化旅游项目的创意宣传作品，并在运河沿线地区公开展示，拍摄微电影，构建运河文化旅游品牌宣传和营销平台，推动运河文化旅游产品的深度营销和快速传播等。以新媒体为核心的多媒体融合将推动不同文化产品的有机结合，将运河沿线旅游资源、运河文化旅游产品等运河文化载体通过图像、文字、影响等多种展示手段向公众进行推介，同时也有助于加快形成全新的、综合的产业形态，为大运河历史文化遗产资源的全面开发和综合利用，以及文旅产业链条的不断延伸拓展提供更加广阔的空间。

（三）以智慧旅游运用为抓手构建一体化文化旅游品牌推广体系

基于"智能+"开展智慧旅游，是顺应以互联网为核心的现代信息技术发展的时代潮流。智慧旅游是现代旅游产业发展的一种创新形式，其产生和发展的根本动力来源于由旅游者行为模式和需求变化而引发的新技术应用。与此同时，互联网技术、大数据技术、VR等新兴技术在旅游活动中的普及应用，也

第七章 大运河文化旅游发展与品牌体系建设策略研究

引导旅游者旅游行为模式和需求发生了一定的变化[1]。大运河文化旅游品牌建设过程中，通过构建以数字化、网络化、社区化为特征的智慧旅游体系，能够充分利用现代信息技术互联互通的功能优势，实现运河文化旅游品牌的跨时空传播，有效缩短非运河沿线地区与运河文化旅游之间的时空距离，有助于增强外地游客对于运河文化旅游的感性认识和文化认同。以智慧旅游为抓手构建一体化文化旅游品牌推广体系，首先，应通过运河数据信息开发和共享平台实现对运河文化资源信息的实时共享。大运河流经多个行政区域，涉及不同地区的多元文化以及体量巨大沿线历史遗存，保护任务繁重。大运河历史文化资源的保护开发、文化旅游的发展必须通过不同地区之间的相互协作共同实现。这就要求不同地区之间要实现充分的信息共享。运河历史文化资源数据信息的开发包括对运河基础数据的监测、收集和整理，如对运河水文水资源数据的监测、运河沿线地区文化遗产资源保护以及利用状态的搜集整理、运河文化相关研究数据信息的共享等。同时，借助大数据分析实时掌握和了解旅游消费者的消费和旅游行为特征，通过构建虚拟社区和多元数据共享，能够为运河沿线地区加快文化旅游市场建设与完善提供决策基础和智力支持。其次，加强运河文化旅游品牌建设中智慧旅游的应用，应持续健全完善运河智能旅游地图建设和数字化宣传推介系统建设。通过运用移动通信、云计算等现代信息技术手段，创新研发运河智能旅游电子地图系统，打造智能化、高效化、现代化的运河文化旅游宣传服务平台。借助这一平台，游客能够实时了解运河沿线城市和地区的相关信息，通过多媒体互动查询，能够直接获得运河沿线景区的酒店、餐饮等配套公共基础设施和配套资源信息。大运河文化智慧旅游系统能够充分利用智能技术优势，为游客提供专业化、一站式的旅游信息服务，增强用户使用黏性，同时增强运河文化旅游产品和服务竞争力。最后，运河文化智慧旅游系统运用还应加快开发基于互动体验的品牌推广和营销体系。对于大运河沿线地区，在开展运河文化旅游品牌建设过程中，要普及电子化旅游业务，通过满足游客实时的旅游信息获取、旅游产品在线订购等多样化需求，提高客户的旅游满意度。如通过构建运河文化旅游的3D实景展示和全景导游服务体系，融合虚拟

---

[1] 李云鹏,胡中州,黄超,段莉琼. 旅游信息服务视阈下的智慧旅游概念探讨[J]. 旅游学刊,2014,29(05):106-115.

现实技术和仿真技术，增强游客的旅游体验，借助移动终端自助导游系统、网络实时交互等新兴信息技术满足游客个性化、定制化的旅游服务需求等。

（四）围绕文化传播创造与区域协同打造国际化文化旅游品牌

大运河沿线历史文化遗产是全人类共同的宝贵财富，从人类发展历史到优秀传统文化积淀，大运河可以与世界上任何一条河流相媲美。然而，虽然大运河2014年已经成功入选了世界文化遗产名录，但在国际上的知名度和影响力还都比较小。作为一项世界文化遗产，大运河文化旅游应立足人类发展的视角，缩小不同国家和地区文化上的差异，凝聚全世界人类发展的共识。因此，大运河文化旅游品牌建设也应该立足于国际化的视角，推动构建国际化的分工合作体系和服务治理体系，着力打造一批国际化的文化旅游产品和项目，逐步提升大运河文化旅游品牌的国际影响力和国际地位。

一是突破国家地域界限，加强与国际运河城市和国际组织深入合作交流，构建国际化的分工合作体系。运河沿线城市的国际化发展受到区域交通、经济基础等多重因素的综合影响。从大运河遗产保护和文化旅游品牌建设的分工合作体系来看，运河沿线有些城市如北京、天津均属于一线城市，具有深厚的经济基础和便捷的交通优势。有些城市则拥有非常丰富的运河遗产点，如扬州、杭州、苏州等。一线城市以及历史遗产点较为丰富的城市地区应当承担运河文化旅游品牌建设和国际化推广的主要责任。其他城市则应结合地方特色遗产资源以及城市旅游发展定位明确各自的责任。通过合理化分工合作体系共同推进沿运城市地区的国际化进程和水平。

二是基于文化旅游的国际化需求打造推出一批有影响力的国际化产品和文化旅游项目，不断丰富和创新运河文化旅游产品体系。具体操作过程中，运河文化旅游国际化产品的打造应以运河文化遗产旅游价值的深入挖掘为基础，基于国外游客的旅游喜好、消费习惯等调整和优化运河文化旅游产品结构，共同设计和推广运河旅游线路，对运河沿线地区的文化旅游资源进行系统整合和充分利用，在文化旅游产品设计、运河旅游线路规划、运河优秀传统文化活动安排等文化旅游策划设计中突出运河文化共性特征与沿线地区地域文化个性的融合统一，基于区域协同共同推动运河文化旅游产品创新，进一步放大大运河作为世界文化遗产的文旅品牌效应。

三是积极构建运河文化旅游品牌建设的国际化服务与治理体系。运河文化旅游品牌建设需要政府、文化遗产管理机构、旅游部门、社会团体以及文化企业等多方的共同参与和努力。在推动运河文化旅游品牌建设过程中应合理地协调参与各方的相互关系，通过体制机制改革推动运河文化旅游产业发展由过去的政府主导转向市场主导，充分发挥市场在资源配置中的决定性作用，加快推动运河文化旅游的市场化进程。除此以外，还应充分调动社会公众在运河文化传播和文化旅游品牌塑造方面的积极性，通过组织开展多样化的民间交流活动和运河节事节庆活动，夯实运河文化遗产保护、传承与利用的社会基础。

第八章　运河沿岸历史遗存的构成分析与旅游开发适宜性评价

京杭大运河虽然经历了无数朝代变迁，几经淤塞断航复又贯通其流，大运河的光芒与活力从未消失，从封建社会的漕运繁荣，到近现代社会的行洪、航运、灌溉、南水北调、北煤南运等，各方面持续发挥着其功能，在促进中国南北社会经济发展、文化互通交流和民族统一稳定等方面起着关键的作用，具有重要的历史文化遗产价值。作为现存的世界级巨型线性水利文化遗产，京杭大运河贯通了我国东部淮河、海河、黄河、长江和钱塘江五大水系，在绵长的河道和沿岸地区形成了各种各样丰富多彩的文化遗产点，是中国乃至世界上重要的水利工程文化遗产。大运河开凿贯通的早期主要是用于军事目的，但是在正式通航以后对于沿线地区农业的发展也起到了重要的作用，是中国农业社会体系下农业文明技术的伟大成果。在大运河漫长的发展历史过程中，形成了很多先进的水利工程技术。运河水利工程体系主要包括水道工程、水源工程、工程管理以及附属设施工程四个方面。为了能够保障运河河道的畅通并调节水位，运河在长期的发展过程中逐渐建立了完备的运河船闸体系，形成了不同形式的

水利枢纽，建立了水源、供水、泄洪等工程，同时也修建了大量驳岸、码头、斗门、闸坝等工程设施。这些遗留至今的水利工程设施不仅体现了古代劳动人民的勤劳智慧，也蕴含了古代璀璨的农业文明和历史文化。大运河与众多沿岸古建筑、村落、民间艺术等，是我国乃至全世界历史文化宝库中的瑰丽遗产。

第一节　大运河历史文化遗存的构成分析

大运河是与我国万里长城齐名的古代人工工程的壮举，无论是从运河的实用性角度，还是从运河所蕴含的历史文化底蕴角度来说，大运河都是中华民族优秀传统文化和古代文明的杰出代表。随着社会经济的不断发展进步，大运河最原始的漕运功能已经失去了往日的繁华，但其承载的历史文化内涵却随着社会的发展和历史的演进而日益深厚。最近几年，随着国家优秀传统文化的回归和复兴，大运河的文化遗产价值受到政府和社会各界的普遍认可和重视，运河文化遗产的保护开发与传承发展问题成为全面复兴优秀传统文化的重要内容之一。

在联合国教科文组织发布的《保护世界文化和自然遗产公约》最新一版的《操作指南》中，将遗产运河与文化线路列入了世界遗产的新类型，并将其特点概括为"他们代表了人们的迁徙和流动，代表了多维度的商品、思想、知识和价值的互惠和持续不断的交流"[1]。作为一种典型的线性文化遗产，大运河所蕴含的文化遗产价值是难以准确估量的。沿着大运河绵长的线路，分布着无数古城村落、古代建筑、皇家园林以及码头、驿站和各种水工设施等，再加上沿线的山脉、河流、湖泊、植被等自然因素，共同构成了运河线路上丰富多彩的文化元素。另一方面，在多元化、多层次化的文化载体支撑下，运河遗产价值囊括了自然生态价值、建筑工程价值以及非物质文化遗产价值，表现出一种复杂的文化遗产结构。

---

[1] 谢青桐.作为线性文化遗产的中国大运河及其比较研究[J].文教资料，2008（18）：59-62.

一、运河历史文化遗存的分类

大运河从开凿伊始,在数千年的历史变迁和流淌的岁月里,真实地记录着沿线地区劳动人民的实际生活状态,不断积淀形成了独具特色的运河水文化,并遗留下来大量珍贵丰富的历史文化遗产。在众多的历史文化遗产中,既有运河水道水利工程设施、桥梁、码头、古建筑等物质文化遗产,也包括民间传统工艺、民俗民风、文学作品等大量非物质文化遗产。根据《国际运河史迹名录》以及对现有相关资料的查阅和整理,大运河历史文化遗存主要包括如下几类。

(1)运河水利工程遗址:①运河古河道,包括运河主线、支线和城河等;②运河水利工程设施,如船闸、堤坝、堰和堤防等;③运河水源设施,如水柜、泉等;④古代运河管理机构遗存,包括河道管理机构、漕运管理机构、钞关、仓库和造船厂等。

(2)运河航运工程遗产:包括船闸、古纤道、桥梁和运口等。

(3)运河聚落遗产:包括运河沿线分布的各种古村落、古城镇和历史文化街区。

(4)其他运河物质文化遗产:包括运河沿线历朝历代遗留下来的各种古建筑、古遗址、古墓葬以及石刻铸造等。

(5)运河沿线的非物质文化遗产:包括沿线各地区的各种民间习俗、传统民间表演艺术、传统手工艺技能和相关的文学作品等。

二、运河历史文化遗存的构成分析

京杭大运河在空间上横跨了我国南北五大水系,不同的河段都表现出比较明显的自然环境差异。针对不同河段在不通过自然条件下所存在的各种水利问题,在不同的时期和朝代,形成了类型丰富多样的工程结构、建筑形式和不同的管理模式。如前文所述,京杭大运河在长达两千多千米的河道上,可以划分为不同的河段,一般认为,大运河是由通惠河、白河、卫河、会通河、中运河、南河和江南运河、浙东运河组成的,不同的自然河道之间,以及运河与其他天然河流的交汇处,由于存在地形差,必须修筑不同功能的工程设施,进而在运河河道上形成了一些相互独立的水利工程体系。总体来说,运河水利工程

第八章　运河沿岸历史遗存的构成分析与旅游开发适宜性评价

体系主要包括水道工程和水源工程两大主体工程。两大工程包括众多的船闸、堤坝和涵洞等工程设施。京杭大运河的水源工程拥有非常丰富的建筑类型，几乎集中了所有的工程建筑风格，代表了当时中国水利工程技术的最高水平。大运河在运行通航过程中极大地改善了各区域的水环境。对于运河沿线城市地区来说，古运河河道上留存至今的各种水利工程设施是最具历史文化价值的宝贵财富。如坐落于运河河道之上的拦河坝或者船闸，在现代水利工程中其实是非常普通的水工设施，但在古代运河的发展过程中却发挥了巨大的作用。通过拦河坝的连续布置，使通惠河和会通河形成了具有完善的水道节制工程的"闸河"，尤其是绝对爬升高差达30米的会通河济宁段，是17世纪升船机出现之前最具创造力的水工建筑群[1]。

根据运河历史文化遗存的分类，运河历史文化遗存的构成主要可以分为运河水利工程遗产、运河聚落遗产、运河其他物质文化遗产和运河沿线非物质文化遗产。

（一）运河水利工程遗产

大运河水利工程遗产是大运河历史文化遗产的核心和主体。运河水利工程的复杂庞大，建造投入的人力、物力之巨大都是从古至今世界人工运河工程之最。因此，深入了解和把握大运河水利工程遗产的具体结构和发展情况，是客观认知运河遗产价值和现时功能的重要基础。根据《大运河遗产保护管理办法》中的解释定义，运河水利工程遗产是"包括隋唐运河、京杭大运河、浙东运河的水工遗存，各类伴生历史遗存、历史街区村镇，以及相关联的环境景观等"[2]。一般来说，运河水利工程遗产主要是大运河历史遗产中的水利工程部分，如古河道及分布于运河河道上的各种堤坝、船闸等各种古代和近代的水利工程设施、运河相关的各种水利管理建筑、用于祭拜水神的祭祀建筑以及各种水利碑刻等。从大运河河道的分布情况来看，按照自然地理以及运河水系的特点，大运河主要包括通惠河、白河、卫河、会通河、中运河、南河、江南运河

---

[1] 谭徐明, 于冰, 王英华, 张念强. 京杭大运河遗产的特性与核心构成[J]. 水利学报, 2009, 40 (10): 1219–1226.

[2] 中华人民共和国文化部. 大运河遗产保护管理办法[EB/OL]. [2012-8-4]. http://www.gov.cn/gongbao/content/2012/content_2275425.htm.

与浙东运河。目前，除会通河黄河以北段、黄河以南至济宁段以外，其他运河河段基本上处于正常使用的状态，承担着输水、防洪排涝、航运、生态和景观等功能，部分区段如大运河江苏段、运河华北京津冀段等还承担着区域性调水或应急调水任务。除会通河以外，大运河其他河段基本上都被纳入了河段所在地区的防洪排涝系统。大运河最主要的功能是航运，目前大运河济宁以南河段仍然发挥其航运功能，处于全线通航的状态。相比之下，北方地区的运河河段基本上已经失去了其原有的航运功能，仅有部分河段能够允许游船通行。随着部分运河河段航运功能的逐渐退化丧失，运河水利工程对于运河沿线地区的水环境和生态格局改善发挥着越来越重要的作用，沿线部分地区依托运河水系开始打造以运河水生态为核心的旅游景区，运河水利生态景观功能日益凸显。

大运河的开凿营建伴随着各种水工设施和水利工程的建设演变，其发展过程本身是中国古代水工技术的历史见证。按照大运河的具体功能来分，传统的大运河水利工程体系主要包括航道工程、水源工程、防洪工程、水量节制和通航工程等。为了能够满足大运河的各种功能，运河河道上修建了大量堤坝、船闸、桥涵、渠道和水柜等水利工程设施，囊括了各种传统的水利工程形式。截至目前，大运河河道以及两岸遗留至今的多数古代水利工程设施都已经丧失了其原有的功能，但却成为水利工程史和中华民族史上遗留下来的宝贵财富。根据相关调查统计显示，目前大运河上遗留下来的主要水利工程遗产有122项，基本上保留了设施原貌的设施有40项，52项仍然发挥着水利枢纽和防洪排涝等水利功能。

（二）运河沿线地区聚落遗产

大运河流淌千百年，带动了沿线地区的经济繁荣和稳定发展。随着运河漕运的繁荣，其周边地区人民的生活日益稳定，在长期的历史发展中逐渐形成了一大批的聚落村庄。不同地区所形成的运河聚落在发展规模和发展程度上都有较大的差异性，同时也存在一定的内在联系和相似性。经过无数朝代的变迁和更替，沿运地区有些历史名城古镇未能遗留至今，但也有些城镇聚落在岁月的长河中得以留存。这些地区的居民世世代代靠运河而生，凭借着自己的聪明智慧和勤劳的双手打造自己的家园，在长期的历史积淀中逐渐形成了深厚的历史底蕴和特色文化。运河聚落的兴衰演变和大运河的发展存在密切的关联性。

第八章 运河沿岸历史遗存的构成分析与旅游开发适宜性评价

不同的历史时期，运河沿线地区的聚落形态、规模和发展程度，与运河的疏通、地区经济的发展繁荣、运河漕运等息息相关，其形成和发展过程在很大程度上受到运河经济和文化发展的影响。

运河航运历史悠久，在绵长的河道和航运线路上，分布着大大小小各种运河管理机构和附属设施，且呈现出明显的集群分布特征。管理结构、水利工程设施的集聚带动了人口的聚集，进而围绕运河沿线一些核心设施和机构形成了村庄聚落和城镇。

运河聚落遗产从具体构成上来说主要包括运河水利水运工程遗产、沿线街道水巷等历史街区、文物建筑和历史建筑、运河聚落景观遗产以及非物质文化遗产等。运河聚落遗产以水利、水运工程遗产为主，坐落于运河之上的各种古代水利、水运工程是最能够体现大运河历史价值和历史地位的宝贵遗产，是与大运河发展史息息相关的最具普遍价值的历史遗存。此外，那些能够体现中国古代独特水利、水运制度和运河文化的运河附属遗存，也是运河聚落遗产的重要组成部分。

首先，运河聚落文化遗产的核心组成部分是运河之上的各种水利、水运工程遗产。这些遗留至今的各种水工设施是运河运作体系的关键内容，同时也是运河聚落保护的主要对象。运河水利、水运遗产主要包括河道、水工设施和古运河配套的管理机构等。古运河河道包括运河正河和各种支线运河。古运河河道是大运河的最基础工程，具有极为丰富的历史价值和重要地位，凝聚了我国古代劳动人民的智慧和勤劳。从工程技术的角度来说，古运河河道的选址和建设都代表了古代水利技术的最高水平，具有较高的科学价值。水利水运工程设施是维持大运河正常通航和各种水利功能的基础，包括船闸、堤坝、桥梁、码头以及相关的附属设施等。在漫长的岁月变迁中，随着运河航道的发展演变，布置于运河之上的各种水工设施渐趋集群化。这些设施在古代运河水利、通航过程中发挥着重要的支撑作用，同时也是古代水工技术发展演变的历史见证，对于现代水利工程发展以及水利科学史的研究都具有非常重要的意义。古运河的配套设施和管理机构等主要是指那些河道管理机构、漕运管理机构和钞关、仓库等。这些配套设施反映了当时运河修建以及使用的整个历史过程，包括漕运制度政策的发展演变，同时也反映了运河两岸居民的生产、生活方式，具有一定的独特性和代表性。

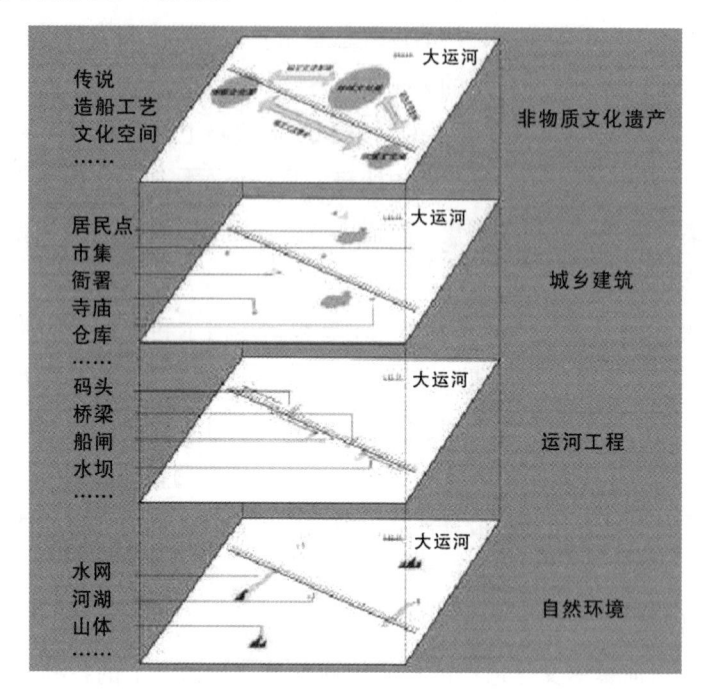

图8-1 大运河聚落遗产结构[1]

（三）运河沿线历史街区和建筑物遗产

运河沿线地区分布着众多著名的历史古街和城镇水巷。这些古街区的建设、发展变迁与运河的发展演变之间存在着密切的关系。运河沿线地区的历史街区主要包括那些具有历史价值，同时又与运河密切相关的城市节点、滨河街区和建筑群落等[2]。在这些古老的历史街区中，分布着古代遗留至今的各种丰富的历史遗存、民居民宅等，记录了运河聚落中最为普遍的民居生活，经过千百年的积累沉淀，逐渐形成了具有运河水乡特色的历史文化。大运河的开凿贯通为沿线地区的经济繁荣和社会发展提供了重要的支撑，同时也促进了沿线地区人口和城镇村落的发展。人口的区域性集聚和发展促进了地方特色文化的形成，并借助运河航运实现了向其他地区的传播，不同地区之间的文化交流得

---

[1] 黎培杨.中国大运河聚落遗产保护规划研究[D].北京建筑工程学院,2012.

[2] 国家文物局水下文化遗产保护中心.大运河遗产保护规划编制第一阶段要求研究[EB/OL].[2010-9-29]. http://english.cach.org.cn/art/2010/9/29/art_498_3609.html.

第八章　运河沿岸历史遗存的构成分析与旅游开发适宜性评价

到了扩大和加强。运河聚落的发展过程中，沿线地区经济和文化的功能日益突出。分布于运河沿线聚落的各种历史街区拥有非常久远的历史，很多街区还保留着原有的风貌格局，蕴含丰富的人文价值和历史文化价值。

除了沿线分布的著名历史街区以外，一些具有典型风貌的历史建筑物也是大运河遗留给我们的宝贵财富。这些富含历史意义的典型建筑物遗产见证了大运河的发展历史和沿线地区居民的经济、文化生活，体现了整个大运河在物质生产、生活方式、思想观念、风俗习惯和社会风貌等方面的丰富内涵和发展变化过程。同时，这些经过千百年岁月洗礼的历史建筑在结构、造型和装饰等方面体现了一种古典美和形式美，具有极高的艺术价值。在运河经济繁荣发展的带动下，运河两岸造就了极为丰富的人文景观、园林景观和城市景观，形成了独特的运河建筑文化。遗留至今的众多运河古代建筑，反映了我国古代先进的科学技术水平和建筑水平，是运河聚落风貌格局和传统历史文化的传承。

（四）运河其他文化遗产

运河其他文化遗产主要是指那些构成不同历史风貌的环境景观遗产、物质文化遗产和非物质文化遗产。运河其他文化遗产包括运河沿线地区历史街区中遗留下来的各种古树名木、古井、街巷牌坊等环境景观要素，以及与大运河相伴而生、并沿用至今的民间俗语、戏曲艺术、音乐舞蹈、民间故事、民俗民风、神话传说等。这些历史文化要素同样见证了大运河历史发展和演变的过程。大运河沿线的一些景观环境在一定程度上反映了景观所在地区的社会环境和人文环境，也是运河文化衍生发展的决定性因素之一。大运河的发展变迁以及沿线地区社会结构、居民生活的演变，与周边的景观环境相互影响，共同统一于运河生态系统，为沿线地区提供生态服务功能。运河沿线景观环境为运河两岸历史街区、村落古镇、水工设施等遗产的形成提供了背景环境，同时也是构成运河传统风貌和历史格局的重要内容之一。运河非物质文化遗产是大运河从开凿贯通，到历朝历代的发展演变，与大运河相伴相生并流传至今的各种非物质形态的文化遗产，这些非物质文化遗产是运河发展历史上沿线地区劳动人民长期劳动过程中创造的优秀成果，反映了不同时期沿运地区的生产力状况、科学技术发展情况等。如在运河开凿和通航过程中应用到的水利技术、建筑技术等，一些民间的工艺、戏曲、民俗等，都是中华民族劳动人民智慧创造的结果，也是运河文化的重要组成内容。这些非物质文化能够体现一定时期沿运地区的社会组织结构和人民生活方式、信仰观念等，还反映了沿运地区不同的地域文化，是运河沿线不同地区文化差异性的集中体现。

第二节 运河沿线城市旅游竞争力分类比较与评价

在全球经济快速发展的带动下，旅游业已经逐渐发展成为第三产业中的朝阳产业。根据相关调查的统计数据显示，旅游业每年的总产值和年增长速度都远高于其他产业。另一方面，旅游业的发展也有助于带动地方经济发展、缓解地区劳动就业紧张局面和提升区域知名度，被称为"无烟产业""绿色产业"。随着国内旅游产业的蓬勃发展，我国不同城市地区之间的旅游竞争也日益加剧。各地区基于自身的地方特色大力发展旅游产业，将旅游业作为地区经济发展的重点领域。京杭大运河沿线城市旅游业是全国旅游产业发展中的一个特色鲜明的竞争主体。目前，京杭大运河沿岸城市地区在发展旅游业过程中仍然存在一定的问题，不同城市之间经济发展水平差异悬殊，尤其是一些经济发展相对较为滞后的城市，尚未形成明确的旅游资源开发目标和发展战略。运河沿线不同城市之间的运河旅游产品趋同现象比较严重，区域之间无法形成有效的协调和联动发展。这些问题都在很大程度上制约了大运河沿线城市整体旅游竞争力的提升。大运河旅游是展示大运河悠久历史与运河精神，传承运河文化的重要途径。面临激烈的旅游竞争形势，运河沿线城市地区必须注重区域旅游的协调发展，充分整合区域间旅游资源，集中力量打造独具特色和吸引力的旅游资源，利用全局发展的规模经济、范围经济以及地方特色资源实现差异化竞争，不断提升运河旅游的整体竞争优势和沿线城市旅游业的吸引力。

一、运河沿线城市旅游竞争力评价指标体系

（一）运河沿线城市旅游竞争力评价要素构成

目前，国内外有关城市旅游竞争力评价因素的理论研究过程相对已经比较成熟。基于前人研究成果，在此选择城市经济发展水平、旅游行业竞争力、

第八章　运河沿岸历史遗存的构成分析与旅游开发适宜性评价

环境质量水平以及城市服务水平对城市旅游竞争力进行综合衡量和分析。

1.城市经济发展水平

区域经济发展水平是发展城市旅游产业的基础。旅游业的发展水平以及发展速度在很大程度上受到城市经济发展水平的影响和制约。旅游业是第三产业的重要组成部分，与所在地区的经济增长是相辅相成。根据目前衡量城市经济发展水平的常用方法，一般采用GDP、人均GDP、人均可支配收入、第三产业增加值以及占GDP比重等指标来反映区域经济发展水平和发展速度。上述指标越高，所反映地区的经济基础越好，旅游产业的市场化程度越高，越有利于旅游产业的发展。

2.旅游行业竞争力

旅游行业竞争力是反映城市旅游竞争力的直接因素。旅游行业的竞争力具体包含旅游资源的数量、质量以及稀缺程度等多个方面，直接影响城市旅游景区对游客的吸引力。如大运河沿线城市和地区所拥有的高级别景区越多，景区越集中，那么就说明这些城市、地区的旅游资源品位、层次越高，对游客的吸引力越强，旅游行业竞争力也相应越高。此外，一个城市和地区的旅游收入水平和游客人数等能够在一定程度上反映该地区旅游市场的饱和程度。旅行社以及星级酒店的数量能够反映地区的旅游接待能力。这些指标水平的高低能在很大程度上反映城市和地区的旅游行业竞争力。

3.环境质量

环境因素是影响地区旅游业发展的重要因素。良好的城市自然生态环境和人文环境是城市发展旅游产业的先决条件。具体而言，衡量一个城市或地区的环境质量可以通过该地区的公园绿地面积、城镇污水集中处理率、生活垃圾无害化处理率以及空气质量达标天数等指标来反映。在舒适的自然生态环境下，游客能够获得一种愉快的身心体验，从而形成对地区旅游的黏性。人文环境的改善，尤其是富有浓郁历史文化气息的景区，能够给人一种心灵的启迪和教化效果，提高游客对景区文化的认同度和满意度。

4.城市服务水平

城市服务水平包括多方面因素，如城市交通、餐饮、住宿、医疗保障等。城市服务水平主要影响游客到景区观光游览的便利程度以及人们生活出行的方方面面。对城市服务水平的衡量和量化主要通过住宿餐饮业零售额占GDP比重、旅游总运量、医院数量及床位数等具体指标来反映。通过这些指标的量化也能够从侧面反映当地旅游市场的规模，为加快城市旅游基础设施建设、提升城市旅游竞争力提供参考。

二、运河沿线城市旅游竞争力评价指标体系构建

城市旅游竞争力是一个复杂的概念，所涉及的范围和内容都比较广泛，是反映城市旅游潜力的一种综合性的能力，包括经济、社会、环境等多方面的因素。所谓旅游竞争力大小，是一个相对的概念，是一种以旅游业客观发展状况和发展水平为基础，以未来旅游产业发展潜能为有效支撑的能力。具体到运河沿线城市旅游竞争力的评价，可以选择适当的评价指标，通过构建旅游竞争力评价指标体系对运河沿线城市的旅游产业发展情况和发展潜力进行分析。

（一）构建评价指标体系应遵循的原则

为了保证评价指标体系的客观和评价结果的真实性、准确性，在具体选择评价指标构建旅游竞争力评价指标体系时应遵循一些基本的准则。

1.科学性

科学性是进行任何理论研究和分析时都必须遵守的基本原则。在选择评价指标、构建评价指标体系时应以科学理论为指导，以客观实际为基础。所构建的评价指标体系应能够全面、客观、准确地反映评价对象的真实情况。除此以外，在选择评价指标时应注意尽量精简、客观，尽量避免主观因素对评价指标量化和评价结果产生影响，导致评价结果失真。

2.系统性

评价对象的复杂程度决定了评价指标体系的复杂程度。城市旅游竞争力是一个复杂的系统能力，影响因素较多。因此，在构建旅游竞争力评价指标体系时，必须充分全面的考虑到旅游竞争力系统的影响因素，包括直接影响因素和间接影响因素，突出所选择指标的代表性。在具体构建大运河沿线城市旅游竞争力评价指标体系时，应注意区分所选择指标的层次性，按照指标对旅游竞争力影响程度的大小进行分类，体现评价指标体系的系统性和层次性。

第八章　运河沿岸历史遗存的构成分析与旅游开发适宜性评价

3.评价指标的可得性和可比性

所选择的评价指标从数据的获取方面应具有较好的可得性，以避免在具体指标量化工作中增加难度，具体数据应能够从一些官方网站或者是权威数据库中获得。评价指标的可比性强调具体指标在进行量化以后应能够相互比较，能够反映不同指标在不同时间和空间上的差异性。

（二）运河城市旅游评价指标体系构建

随着国内外旅游市场的日益繁荣和旅游业竞争形势的不断加剧，各地区为了能够有效地发挥旅游产业带动地方经济发展的作用，更好地满足旅游消费者多样化、个性化的需求，都致力于不断提升区域旅游的竞争力水平，努力提升城市旅游在国内外旅游市场的知名度。如前文所述，城市旅游竞争力水平是涵盖城市经济发展水平、环境质量和城市服务水平等多方面因素的综合性能力。因此，在构建运河城市旅游竞争力评价指标体系时，所选择的评价指标应能够全面系统地反映城市旅游竞争力，不仅要能够反映运河城市当前的旅游业发展水平，还应该能够对城市未来旅游业发展潜力和能力进行有效的预测。

综上所述，针对运河沿线城市旅游业发展的实际情况，参照前人构建的城市旅游竞争力评价指标体系，构建运河沿线城市旅游竞争力评价指标体系如表8-1所示。

表8-1　运河城市旅游竞争力评价指标体系

一级指标	二级指标	三级指标	单位
运河城市旅游竞争力 A	城市经济发展水平 B_1	B_{10}：地区生产总值	亿元
		B_{11}：人均地区生产总值	元
		B_{12}：城镇居民人均可支配收入	元
		B_{13}：第三产业增加值占GDP比重	%
	旅游业竞争力 B_2	B_{20}：国家A级景区个数	个
		B_{21}：国内旅游人数	万人次
		B_{22}：入境旅游人数	万人次
		B_{23}：国内旅游收入	亿元
		B_{24}：旅游总收入	亿元
		B_{25}：旅游外汇收入	万美元
		B_{26}：旅游总收入占GDP比重	%
		B_{27}：旅行社数量	个
		B_{28}：星级宾馆个数	个
		B_{29}：运河沿岸景点个数	个
	环境质量 B_3	B_{30}：公园绿地面积	公顷
		B_{31}：城镇污水集中处理率	%
		B_{32}：城镇生活垃圾无害化处理率	%
		B_{33}：空气质量达标天数	天
	城市服务水平 B_4	B_{40}：住宿餐饮业零售额占GDP比重	%
		B_{41}：旅客总运量	万人
		B_{42}：公共汽车运营车辆	辆
		B_{43}：出租汽车运营车辆	辆
		B_{44}：医院、卫生院床位数	张

三、运河沿线城市旅游竞争力分析方法选择

综合借鉴前人研究成果，目前可用于旅游竞争力分析的方法主要有主成分分析法和聚类分析法两类。

第八章　运河沿岸历史遗存的构成分析与旅游开发适宜性评价

（一）主成分分析法

主成分分析法又称为主分量分析法，其宗旨是通过降维处理简化数据集，是一种线性变换的统计方法，通过正交变换将一组可能存在相关性的变量转换为一组线性不相关的变量，转换后得到的变量即主成分。这种方法主要适用于多变量问题。对于变量太多的实际问题，在进行定量分析时分析过程过于复杂。因此，人们希望在分析一些具体的问题时，能够通过更少的指标变量获得更多的信息。主成分分析法的降维处理能够在保持变量总方差不变的情况下得到少数的主成分变量，主成分变量之间互不相干，且最大程度地保留了原始变量的信息，最终使分析指标简单化、直观化。应用主成分分析对运河沿线城市的旅游竞争力进行分析，其具体操作步骤如下：

现假设存在 m 个城市，选择确定 p 个评价指标对各城市的旅游竞争力进行衡量，构建评价样本矩阵：

（1）借助计量分析软件对原始指标数据进行标准化处理；

（2）对标准化处理后的样本数据，计算各指标的相关矩阵 $\boldsymbol{R}$；

（3）构建雅可比矩阵计算相关矩阵 $\boldsymbol{R}$ 的特征值 λ；

（4）选用判定准则对主成分变量分数进行确定，在此以"特征根植大于或等于1，或者方差累计贡献率大于75%"作为判定准则；

（5）根据主成分载荷矩阵，对那个主成分变量的含义进行分析说明；

（6）根据主成分变量的得分值，利用计量分析软件的"Transform"功能下的"Computer Variable"功能，对各因子对应的主成分得分进行计算并排序；

（7）计算最后的旅游竞争力综合得分值，具体公式如8.1、8.2所示。

$$Y_i = \frac{X_i - \overline{X}}{S} \tag{8.1}$$

$$\overline{X} = \frac{1}{n}\sum_{i=1}^{n} X_i \tag{8.2}$$

其中

$$S = \sqrt{\frac{1}{(n-1)}\sum_{j=1}^{n}(X_i - \overline{X})^2} \tag{8.3}$$

$$F_i = [fac(n)-1] \times sqr(K_i) \quad i = 1,2,3,\cdots,n \tag{8.4}$$

式中，X_i 表示各项指标的初始值；$\bar{X}$ 为各项指标初始值的平均值；Y_i 表示对各项指标进行标准化处理以后得到的指标数值；S 表示各项指标的初始值的标准差值；n 为观察样本的个数。式中 F_i 表示的是主成分变量的得分值，$fac(n)-1$ 表示的是 n 个未旋转因子的得分值，$sqr(K_i)$ 表示主成分特征根的平方根。

（二）聚类分析法

聚类分析法也是一种理想的多变量统计方法，也称为群分析或点群分析方法。聚类分析法又包括分层聚类法和迭代聚类法两种。聚类分析法的基本思路是通过建立分类，在没有先验知识的情况下，将一些样本或者变量数据根据其各自的特征，按照在性质上的亲疏程度进行自动分类。被研究的样本或者指标变量之间存在程度不同的相似性，这种相似性就是所谓的亲疏关系，通常以样本间距离来衡量。根据一批样本的多个观测指标，能够具体找出一些能够度量样本或指标之间相似程度的统计量，以这些统计量作为依据对样本或变量及逆行分类，将一些相似度较高的样本或指标聚合为一类，其他样本或指标聚合为另一类，一直到将所有的样本或指标聚合完毕。

在聚类分析中，聚类要素的选择是非常重要的，直接影响到分类结果的准确性和可靠性。在地理分类和分区问题研究中，被聚类的对象通常是由多个要素构成的。不同要素的数据往往具有不同的单位和量纲，其数值的变异可能会比较大，对于分类结果将会产生非常明显的影响。因此，在确定了具体的分类要素以后，在进行聚类分析之前，首先要对聚类要素进行数据处理。假设有 m 个聚类的对象，每一个聚类对象都由 n 个要素构成，它们所对应的要素数据如表8-2所示。

表8-2 聚类要素与要素数据

聚类对象	要素
	$x_1 \quad x_2 \quad \cdots, \quad x_j \quad \cdots, \quad x_n$
1	$x_{11} \quad x_{12} \quad \cdots, \quad x_{1j} \quad \cdots, \quad x_{1n}$
2	$x_{21} \quad x_{22} \quad \cdots, \quad x_{2j} \quad \cdots, \quad x_{2n}$
$\vdots$	$\vdots \quad \vdots \quad \vdots \quad \vdots \quad \vdots$
i	$x_{i1} \quad x_{i2} \quad \cdots, \quad x_{1j} \quad \cdots, \quad x_{1n}$
$\vdots$	$\vdots \quad \vdots \quad \vdots \quad \vdots \quad \vdots$
m	$x_{m1} \quad x_{m2} \quad \cdots, \quad x_{mj} \quad \cdots, \quad x_{mn}$

第八章 运河沿岸历史遗存的构成分析与旅游开发适宜性评价

在聚类分析中，比较常用的聚类要素的数据处理方法主要包括如下几种：

（1）总和标准法

总和标准化法是分别求出各聚类要素所对应的数据的总和，以各要素的数据除以该要素的数据的总和，即

$$x'_{ij} = \frac{x_{ij}}{\sum_{i=1}^{m} x_{ij}} (i=1,2,\cdots,m; j=1,2,\cdots n) \tag{8.5}$$

利用总和标准法计算得到的新数据满足

$$\sum_{i}^{m} x'_{ij} = 1 (j=1,2,\cdots,n) \tag{8.6}$$

（2）标准差标准法

$$x'_{ij} = \frac{x_{ij} - \overline{x_j}}{s_j} (i=1,2,\cdots,m; j=1,2,\cdots,n) \tag{8.7}$$

标准差标准法所得到的新数据，各要素的平均值为0，标准差为1，即有

$$\overline{x_j} = \frac{1}{m} \sum_{i}^{m} x'_{ij} = 0 \tag{8.8}$$

$$s_j = \sqrt{\frac{1}{m} \sum_{i}^{m} (x'_{ij} - x'_j)^2} = 1 \tag{8.9}$$

（3）极大值标准化

$$x'_{ij} = \frac{x_{ij}}{\max_i (x_{ij})} (i=1,2,\cdots,m; j=1,2,\cdots,n) \tag{8.10}$$

经过极大值标准化法处理后所得到的数据，各要素的极大值为1，其余各数值小于1。

（4）极差的标准化

$$x_{ij} = \frac{x_{ij} - \max_i \{x_{ij}\}}{\max_i \{x_{ij}\} - \min_i \{x_j\}} (i=1,2,\cdots,m; j=1,2,\cdots,n) \tag{8.11}$$

经过极差的标准化法进行数据处理后得到的新数据，各要素的极大值为1，极小值为0，其余的数值均在0和1之间。

四、运河沿线城市旅游竞争力量化与比较分析

京杭大运河南起余杭，北至涿郡，全长1794千米，是我国乃至世界历史上人工运河工程的壮举，也是遗留至今与万里长城齐名的伟大人文工程。从古至今，大运河贯穿南北多个省市地区，跨越黄河、淮河、海河、长江与钱塘江五大水系，在防洪排涝、农业灌溉、军事、政治、经济等多个方面都发挥了巨大的作用，对于运河沿线地区工农业经济的发展和南北地区文化交流都具有显著的影响。从空间分布上来看，主要包括以下七段：从北京东便门大通桥至通州区卧龙桥的通惠河、通州至天津的北运河（白河）、天津至临清的南运河、临清至台儿庄的鲁运河、台儿庄至淮安的中运河、淮安至瓜州的里运河、镇江至杭州的江南运河。

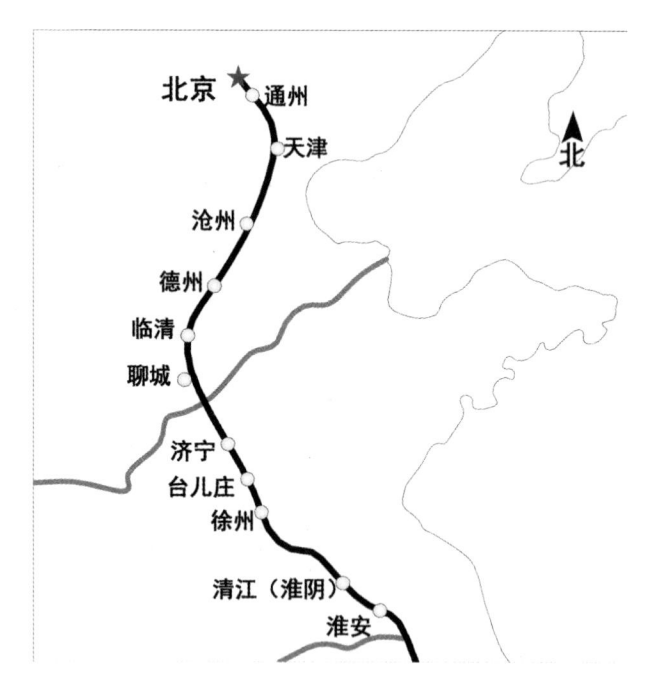

图8-2　京杭大运河空间地理分布

（图片来源：https://www.chinanews.com/gn/2014/06-22/6307105.shtml）

（一）运河沿线城市旅游竞争力量化

根据大运河空间地理分布情况，运河沿线主要城市地区具备发展旅游业

第八章 运河沿岸历史遗存的构成分析与旅游开发适宜性评价

的先天条件和优势。这些城市历史悠久，拥有非常丰富的运河旅游资源和历史文化底蕴，具有典型的地域代表性。为了对运河沿线地区旅游业发展情况以及旅游竞争力进行比较分析，在此选择如图8-2所示的运河沿线14个主要城市作为研究对象，相关统计数据主要来源于历年《中国城市统计年鉴》、《国民经济和社会发展统计公报》《中国旅游统计年鉴》以及各城市旅游局官方网站等。

1.数据处理

对于统计得到的各城市原始数据，首先利用统计分析软件stata15.0对初始数据进行标准化处理，以消除变量对水平和维度产生的影响。对标准化处理后的数据进行主成分分析，根据主成分分析的最终解计算运河沿线各主要城市旅游竞争力的变量共同度如表8-3所示。

表8-3 指标变量的共同度

序号	指标变量	变量共同度	提取的主成分
1	B_{10}：地区生产总值	1.00	0.889
2	B_{11}：人均地区生产总值	1.00	0.923
3	B_{12}：城镇居民人均可支配收入	1.00	0.947
4	B_{13}：第三产业增加值占GDP比重	1.00	0.896
5	B_{20}：国家A级景区个数	1.00	0.798
6	B_{21}：国内旅游人数	1.00	0.864
7	B_{22}：入境旅游人数	1.00	0.934
8	B_{23}：国内旅游收入	1.00	0.921
9	B_{24}：旅游总收入	1.00	0.991
10	B_{25}：旅游外汇收入	1.00	0.896
11	B_{26}：旅游总收入占GDP比重	1.00	0.874
12	B_{27}：旅行社数量	1.00	0.886
13	B_{28}：星级宾馆个数	1.00	0.853
14	B_{29}：运河沿岸景点个数	1.00	0.821
15	B_{30}：公园绿地面积	1.00	0.864
16	B_{31}：城镇污水集中处理率	1.00	0.902

续表

序号	指标变量	变量共同度	提取的主成分
17	B_{32}：城镇生活垃圾无害化处理率	1.00	0.934
18	B_{33}：空气质量达标天数	1.00	0.945
19	B_{40}：住宿餐饮业零售额占GDP比重	1.00	0.867
20	B_{41}：旅客总运量	1.00	0.937
21	B_{42}：公共汽车运营车辆	1.00	0.909
22	B_{43}：出租汽车运营车辆	1.00	0.867
23	B_{44}：医院、卫生院床位数	1.00	0.894

根据表8-3对各城市主要指标变量共同度的计算结果可知，评价指标体系的原始变量共同度基本都在80%以上，表明所提取主成分基本上包含了大部分原始指标变量的数据信息，在很大程度上解释各指标变量，主成分分析模型适用。如表8-4所示为对各城市旅游竞争力原始指标的方差分解主成分提取分析表。

表8-4　各城市旅游竞争力原始指标的方差分解主成分提取分析表

主成分	初始特征值			提取平方和载入		
	特征值	方差的%	累积%	特征值	方差的%	累积%
1	19.301	65.263	65.263	19.301	65.263	65.263
2	10.122	15.719	80.982	10.122	15.719	80.982
3	3.628	5.015	85.997	3.628	5.015	85.997
4	1.004	2.065	88.062	1.004	2.065	88.062
5	0.957	1.833	89.895			
6	0.806	1.558	91.453			
7	0.732	1.334	92.787			
8	0.701	1.091	93.878			
9	0.663	0.992	94.870			
10	0.641	0.835	95.705			
11	0.530	0.813	96.518			
12	0.492	0.782	97.300			
13	0.404	0.759	98.059			

续表

主成分	初始特征值			提取平方和载入		
	特征值	方差的%	累积%	特征值	方差的%	累积%
14	0.308	0.707	98.766			
15	0.281	0.642	99.408			
16	0.135	0.457	99.865			
17	0.006	0.135	100.000			
18	2.158E-17	2.006E-16	100.000			
19	1.068E-16	3.246E-16	100.000			
20	−6.934E-15	3.198E-15	100.000			
21	−5.497E-18	−2.247E-17	100.000			
22	−5.634E-18	−2.671E-17	100.000			
23	−4.391E-16	−1.998E-16	100.000			

根据表8-4所示结果以及前述"特征根植大于或等于1，或者方差累计贡献率大于75%"的判定准则，在城市旅游竞争力原始指标中提取前四个因子作为主成分变量，四个主成分变量的劣迹贡献率达到88.062%，基本上能够涵盖大部分原始指标变量的信息，因此可以作为代表变量反映运河沿线城市综合旅游竞争力水平。以这四个主成分变量代表初始全部指标变量，对原始数据进行精简，构建主成分变量的初始因子载荷矩阵如表8-5所示。

表8-5　主成分变量的初始因子载荷矩阵

序号	指标变量	主成分变量			
		F_1	F_2	F_3	F_4
1	B_{10}：地区生产总值	0.935	−0.072	0.033	0.058
2	B_{11}：人均地区生产总值	0.801	0.520	0.203	0.192
3	B_{12}：城镇居民人均可支配收入	0.793	0.403	0.011	0.253
4	B_{13}：第三产业增加值占GDP比重	0.823	−0.248	0.222	−0.239
5	B_{20}：国家A级景区个数	0.734	0.347	0.335	0.318
6	B_{21}：国内旅游人数	0.729	0.469	0.207	0.309
7	B_{22}：入境旅游人数	0.801	0.154	0.125	0.144
8	B_{23}：国内旅游收入	0.701	0.490	0.252	0.244

续表

序号	指标变量	主成分变量 F_1	F_2	F_3	F_4
9	B_{24}：旅游总收入	0.695	0.402	0.508	0.290
10	B_{25}：旅游外汇收入	0.718	0.286	0.267	0.279
11	B_{26}：旅游总收入占GDP比重	0.651	0.510	0.352	0.346
12	B_{27}：旅行社数量	0.847	0.452	−0.256	0.307
13	B_{28}：星级宾馆个数	0.828	0.138	−0.106	0.126
14	B_{29}：运河沿岸景点个数	−0.721	0.496	0.242	0.234
15	B_{30}：公园绿地面积	0.714	0.402	0.089	0.282
16	B_{31}：城镇污水集中处理率	0.739	0.578	0.258	0.271
17	B_{32}：城镇生活垃圾无害化处理率	0.667	0.617	0.348	0.342
18	B_{33}：空气质量达标天数	−0.663	0.455	0.646	0.375
19	B_{40}：住宿餐饮业零售额占GDP比重	0.821	0.203	0.180	0.195
20	B_{41}：旅客总运量	0.641	0.472	0.282	0.375
21	B_{42}：公共汽车运营车辆	0.636	0.402	0.167	0.312
22	B_{43}：出租汽车运营车辆	0.654	0.309	0.293	0.303
23	B_{44}：医院、卫生院床位数	0.897	0.441	0.284	0.381

根据表8-5所示，在主成分变量F_1上，除运河沿岸景点个数、空气质量达标天数以外，其余指标都具有较高的载荷，主要反映运河沿线城市的经济发展水平、城市旅游业竞争力以及城市配套服务水平；主成分F_2在城镇污水集中处理率、城镇生活垃圾无害化处理率指标上具有较高的载荷，主要反映城市环境质量水平；主成分变量F_3在旅游业总收入和空气质量达标天数指标上具有较高的载荷，主要反映城市旅游业竞争力和环境质量水平；主成分变量F_4在指标旅客总运量、公共汽车运营车辆数、出租汽车运营车辆数、医院和卫生院床位数上具有较高的载荷，主要反映了运河沿线主要城市的城市配套服务水平。根据主成分变量的初始因子载荷矩阵，对大运河沿线主要城市的综合得分以及排名进行计算，得到表8-6。

第八章 运河沿岸历史遗存的构成分析与旅游开发适宜性评价

表8-6 大运河沿线主要城市旅游竞争力综合排名

城市	F_1 得分	名次	F_2 得分	名次	F_3 得分	名次	F_4 得分	名次	F 综合得分	名次
北京	2.98	1	0.37	4	0.17	8	2.10	1	2.40	1
天津	1.02	2	0.06	6	1.20	5	0.60	2	1.38	2
沧州	−0.23	6	0.58	3	−0.29	10	−0.04	6	−0.86	14
德州	−0.89	14	3.20	1	−1.02	13	−0.14	8	−0.78	12
聊城	−0.53	11	0.32	5	−1.19	14	−0.30	9	−0.78	12
泰安	−0.49	9	0.04	7	1.15	4	−0.34	10	−0.74	11
济宁	−0.32	7	2.94	2	1.96	1	0.00	5	−0.53	9
枣庄	−0.59	12	−1.10	13	−0.79	11	−0.57	13	−0.65	10
徐州	−0.16	5	0.03	8	−0.16	9	−0.10	7	−0.27	6
淮安	−0.48	8	−0.62	10	−0.91	12	−0.41	11	−0.19	5
扬州	−0.54	10	−0.79	12	1.67	3	−0.53	12	−0.34	7
镇江	−0.59	13	−1.35	14	1.01	7	−0.68	14	−0.53	9
苏州	0.67	4	−0.73	11	1.74	2	0.06	4	0.46	4
杭州	0.89	3	0.01	9	1.10	6	0.35	3	1.23	3

根据表8-6所示运河沿线主要城市旅游竞争力综合得分排名，利用主成分变量的得分值与未旋转初始因子得分值计算14个城市在四个主成分上的得分，再根据各个主成分的贡献率计算主成分综合得分，最终能够得到运河沿线14个城市的旅游综合竞争力水平。如图8-3为应用stata15.0进行Q型层次聚类分析以后，根据旅游竞争力综合得分得出的运河沿线主要城市旅游竞争力树状图。

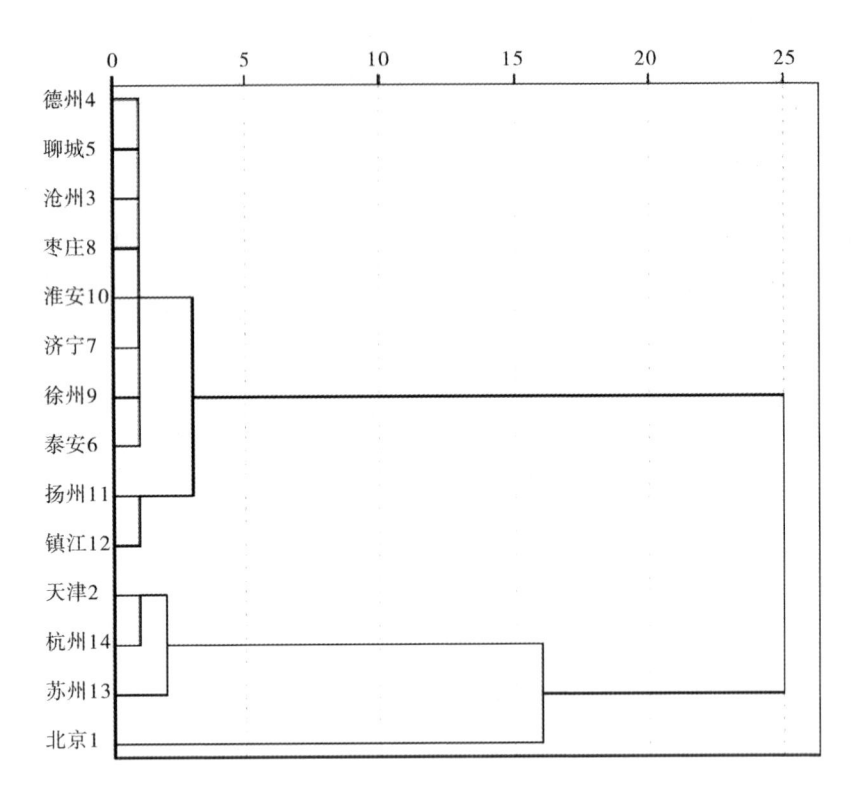

图8-3 运河沿线14个城市旅游竞争力系统聚类分析树状图

综合来看，城市旅游竞争力水平高低与城市社会经济发展水平、城市环境质量和服务水平之间存在正相关的关系。通过分析可将运河沿线主要城市旅游竞争力情况划分为四个层次：第一层次为北京，旅游竞争力的综合得分排名第一，属于旅游竞争优势最为明显的城市；第二层次为苏州、杭州和天津，相较于北京，三个城市在社会经济发展水平和旅游竞争优势方面存在一定的差距，在基础设施建设、旅游业发展水平等方面具有一定的基础，属于旅游竞争力较优型城市，运河文化旅游的发展前景较好；第三个层次扬州、徐州和淮安等城市；第四层次为枣庄、沧州、聊城、德州等城市的旅游竞争力综合得分排名相对处于落后的位置。从经济发展水平来看，这些城市经济发展速度较慢，旅游资源比较单一，旅游业基础设施建设和城市服务水平方面还有待于进一步提高。

第八章　运河沿岸历史遗存的构成分析与旅游开发适宜性评价

第三节　运河文化旅游景区开发的适宜性评价

文化旅游景区开发的适宜性评价是对文化旅游资源的综合鉴定和评判，具体论证阐明文化旅游资源属性所具备的开发潜力，是对文化旅游资源的适宜性、限制性以及程度差异的系统评价。目前，国内外学者在旅游资源和景区开发适宜性评价方面的理论研究成果较多，并形成了较为成熟的旅游开发适宜性评价体系。现有的理论研究成果从经济、文化等不同的视角对森林类、湖泊类、山区类等自然资源的旅游开发适宜性进行了分析，还有学者主要侧重于对一些著名的历史文化街区、文化遗产区等区域进行研究。京杭大运河是具有中国优秀传统文化特色的历史遗产，也是中华民族优秀传统文化的重要组成部分。针对大运河沿线地区遗留下来的宝贵历史遗产，进行文化旅游景区开发的适宜性评价，对于保护和传承中华民族优秀传统文化，以及运河文化的继承和发展创新都具有极其重要的价值。同时，运河沿线地区文化旅游资源的开发对于促进当地旅游事业发展以及经济增长都具有非常重要的现实意义。

一、运河文化旅游景区开发适宜性评价的框架体系构建

运河文化旅游景区开发的适宜性评价一般是通过构建评价指标体系来具体进行定量评价和分析的。旅游开发适宜性评价指标体系的构建工作，一是要对所选择的评价指标，在遵循一定的基本原则基础上，尽可能地保证所选择指标的准确性；二是结合相关专家的指导意见和游客感知，具体构建评价指标体系框架。

（一）运河文化旅游景区开发适宜性评价体系的构建原则

具体到大运河沿线地区文化旅游资源和景区开发的具体工作，所涉及的范围和内容非常广泛，包括经济、社会、自然生态环境、文化等各个方面。因此，在进行运河文化旅游景区开发适宜性评价时首先应遵循全面性原则，既要兼顾文化资源和景区开发过程中的重点环节和内容，同时又要充分考虑到运河文化资源保护和景区开发的特殊要求，要求所选择的指标要具有一定的概括

性。具体来说，在构建运河文化景区开发适宜性评价指标体系时主要应遵循以下几点原则。

1.科学客观性

科学性、客观性是构建任何定量评价指标体系的基本原则。构建运河文化景区开发适宜性评价指标体系应遵循科学客观性原则。具体而言，科学客观性主要包括运河文化旅游景区开发适宜性评价体系的框架、所选择的具体评价指标以及不同层次指标之间的相互关系等应符合运河文化景区的特色要求，要有多方面的理论支撑。同时，考虑到旅游资源和景区开发的过程是一个系统的复杂的动态过程，所构建的评价指标体系必须具有一定的项目风险评估功能和对景区未来发展的预判能力。

2.可比性

可比性原则或对比性原则指的是所构建的运河文化旅游景区开发适宜性评价指标体系应能够进行同类别的横向对比和内部层次对比。评价指标体系应通过体系框架对比、评价指标的对比以及权重分布的对比等，重点突出文化旅游景区开发评价中的差异性评价与一致性评价，力求突出运河沿线地区文化旅游景区的地方特色，同时充分借鉴前人相关研究和实践中的有益成分和方法。内部层次对比要求评价指标体系内部要体现一种层次性特点，对于复杂的宏观指标要进行层层分解，形成多层级的评价指标系统，同时强调不同层级评价指标之间的逻辑关系。

3.实用性

实用性原则强调所构建的评价指标体系应具有代表性和可操作性，评价指标体系应简易可行，评价指标体系框架应逻辑清晰，内容简单易懂，尽可能地选择能够代表和反映运河水文化特征的指标，同时注意指标体系的可操作性，确保评价活动能够顺利的应用于实际工程项目。评价指标体系的指标数据应以显性的数据为主，注重数据来源的易获取性，且资料来源要真实可靠，以来源于统计年鉴、国民发展公报等现有成果为佳，或者能够通过实地测算、问卷等形式间接获取。所选择的评价方法应难易适中，具有较强的实践性。

4.系统层次性

评价指标体系的系统层次性要求评价指标体系构建应从运河文化旅游景

区开发适宜性评价的目标出发，基于系统视角全面分析和确定影响运河文化旅游资源和景区开发适宜性的相关因素。同时，充分考虑相关影响因素之间所具有的内在关联性。在具体确定评价指标体系的指标时应尽可能选择那些与运河文化旅游资源和景区开发关联度较高的评价指标，对文化旅游景区开发的适宜性程度进行全面、系统的综合评价。除此以外，所构建的评价指标体系应具有一定的层次性，根据不同评价指标之间所具有的逻辑关系，对各项指标进行排序和组合，明确不同评价指标之间以及整个评价指标系统的结构关系，形成一个结构严谨的层次评价体系，以保证对运河文化旅游景区开发适宜性评价结果的有效性。

5.空间量化性

在具体进行运河文化旅游资源和景区开发适宜性评价时，其评价指标将会涉及旅游开发项目的许多方面，因此评价指标体系应注意遵循定性与定量相结合的原则，尤其对于有些定量的指标，应当满足对运河文化资源点评价结果空间量化的要求，借助地理统计分析的算法以及一些常用的地理信息技术手段，实现空间上一维数据比较评价向立体三维评价转化，将定性分析技术和定量方法实施有效结合，最终构建一个能够体现空间量化特征的科学评价体系。

（二）运河文化旅游景区开发适宜性评价体系构建

1.评价指标体系的参考依据

运河沿线地区历史遗存的旅游价值是进行运河文化旅游景区开发适宜性评价指标体系构建的前提和基础。通常来说，评价指标体系构建工作主要包括具体评价指标的选择和评价指标的合理安排。运河文化旅游资源开发和景区建设遵循从"开发建设"到"形成效益"，以"规模效益"反作用于"开发行为"的逻辑过程[1]。对于运河沿线各城市地区而言，运河文化旅游景区的开发主体主要是政府。政府通过对项目基地资源的开发利用和旅游配套设施建设等活动，为社会公众营造一个适游的环境。运河文化旅游景区建设和开发效益主要包括社会效益、经济效益和自然效益三类。在景区开发过程中，前期的景区开发建设应特别注重对运河沿线自然生态环境的保护，如对运河河流生态系统

---

[1] 敖荣军,韦燕生.旅游开发的外部性及其内化研究[J].地域研究与开发,2003,22(02):79-82.

的稳定性、沿线自然生态系统如湿地、草滩、林木等的保护。景区开发的中期和后期建设以及建成后的运营管理，应重点围绕景区形象的塑造、运河文化旅游品牌建设以及旅游业带动沿线城市地区长期发展等方面开展。从运河文化旅游景区的开发设计到建成运营和形成开发效益的整个过程构成了运河文化旅游景区开发适宜性评价的总体框架。因此，在进行运河文化旅游开发适宜性评价指标体系的设计时，必须充分考虑到景区开发过程中的多项内容。从微观的角度来看，运河文化旅游景区包含运河水体、沿岸水工设施以及历史文脉等多元空间要素。因此，运河文化旅游景区开发适宜性评价指标体系可以参考和借鉴《旅游资源分类、调查与评价》（GB/T18972—2003）。从宏观的角度来看，运河沿线城市的河流旅游区与水利风景区在景区附属、城市区位以及景区具体管理运行方式方面都表现出高度的相似性。在对运河旅游景区开发进行适宜性评价，选择具体评价指标时可以参考《水利风景区评价标准》（SL300-2004）。除此以外，旅游景区的开发和建设还必须充分考虑水环境、声音环境、空气质量等方面的国家规范和评价指标。

2.评价指标体系框架

针对运河沿线城市文化旅游资源开发和景区建设的实际情况，构建运河文化旅游景区开发适宜性评价指标体系如图8-4所示。

运河文化旅游景区开发适宜性评价指标体系主要包括目标层、准则层以及指标因子层，所选择的具体评价指标应具有较强的操作性。如图8-4所示，评价指标体系主要包括文化旅游资源评价子系统、自然生态环境评价子系统、社会环境评价子系统、旅游配套设施评价子系统以及预估效益评价子系统。每个评价子系统下分别设置具体的指标评价因子，设置各自的评价框架和指标结构。

（1）文化旅游资源评价子系统：文化旅游资源评价子系统又包括旅游资源规模与丰富度、旅游资源知名度与影响力、旅游资源物化表现形式多样性、资源游憩观赏价值、资源的科学与科普教育价值以及资源的历史文化价值。文化旅游资源的规模与丰富度，能够在很大程度上反映旅游目的地文化资源禀赋的程度，也是运河河道以及支流在长期的历史发展过程中逐渐形成的具有一定规模的特色资源，如良好的植被资源、丰富的水文资源以及沿线

第八章 运河沿岸历史遗存的构成分析与旅游开发适宜性评价

地区多样化的历史文化资源等；旅游资源的知名度和影响力主要用于评价游客对于旅游目的地旅游资源的知晓和了解程度，反映旅游资源的声誉和影响力。该项指标多为定性评价。知名度高、影响力大的旅游资源能够在景区开发和建设过程中逐渐转化为景区"招牌景点"，推动和促进景区的初期发展，同时也能够形成景区后期的品牌效应，是文化旅游景区未来对外宣传的重要基础。旅游资源的物化表现形式是指在不同的动态环境下，旅游资源所表现出来的不同形式，反映了旅游资源本身的动态变化性。运河沿线地区旅游景区的构成较为复杂，包含多样化的元素内容，不同类型资源的物化形态对于资源表现具有不同的效果，反映了旅游资源的开发价值。旅游资源游憩观赏价值主要侧重于以旅游目的地整体的资源集合为评价对象，同时将旅游地休闲氛围、环境特色等所有有利于游客观光游憩方面的全部要素纳入评价范畴，确保资源评价的全面性。旅游资源科学和科普教育价值评价是运河文化旅游开发适宜性评价的特色。运河水文化是运河文化旅游的核心文化。运河沿线地区旅游资源的科普教育价值是一种强调持续性和群众性的教育，其主要内容包括以水利、水文为主导的自然科学和以水文化为主导的人文、社会科学。旅游资源的历史文化价值是景区从单纯的自然风光升级为富有历史文化内涵的重要元素。运河沿线地区文化旅游景区的开发主要是以对水文化的历史价值开发为主，同时辅以其他历史文化资源。具体到景区的开发建设，旅游地所具有的历史文化资源越丰富、原真性、完整性越好，则其文化旅游开发价值越高。从游客的角度来说，其对旅游景区的满意度高低以及推荐意愿大小都会受到景区历史文化资源价值大小的影响。

运河文化旅游景区开发适宜性评价指标体系
- 文化旅游资源评价
  - 资源规模与丰富度
  - 资源知名度与影响力
  - 资源物化表现形式多样性
  - 旅游游憩观赏价值
  - 资源科学与科普教育价值
  - 资源历史文化价值
- 自然生态环境评价
  - 水体水质等级
  - 水体可亲近度
  - 水体水量稳定性
  - 沿岸绿化整体水平
  - 旅游气候舒适持续期
  - 其他环境指标情况
- 社会环境评价
  - 政府支持力度
  - 居民支持态度
  - 周边居民亲和力
  - 交通通达性
- 旅游配套设施评价
  - 旅游安全设施状况
  - 道路系统完善状况
  - 基础设施配套及维护状况
  - 可开发用地条件
- 预估效益评价
  - 直接经济效益
  - 提供就业能力
  - 周边社区收益潜力
  - 区域人居环境改善力
  - 文化、文明传播力

图8-4 运河文化旅游景区开发适宜性评价指标体系

（2）自然生态环境评价子系统：运河文化旅游景区自然生态环境评价主要是针对水体水质、水体可亲近度、水体水量稳定性、运河沿线整体绿化水平以及旅游气候舒适持续期等方面进行评价。关于水体水质等级的评价主要是对运河沿线地区污水排放、污水治理等情况进行评价考察，相关指标可以参考《地表水环境质量标准》《生活饮用水用水卫生标准》《国家污水综合排放标准》等；水体可亲近度主要是对旅游景区水资源的使用状况进行评估。水体可近亲度较低的运河流域，其主要功能可以用于排涝和通航；水体可亲近度较高的运河地区则主要能够满足沿运地区居民、游客的游览体验、休闲观光等生活功能。水体可亲近度指标主要用于反映旅游地可用于游客亲水体验活动及相关服务能力的规模和设施数量。水体水量的稳定性是进行旅游景区开发建设的前提。运河干支流作为其特色空间是旅游景区开发的重点。大运河水面以及沿线地区各种河工设施、自然景观、物种、景观层次等都是进行文化旅游景区开发和打造水景的基础。利用水体水量稳定性指标对运河历年旱涝情况以及水体本身动态变化情况进行评价，为旅游景区开发建设提供决策依据。运河沿线地区整体绿化水平是沿线旅游景区的重要内容。在具体规划旅游景区和景区绿色景观营造时，应对沿线地区的驳岸空间进行合理划分，促进形成运河沿线旅游景区空间体系。沿运地区整体旅游水平越高，旅游景区开发建设和景区发展越能够实现良性运转。景区旅游气候舒适持续期是指基于季节、气候等自然环境因素，旅游地适合开展旅游活动的时间长短。气候舒适持续期越长，则景区建成后适宜开放的时间越长，景区使用率和所创造的效益越高。

（3）社会环境评价子系统：社会环境评价子系统主要包括政府对项目的支持力度、居民的支持态度、周边居民亲和力以及景区周围的交通条件等。政府是具体实施文化旅游项目开发的主体。在旅游开发市场自主性相对比较薄弱的情况下，政府从政策支持、宣传推广以及规划引导等方面对文化旅游景区开发建设产生直接的影响。景区周围居民在景区的开发建设过程中也具有重要的作用。在景区开发前，当地居民是运河河流水资源的主要使用者。景区开发建设过程中，居民也是景区相关设计开发的决策参与者和影响者。而在景区建成后，居民又是景区的主要使用者和最大受益者。因此，当地居民的支持态度对于旅游景区的开发建设也具有非常重要的影响。景区周边居民的亲和力将会影响景区建成后，居民为游客提供服务的能力和水平，将会直接影响游客对于旅游景区服务的感受。此外，对于有些地区来说，运河河流属于城市规划的范畴之内。因此，这些地区往往具有较为便利的交通条件。景区交通的通达性具体包括旅游地道路的等级水平、车站类型、数量以及远近程度、主要道路的交通拥堵情况等。

（4）旅游配套设施评价子系统：旅游配套设施包括旅游安全设施、旅游景区道路系统完善状况、景区基础设施配套及维护状况以及可开发用地情况等。运河沿线地区旅游景区的开放运行应能够满足游客安全旅游的基本需求，

尤其是一些危险河段应设置必要的安全保障设施保证游客的人身安全，如救生设施、安全提醒设施、阻挡设施等。景区道路系统完善情况主要影响景区开发建设过程中的成本支出，应重点围绕景区道路的通达性、平整性以及指引系统的完善性等方面对运河沿线地区旅游地的道路现状进行考评。旅游景区开发适宜性评价指标体系中涉及的基础设施主要包括水电及通信设施等，还包括公厕、停车场等市政基础服务设施。市政基础设施的完善程度直接影响旅游项目建设和开工情况。旅游景区为游客提供基本的旅游服务要以旅游基础设施现状为基础。在进行旅游景区开发建设过程中，应注重和其他周边景区共用旅游基础服务设施。旅游景区的可开发用地包括周边尚未开发的城市建设用地以及社区居民宅基地。旅游景区可开发土地资源主要用于开发建设各类旅游设施、服务设施和管理设施等，反映了景区未来的发展潜力。

（5）预估效益评价子系统：预估效益评价子系统包括景区直接经济效应评价、景区解决当地就业能力、周边社区收益潜力、区域人居环境改善力和文化、文明传播力等。景区直接经济效益主要是根据对同等区位条件的其他景区，根据其年游客量、收益情况对旅游地的景区资源现状、景区规模以及景区其他收益等方面进行系统综合的评价。景区直接经济效益评价的主要目的在于评价旅游项目开发的投资风险和盈利能力，对以盈利性模式为开发方式的景区具有一定的参考意义。旅游景区作为一种服务密集型产业，其正常运营对于旅游地居民的就业将会产生较大的影响。旅游景区正常开放运营后，其后期维护、景区管理和服务等，都需要有大量的管理人员和服务人员，其岗位需求人数和能够解决的就业岗位主要取决于景区后期开展的旅游服务项目以及景区规模等。因此，不同旅游地景区所能够提供的就业能力表现为一定的差异性。运河旅游景区的开发建设对于周边社区也会产生一定的影响，将会为周边社区居民创造一定的收益。景区周边社区的收益潜力主要包括显性收益和隐性收益两部分。其中，显性收益主要是指景区周边的社区居民为景区游客提供服务所获得的收益，如景区周边地区提供的餐饮、住宿、购物等社会服务。对于显性收益部分，游客数量是影响其收益水平的主要因素，而游客数量可以通过对景区规模以及类似景区的游客数量进行评估。隐性收益则主要是指通过旅游景区开发建设，由土地占用、房产等方面为周边社区居民创造的增值收益。旅游景

在建成开放运营后,对于周边人居环境将会起到很大的改善作用,对于城市区域的绿化环境、水环境将起到较好的调节作用。区域人居环境改善力指标主要是用于评估旅游地对城市区域生态环境、人居环境的积极贡献能力的大小。运河沿线城市地区文化旅游景区重点是其浓郁的历史文化特色:一方面,以旅游景区文化资源为基础,运河沿线旅游景区丰富的历史特色文化资源是传承中华民族优秀传统文化和行为美德的重要载体,更多的游客在景区游览,享受运河优美自然风光的同时,也更多地感受到了优秀传统文化的魅力,逐渐形成了优秀的道德品格;另一方面,运河沿线旅游景区是城市旅游的典型类型,其独特的历史文化底蕴和水工文化是其区别于其他一般景区的特色。因此,在进行运河文化旅游景区开发以及建成开发运行后,都应重点关注其城市文化内涵的提升。

二、运河文化旅游景区开发适宜性评价的指标权重确定

目前,在构建评价指标模型时,对于评价指标权重的设定较为常用的方法包括层次分析法、熵值法等。其中,层次分析法是1970年由美国学者T.L.萨蒂(T.L.Saaty)首次提出,主要应用于结构复杂、多价值取向,同时又缺乏相对更为准确的定量数据,模型评价因素之间存在一定的相互联系又相互制约的目标决策问题。层次分析法在一些社会现象、政治、经济等问题的分析评价中,是一种较为普遍的主观赋值法。层次分析法在具体应用时,首先要构建一个相关层次模型,该模型中要对各评价指标因子进行详细的描述和列项;其次,对处于不同层次的指标因子进行赋分比较,在此可以应用专家意见法对各项因子进行比较打分,并构建判断矩阵;再次,对模型不同层次指标的一致性进行检验;最后对得到的各层次权重进行输出并应用熵值法进行修正。

(一)判断矩阵构建

判断矩阵是进行层次分析的数据来源,构建判断矩阵是层次分析法的关键。在确定各层次不同因素之间的权重时,如果只是定性的结果,往往不能被别人所接受,因而Saaty等人提出了一致矩阵法。如表8-7所示为评价指标因子的重要性比较矩阵。在所构建的判断矩阵中,各数值大小表示所对应的指标因子对其上一层次评价目的的重要性程度。如W_{ij}表示对W_k来说,评价指标W_i与

W_j相比较的重要性程度数值。

表8-7 评价指标因子的重要性比较矩阵

W_k	W_1	W_2	……	W_n
W_1	W_{11}	W_{12}	……	W_{1n}
W_2	W_{21}	W_{22}	……	W_{2n}
……	……	……	……	……
W_n	W_{n1}	W_{n2}	……	W_{nn}

应用层次分析法最常用的数值标准含义进行赋值，表8-8所示为各数值所代表的含义。

表8-8 各评价指标重要性比较分值内涵

评价数值	含义
1	两评价指标具有相同的重要性程度
3	两评价指标前一指标比后一指标稍微重要
5	两评价指标前一指标比后一指标显然重要
7	两评价指标前一指标比后一指标强烈重要
9	两评价指标前一指标比后一指标极端重要
倒数	前后选项互换后的程度值

在具体应用层次分析法对运河旅游景区开发适宜性进行评价时，首先以目标层作为总的判断指标，以各项准则层作为分判断指标的权重分布判断；其次，再以各准则判断指标，以各准则层下所对应的指标因子层作为分判断指标的权重分布判断。按照自上而下的评判顺序能够强化目标层对下层评价的指导作用，同时也能够进一步体现和增强准则层权重分布的合理性，提高指标因子层权重分布的质量。

（二）一致性检验

不同地区旅游景区的开发评价指标体系中，具体的评价指标各具特色。在进行权重确定时因为各个专家不同的学科背景和经验方面的差别，最终所得到的评价指标权重分布会有所差别。在应用层次分析法进行评价时应对判断矩阵进行一致性检验。如果CR值小于0.1，则表明所构建的判断矩阵一致性通过，判断赋值有效；否则判断赋值无效，需要对判断矩阵数值进行修正。针对前文所构建的旅游景区开发适宜性评价指标体系，各层次一致性检验结果如表

8-9所示。

表8-9 评价指标体系各指标层一致性检验结果

CR值	是否通过一致性检验
0.0132	通过
0.0693	通过
0.0497	通过
0.0567	通过
0.0302	通过
0.0651	通过

根据本书运河沿线地区文化旅游景区开发适宜性评价的目的和要求，结合构建的评价指标体系，设计调查问卷并进行初步调查统计，得到评价指标体系的"目标层—准则层"权重分布情况如表8-10所示。

表8-10 "准则层-指标因子层"权重分布情况

评价指标	原始权重	修正后权重
旅游资源评价	0.312	0.309
自然生态环境评价	0.229	0.230
社会环境评价	0.179	0.180
旅游配套设施评价	0.171	0.169
预估效益评价	0.110	0.111
旅游资源规模与丰富度	0.041	0.043
资源知名度与影响力	0.076	0.076
资源物化表现形式多样性	0.039	0.041
资源游憩观赏价值	0.062	0.061
资源科学与科普教育价值	0.051	0.053
资源历史文化价值	0.044	0.043
水体水质等级	0.061	0.060
水体可亲近度	0.037	0.037
水体水量稳定性	0.031	0.031
沿岸绿化整体水平	0.042	0.041
旅游气候舒适持续期	0.034	0.034

续表

评价指标	原始权重	修正后权重
其他环境指标情况	0.035	0.037
政府支持力度	0.071	0.073
居民支持态度	0.065	0.064
周边居民亲和力	0.041	0.042
交通通达性	0.039	0.041
旅游安全设施状况	0.035	0.038
道路系统完善状况	0.051	0.053
基础设施配套及维护状况	0.062	0.064
可开发用地条件	0.019	0.021
直接经济效益	0.039	0.043
提供就业能力	0.009	0.010
周边社区收益潜力	0.016	0.015
区域人居环境改善力	0.042	0.043
文化、文明传播力	0.462	0.047

（三）指标权重修正

在对初始数据进行统计和拟合输出以后，根据不同评价指标之间的差异程度，在此选用熵值法对不同评价指标的权重系数进行确定并输出。应用熵值法确定不同评价指标的权重系数，能够最大限度地避免人为主观因素的影响，是一种客观赋权法[1]。熵值法确定评价指标的具体操作步骤如下。

（1）对于原始数据，首先要进行无量纲化处理，这样，表征不同属性（单位不同）的各指标变量之间才有可比性。无量纲化的具体处理方法如下：

$$x'_{ij} = \frac{x_{ij} - x_{\min}}{x_{\max} - x_{\min}} (i=1,2,3,\cdots,n; j=1,2,\cdots,3,m) \quad (8.12)$$

其中，x'_{ij} 表示指标第 i 项评价对象第 j 项指标的无量纲化处理以后的数值，$x_{\max}$ 和 $x_{\min}$ 分别表示第 i 项评价对象评价指标的最大值和最小值。x'_{ij} 为 x_{ij} 的无量纲化处理结果。

（2）对第 i 项评价对象的第 j 个评价指标占全部评价对象的比重进行计算。

---

[1] 朱喜安, 魏国栋. 熵值法中无量纲化方法优良标准的探讨[J]. 统计与决策, 2015, 31(02): 12–15.

第八章 运河沿岸历史遗存的构成分析与旅游开发适宜性评价

$$P_{ij} = \frac{x'_{ij}}{\sum_{j=1}^{m} x_{ij}} (i=1,2,3,\cdots,n; j=1,2,\cdots,3,m) \tag{8.13}$$

（3）计算第 i 项评价对象的熵值和信息效用值 d_i。

$$e_i = -\frac{1}{\ln(m)} \sum_{j=1}^{m} P_{ij} \ln(P_{ij})(e_i > 0) \tag{8.14}$$

（4）计算评价指标 x_i 的差异性系数。根据公式8.14可知，第 i 项评价对象的熵值 e_i 的大小与 x'_{ij} 的差异大小有关。假设 x_{ij} 均相等，则 $e_i=1$，表明评价指标 x_i 对被评价对象之间的比较不会产生任何的影响。如果 x_{ij} 表现出很大的差异性，那么第 i 项评价对象的熵值 e_i 的数值越小，表明评价指标 x_i 对被评价对象之间的比较影响越大。在此定义一个偏差度：

$$g_i = 1 - e_i (0 \leqslant g_i \leqslant 1, \sum_{i=1}^{n} g_i = 1) \tag{8.15}$$

（5）对各项评价指标，确定各项评价指标的修正权重系数

$$W_i = \frac{g_i}{\sum_{i=1}^{n} g_i}(i=1,2,3,\cdots,n) \tag{8.16}$$

（6）利用信息权重 W_i 对上述层次分析法得到的各项指标的权重系数进行修正得到 μ_i。

$$\mu_i = \frac{H_i W_i}{\sum_{i=1}^{n} H_i W_i}(i=1,2,3,\cdots,n) \tag{8.17}$$

计算得到的各项评价指标的合理权重值如表8-10所示。

三、运河文化旅游景区开发适宜性评价的实证分析

（一）样本选择

杭州是京杭大运河最南端的城市，也是大运河的起讫点。大运河在杭州市内流经余杭、拱墅、下城和江干四区，境内全长52千米。大运河连通了杭州市内的众多河道，在杭州的城市起源和发展、经济文化建设等方面发挥着重要的作用。在运河的带动下，杭州成为东南名郡，同时也积累了丰富多彩的文化遗产，很多地方传统音乐、戏剧、民间舞蹈、传统技艺等流传千年，至今仍是

地方优秀传统文化的瑰宝。本书以杭州运河文化旅游开发的适宜性评价为例，利用上述评价指标体系进行评价。

（二）数据来源

根据表8-8所示的评价指标，水体水质等级、水体水量稳定性等具体指标数据可参照杭州市环保部门河道水质月报和水利部门历年统计年鉴。旅游气候舒适持续天数查阅杭州市旅游局统计年鉴关于历年适游天数的统计结果。交通通达性查阅交通部门统计材料关于各条道路等级的统计结果。可开发用地条件参照国土部门最新版土地利用规划关于基地的周边用地情况描述。其他环境指标情况可查阅环保部门的相关统计结果。

（三）构建判断矩阵

构建判断矩阵对指标比较的相对重要性程度进行比较判断。在此通过查阅相关的理论文献，同时结合对相关专家的访谈与客观分析，构建准则层两两比较的判断矩阵如表8-11所示。

表8-11 准则层评价指标两两比较判断矩阵

开发适宜性	文化旅游资源评价	自然生态环境评价	社会环境评价	旅游配套设施评价	预估效益评价
文化旅游资源评价	1	3	4	6	9
自然生态环境评价	1/3	1	3	2	4
社会环境评价	1/4	1/3	1	2	3
旅游配套设施评价	1/6	1/2	1/4	1	2
预估效益评价	1/9	1/4	1/3	1/2	1

当文化旅游资源与文化旅游资源相比影响程度相同，则评分尺度为1；当文化旅游资源与自然生态环境相比稍微重要，则评分尺度为3；当文化旅游资源与社会环境相比重要性程度介于稍微重要和显然重要之间，则评分尺度为4，以此类推，可构建因子层两两比较矩阵。

（四）问卷调研

针对杭州市内运河流经区域的基本情况进行实地调研和考查评估，制作调查问卷对居民对游客的态度、居民对运河旅游景区开发的态度、水体可亲近度以及河流安全设施、道路系统情况等进行问卷调查。对回收的调查问卷按照表8-12进行赋分，统计整理得到表8-13所示的评价得分情况。

第八章 运河沿岸历史遗存的构成分析与旅游开发适宜性评价

表8-12 问卷调查选项赋分

选项	非常同意	同意	一般	反对	强烈反对
分值	100	80	60	40	20

表8-13 运河杭州段评价得分情况

准则层	评价因子层	直接得分	加权得分	单项得分
文化旅游资源评价	资源规模与丰富度	74	3.5	25.5
	资源知名度与影响力	85	6.5	
	资源物化表现形式多样性	78	2.5	
	旅游游憩观赏价值	78	4.8	
	资源科学与科普教育价值	82	4.2	
	资源历史文化价值	90	4.0	
自然生态环境评价	水体水质等级	65	4.0	17.4
	水体可亲近度	72	2.3	
	水体水量稳定性	82	2.5	
	沿岸绿化整体水平	75	3.5	
	旅游气候舒适持续期	80	2.8	
	其他环境指标情况	70	2.3	
社会环境评价	政府支持力度	74	4.4	14.1
	居民支持态度	72	4.2	
	周边居民亲和力	90	3.0	
	交通通达性	80	2.5	
旅游配套设施评价	旅游安全设施状况	84	3.0	13.2
	道路系统完善状况	84	3.5	
	基础设施配套及维护状况	78	4.5	
	可开发用地条件	92	2.2	
预估效益评价	直接经济效益	82	0.5	8.9
	提供就业能力	75	0.5	
	周边社区收益潜力	78	1.2	
	区域人居环境改善力	82	3.2	
	文化、文明传播力	92	3.5	
总分				79.1

（五）结果分析

运河杭州段文化旅游景区开发适宜性评价结果如表8-13所示。根据各评价指标的得分情况比较分析，准则层评价指标的单项得分从高到低依次为文化旅游资源、自然生态环境、社会环境评价、旅游配套设施评价和预估效益评价。文化旅游资源评价中，对旅游资源的历史文化价值评分较高，尤其在旅游资源的知名度和影响力、旅游资源的教育和科普价值方面关注较高，在进行加权以后其对旅游景区的开发影响也比较大。自然生态环境评价的评价因子层中，对旅游气候舒适持续期评分较高，表明其对旅游景区的开发影响较大，而水体水质等级、沿岸绿化的整体水平等因素，对于景区的开发影响比较大。社会环境评价和旅游配套设施评价对旅游景区开发适宜性的总体影响相对较小，政府支持力度反映了地方政府对运河旅游景区开发的重视程度。景区周边居民的亲和力和景区交通的通达性对于景区开发影响相对较高。旅游配套设施评价更加关注的是旅游景区的可开发用地条件，即未来景区的发展潜力。景区预估效益评价更加强调的是旅游景区在文化和文明传播、景区周边人居环境的改善能力以及景区对地方经济的直接效应。

第九章 文化自信视域下大运河沿岸历史文化遗存的保护性开发研究

　　京杭大运河历经千年岁月的磨砺,已经成为中华民族社会文明的标志性工程,同时也是世界历史文化的瑰宝。京杭大运河本身所蕴含的历史文化底蕴,是中华民族文化的重要标识,同时也是强化中华民族文化自信的根基和源泉。党的十八大以来,习近平总书记站在实现中华民族伟大复兴、不断提升中华民族文化自信和中华文化吸引力、影响力的战略高度,为我国优秀传统文化的传承以及文化建设工作提出了战略指引。基于文化自信视域探究京杭大运河历史遗存的文化内涵与文化价值,深入挖掘以大运河为核心的历史文化资源,探索运河历史遗存的创造性转化和保护性开发策略,对于推动运河文化传承与可持续发展、增强历史文化底蕴与文化自信等方面都具有一定的现实意义。

第一节　新时代背景下文化自信的理论内涵

文化是一个民族的精神世界。所谓文化自信，即处在一个特定文化氛围中的民族、国家、政党以及个人等对所奉行的文化价值的高度认同和积极践行。习近平主席在党的十九大报告中明确提到，"文化自信是一个国家、一个民族发展中更基本、更深沉、更持久的力量"，"文化兴国运兴，文化强民族强。没有高度的文化自信，没有文化的繁荣兴盛，就没有中华民族的伟大复兴"。习近平主席关于文化发展的科学论断为新时代背景下坚定和提升国人文化自信提供了基本遵循。

一、文化自信的理论内涵

党的十八大以来，习近平总书记多次提及我国的优秀传统文化，非常关注我国优秀传统文化的传承与发展，并号召全国上下学习优秀传统文化、传承优秀传统文化，将优秀传统文化代代相传，发扬光大。习近平总书记指出，我们要坚持道路自信、理论自信、制度自信，最根本的还有一个文化自信，文化自信是一个国家、一个民族发展中最基本、最深沉、最持久的力量。文化自信是一个民族、一个国家对自身文化价值和文化生命力持有的坚定信心，传承和发扬优秀传统文化，增强文化自信。文化一词是我们广泛使用的一个称谓。不同的时期、不同的群体对于文化的理解表现出显著的差异性。时至今日，人们对于文化的界定也没有形成一个准确的概念，人们在使用文化这一词语的时候，更多的理解是其一般性的、人本的和通俗的含义。对于文化的一般理解，文化可以被视为人类社会实践中创造的物质财富和精神财富的总和。文化是人类在社会实践和生存发展过程中，不同于其他存在物的实践活动所创造出来的具有属人性的成果总和。文化的产生是人类社会实践的结果，随着人的生成以及人的长期实践活动，文化逐渐形成并在人类社会的发展中不断塑造和规范着人的社会活动。文化的形成以人类的社会实践活动为基础，人类实践所处的环境不同、思维方式和活动方式各异，因此所形成的文化也表现出多样性和差异性等特征。文化的差异性促成不同文化之间的相互交流沟通以及人类社会发展。同时，以人类社会共同的其他存在物为基础，不同文化之间又表现为一种可理解性和可借鉴性。文化自信之文化，实际是活跃在中华大地数千年的人类祖先在长期的生存实践中逐渐积累形成的各种成果之和。我国优秀传统文化历史悠久，其中既包含了数千年积累沉淀形成的民族特色文化，也能够被其他民族所理解和借鉴；既包括中华民族所独有的优秀传统文化，也包含在文化交融和借鉴中吸收的外来文化。新时代背景下，中华文化又融入了具有中国特色的马克思主义的文化内核，进一步形成了具有中国特色的社会主义文化。

文化自信，是一个民族对所奉行的文化的自我肯定和认可，是一个国家和民族心理成熟的标识。人们对自身文化的认识越深入、越正确，那么对自身文化的肯定越合理。文化自觉是文化自信的前提，文化自觉的基础是人们能够理性的认识自身所处的文化形态和文化内容，对其他文化能够保持理性的态度，能够批判的认知和借鉴，对本民族文化和外来文化都能够进行客观的评价。文化认知和评判的客观性源于一种特定文化形式或文化内容对特定人群具有一定的合理性，能够对特定人群的行为起到正确引导、规范和塑造的作用，能够以民族性的形式为该群体的生存和发展提供更为广阔的空间。对特定文化的自信要求对这种文化应保持一种合理的自觉。这种合理的自觉是建立在一定的人文素养基础上的，以开放的心态对不同的文化价值进行批判，是一个不断确立的过程和持续性的事业。

二、文化自信的本质特征

文化总是与特定的国家体制相联系。我国是社会主义国家，这从根本上决定了中国人的文化自信除了要对我们本民族的优秀传统文化要保持合理的自觉和理性的认知，同时也是对中国化的马克思主义理论和指导思想的信仰，是对我国长期革命和社会主义建设实践中逐渐形成的先进文化的自我肯定和认同。新时代背景下，我国的文化自信更加凸显了实践的基础性、鲜明的民族性和时代指向性。

首先，文化源于实践活动，实践性是文化的本质属性。文化自信，归根结底是对文化重要性的强调和认可，是对人类长期实践和社会发展的深层次领悟，也是对历史积淀形成的自身文化的强烈肯定和内心升华。我国文化自信的实践基础性是在长期社会实践和革命实践中积累形成的精神积淀。新时代背景下的文化自信则是在中国近代历史发展进程中，尤其是改革开放以后的社会主义建设实践中逐渐形成的精神气派。新时代背景下的文化自信源于实践、源于人民、源于其延续千年而历久弥新的中国风度。新时代背景下坚定文化自信，昭示着中华儿女对优秀传统文化的坚守传承，更体现了中国人民对中国特色社会主义文化的尊崇和认同。

其次，文化的形成离不开特定的地理环境，是在环境、生产实践和思维方式综合作用下形成的。因此，文化的特征与民族性是分不开的。民族是文化的主体。反之，文化是民族发展的灵魂和精神内核。每个民族都在其产生和形成发展过程中形成了特有的民族文化。因此，不同民族的文化自信也因文化差异而表现出独特性。即使对于同一个民族而言，不同的历史时期所呈现的文化自信也不一样。文化自信程度与国家实力和地位之间也有一定的关系。如半殖民地半封建社会的中国，民族文化也像当时的国家一样脆弱，民众对自己民族的文化极度不自信。新中国成立以后，随着我国综合国力的增强和世界地位的不断提升，中国优秀传统文化被国民重新认识和审视，中国人重新树立起了对本民族优秀传统文化的敬仰和尊崇，文化自信心不断增强，为国人增添了底气和持久的力量。

再次，文化随社会历史发展的演变而不断变化，这从根本上决定了文化的主体和客体也处在不断地变化之中。马克思曾经说过，"统治阶级的思想在每一时代都是占统治地位的思想。这就是说，一个阶级是社会上占统治地位的物质力量，同时也是社会上占统治地位的精神力量。"[1]由此可见，统治阶级的意志和思想决定了特定时期精神文化的指向。因此，文化自信也就有明显的时代指向。不同时期的文化总是服务于同时期统治阶级的政治需要。如中国古代封建社会，封建文化占据主导地位，相应的制度、技术、思想等为当时的文化自信提供了重要的源泉。新时代背景下的文化自信则是在马克思主义思想指导下，对优秀传统文化的批判继承和对社会主义文化的强烈认同，其实际是对

---

[1] 中共中央马克思恩格斯列宁斯大林著作编译局. 马克思恩格斯选集(第1卷)[M]. 北京：人民出版社，1995: 98.

中国特色社会主义文化的自信。习近平总书记强调："坚定文化自信，是事关国运兴衰、事关文化安全、民族精神独立的大问题。"[1]

三、文化自信的时代价值

文化自信是对我国几千年优秀传统文化在新时代背景下的创造性转化和创新性发展的精炼，反映在中华民族历史悠久的优秀传统文化、新民主主义革命时期中国共产党领导中国人民艰苦奋斗的伟大革命文化以及社会主义建设时期中国特色社会主义先进文化的精神内核中。从现实的维度来说，文化自信是基于当前复杂的文化现实、政治现实和经济现实，对中华优秀传统文化复兴和中国特色社会主义先进文化建设的强大自信。党的十九大报告指出："文化是一个国家、一个民族的灵魂。文化兴国运兴，文化强民族强。没有高度的文化自信，没有文化的繁荣强盛，就没有中华民族的伟大复兴。"[2]文化既是一个国家、民族长期发展中逐渐积淀的精神底蕴，也是国家独立于世界民族之林和持续发展的底气。文化自信与国家文化软实力的建设是建设美丽中国和生态文明建设的重要内容。文化自信能够为文化软实力建设和促进文化大发展、大繁荣注入持久的动力，能够坚定国人的理想信念，不断提高人民对民族文化的认同感和民族凝聚力、向心力，增强人民的幸福感和归属感。

第一，从文化主体价值认同的角度来说，坚定国家和民族文化自信，能够不断增强文化主体价值认同的内生力量。文化的形成是一个民族生存和长期发展不断积累的结果。我们国家的文化自信发轫于中华民族五千年文明发展的历史长河。到了近代随着中西方文化的交流碰撞，文化自信开始走向衰落。而随着新中国的成立和发展壮大，中国特色社会主义文化产生和不断发展，文化自信又开始重新步入正轨，逐步回温。文化自信的这种阶段性变化反映了从古至今国人对本民族文化的认知经历了从自负到自卑再到重新自信的转变。文化的形成主体是古往今来勤劳智慧的劳动人民，他们通过自己不懈的努力创造了今天灿烂的中华文明。现代人通过积极的社会实践不断提升自身的文化自信，

---

[1] 习近平. 在中国文联十大、中国作协九大开幕式上的讲话[M]. 北京：人民出版社，2016：3-4.
[2] 习近平. 决胜全面建成小康社会　夺取新时代中国特色社会主义伟大胜利[M]. 北京：人民出版社，2017：40.

推动中华优秀传统文化的传承和发展。从本质上来说，"人"的存在是一切历史演进的基础和前提，也是创造文化的主体。因此，一切在历史发展过程中所形成的主流文化都必然以满足人的价值诉求为根本，对人的思想、行为和世界观、价值观起到引导、规范和重塑的作用。文化自信也反映了一种人的价值观的自信，有助于强化人对正确价值观的认同。同时，坚定文化自信，对于提高国人对中华优秀传统文化的自豪感和自信心都具有显著的作用。

第二，从推动中华文明进步和中华文化繁荣复兴的角度来说，文化自信是促进实现中华文化繁荣复兴和民族复兴的内在要求。不同时期具有不同的文化内容，时代的变换决定了文化的内容和形式的多样化和流变性。经过几千年的历史沉淀，中华文化的精髓和中华民族精神都已经深深地烙刻在中国人的心中，转化为中国人民和中华民族积极向上的价值追求和理想信念。从人类产生开始至今，中华文明历经几千年的传承和发展，在朝代更迭中不断革新，在文化变迁中与时俱进，在新时代背景下大放异彩，彰显了中华民族所特有的精神气质和不屈的民族精神。中华民族的伟大复兴，也包含了对中华文化繁荣兴盛的发展的现实要求。而中华文化的繁荣兴盛和发展，首先要求国人要对本民族的优秀传统文化保持高度的自信和了解，以审慎热忱的态度正视蕴含在中华儿女骨血中的民族文化基因，坚定文化自信，坚守优秀传统文化，融合社会主义先进文化，共同推动中华文化的繁荣发展。

第三，从维护国家文化安全的角度来说，文化自信有助于保障和维护国家文化安全。随着经济全球化进程的不断推进，我国政治、经济和文化等各个领域都开始加速融入世界格局，与其他国家之间的思想文化交流日益频繁。在全球化浪潮的冲击影响下，中国既要大力发展自身经济，提升经济发展水平，同时也要在意识形态领域强化文化共识，不断提升民族文化的竞争力，维护和保障国家文化安全。为了实现这一目标，首先应该强化国人自己对于本民族文化的强烈认同感，充分认识和了解本民族文化的历史演进过程和丰富内涵，自觉传承优秀传统文化基因。21世纪以来，世界范围内的文化战争和意识形态斗争日益激烈。这种形势下各个国家之间最主要的斗争武器已经演变为文化。文化自信为我们提供了重要的工具，是在激烈意识形态斗争中制胜的法宝。只有坚定坚持本民族的文化自信，才能有力地维护和保障国家文化独立和文化安全。

第四，立足实现中华民族伟大复兴的战略高度坚持文化自信，为实现民族复兴注入精神动力。不同民族有专属于自己民族的不同的特色文化，文化已经成为不同国家、不同民族的灵魂和精神内核，是区分不同民族的重要标志。中华民族的伟大复兴需要精神层面的文化支撑。中华优秀传统文化是中华民族几千年来实践孕育的优秀成果，是新时代背景下实现民族复兴和中国梦的强大根基。我国当前仍处于社会主义初级阶段，这一社会性质决定了国家实现民族振兴任重道远。经济全球化背景下，国家的发展更需要先进文化的引领和支撑，新的文化、新的思维是应对新时代背景下新问题、新形势和新矛盾的力量之源，是实现中华民族伟大复兴的精神支柱。

第二节 文化自信视域下大运河历史遗存保护的必要性分析

大运河发轫于2500年多前的春秋时期，繁荣于明清时期，见证了历朝历代的国家兴衰荣辱和变迁。在长期的历史发展中，大运河在政治、经济、文化、对外交流等各个方面都起到了重要的作用，其发展进程是华夏文明发展史中的重要组成内容。新时代背景下，坚持文化自信和文化自觉，首先应该尊重和保护历史遗存，尊重历史遗存中所蕴含的优秀传统文化，以文化自信引领运河历史遗存的保护和传承。

一、运河沿岸历史遗存的功能

纵观中国大运河从产生到发展的历史进程，运河在政治、经济和文化等各方面都具有重要的功能。运河沿岸典型的水利工程、地方特色建筑、古河道、码头等与运河功能发挥直接相关的物质遗产，是古代运河功能的最好见证。具体而言，运河沿岸历史遗存的功能价值主要包括政治、经济和文化三个方面。

（一）运河沿岸历史遗存的政治功能

大运河自开凿贯通以后，至今仍然是世界历史上最长的人工河流，在古代中国的发展史上一直扮演着非常重要的角色。大运河是古代中国水路交通的重要基础,在军队运输、物资调配和民族融合等方面发挥了极其重要的作用,是我国古代重要的政治基础和交通大动脉,也是当时维护国家安全、稳定和各民族统一的重要屏障。

从空间上来说,大运河的开凿贯通了南北地区,从根本上保证和促进了传统政治地缘格局的转变,为历朝历代实现集权政治,推动促进南北区域社会发展的均衡提供了重要的保障。早期水利工程的实施,多数目的都是为了满足不同朝代军事战争的需要,如吴王开凿邗沟、秦朝开凿灵渠等。大运河的开凿最初只是隋朝为了镇压江南各地的门阀士族,为了实现隋朝对江南包括人力、物力等各种资源和地区的集权控制。运河开通以后,隋炀帝顺河而下,巡游江南地区,最重要的目的除了游逸享乐之外,还在于向江南各地的贵族展示他自己的政治权威,通过政治影响和军事威慑强化对江南地区的统治和监控。从大运河的具体线路分布不难看出,大运河沿岸区域都是与当时政治、经济、军事和文化有重要关系的地区。因此,对于大运河的控制,直接关系到对运河沿线各重要地区的控制,进而影响到对全国统一的控制。因此,纵观历史各个朝代,统治者基本上都是依靠运河交通之便,直接掌握全国的经济、文化重心,为实现政权稳定奠定基础。

我国是一个由众多民族组成的多民族国家,历朝历代的统治者都以建立一个政权统一和民族融合的国家为自己的政治抱负。在这种政治动机的驱使下,各朝统治者都致力于对其他民族地区的政治宣传和武装统一。京杭大运河的开凿贯通也是基于这种目的。大运河的通航大大方便了南北方各地的政治往来和文化交流,促进了地区之间经济的繁荣和民族的融合统一。纵观运河贯通以后的中国历史,和运河有关的重大历史事件有很多,诸如"永嘉南迁""安史之乱""靖康之难"等。这些著名的历史事件引发了大规模的民族迁徙。大运河在历史上的移民高潮中发挥了重要的作用。很多难民在迁徙过程中选择沿河而居,并逐渐与沿河地区的原住居民在文化、语言、生活习俗等方面碰撞融合。由此可见,大运河的贯通不仅有助于实现国家和民族的统一,也大大促进了地区之间的文化融合,进而衍生出了新的政治体系和文化体系。

(二)运河历史遗存的经济功能

长期以来,我国一直是以农耕经济为主,农耕文明在历史上处于非常重

第九章　文化自信视域下大运河沿岸历史文化遗存的保护性开发研究

要的地位,由此而形成了重农轻商的思想。商品经济的发展速度非常缓慢。随着京杭大运河的开凿贯通,运河漕运在促进地区之间物质资源和商品交换方面起到了重要的作用。在运河水路运输的推动下,商品经济开始萌芽并逐渐发展,逐渐削弱了传统的重农轻商思想。由此可见,大运河为古代商品经济发展创造了重要契机,是古代经济发展的基础和生命线。

大运河对古代商品经济发展的支撑作用体现在其日益健全的发达的漕运体系上。水路运输是最为古老的运输方式。在古代,地区之间,尤其是在战争时期,大规模的粮草物资、军队人员、货品等实现地区之间流动的主要手段就是借助漕运系统。在长期的漕运实践中,相关的管理体系和制度逐步健全,进一步强化了运河的功能,大运河成为封建社会时期各朝代经济发展的重要支柱。明清时期,运河漕运发展达到了鼎盛时期,运河漕运带动了沿岸地区商品交换和经济的繁荣,日渐成熟的商业化极大地刺激和带动了沿河两岸地区商业活动的发展。便利的运河交通和发达的商业体系极大地方便了南北物资的交换,南方的茶叶、丝绸等商品被运往北方,而北方的皮货、煤炭也顺着运河被运往南方,南北贸易达到空前繁荣。与此同时,运河漕运对于南北地区产业结构的演变也产生了重要的影响。在封建社会,统治者为了能够确保农业的基础地位和小农经济稳定发展,大多施行"重本抑末"的政策,在这种政策的影响下,商品经济发展缓慢。大运河的开凿从根本上改变了这种局面。运河漕运支撑下的工商业和手工业快速发展,社会分工日趋精细化,传统的以农耕经济为主的产业格局开始向商品经济转变,重农轻商的传统思想也开始逐渐瓦解。根据司马迁《史记·货殖列传》的描写,当时国内的手工行业已经达到了十几类。一些新的行业大量出现,极大地丰富了当时的商业体系。同时也带动形成了一些著名的商业经济中心城市,如常州、苏州、杭州等,都是当时因运河而兴的商业重镇。

(三)运河历史遗存的文化功能

黄河是中华民族的母亲河,孕育了千年的中华文明。不同的地区有不同的地理环境和不同的气候条件,也表现为不同的地域文化。京杭大运河横亘南北,是连通长江、黄河、淮河、海河与钱塘江五大水系的重要水道。运河沿岸不同地区形成了独具特色的地域文化,借助运河连通南北的漕运体系,不同地区的地域文化在全国范围内得到了更为广泛的传播。

中华民族五千年历史孕育了丰富多彩的多元文化。地理环境的差异、气候、政治、经济发展水平等多方面因素的影响导致不同地区、不同时期的文化表现出明显的差异性。随着大运河的产生和历史演进，运河沿岸地区形成了不同的地域文化，比较突出的有燕赵文化、齐鲁文化、吴越文化等。这些丰富多彩的文化形式共同构成了中华民族璀璨的文化体系。大运河历史遗存的功能不仅体现在政治和经济方面，作为一种流动着的文化血脉，对促进不同地域文化的融合和交流也起着重要的作用。很多在古代比较有影响力的思想发源于运河流域，如中国流传千年的儒家思想、道家思想、墨家思想，这些重要思想的产生都与运河有着直接或间接的关系，借助运河向其他地区传播，对南北各地人们的思想产生了非常深远的影响。

除此以外，在推动中外文化交流和优秀传统文化向国外传播等方面，大运河同样发挥了不可忽视的作用。一方面，大运河将先进的中国文化传播到国外，加深了世界对中国优秀传统文化的认识，也扩大了中国文化在世界范围内的影响力；另一方面，国外优秀文化的涌入，也极大地丰富了大运河历史文化的内容和形式，推动了中华优秀传统文化的全面发展。

二、运河沿岸历史遗存的文化资源

宏伟壮观的大运河在历经千年的风雨洗礼后为后世留下了巨大的精神财富和文化遗产。无数运河人民在运河的孕育滋养下繁衍生息，无数城镇村落因运河而兴，同时也产生了无数繁荣璀璨的运河文化。2017年2月，习近平主席在视察京杭大运河通州段治理工程时明确指出，"要古为今用，深入挖掘以大运河为核心的历史文化资源。"[1]习近平总书记为今后运河历史遗存研究和文化资源开发明确了方向。

第一，运河文化是随着大运河的开凿贯通和两千多年历史发展而逐渐形成的特色水文化。在运河流经的沿线地区，由于地理环境、气候以及不同地区人们生活习俗的不同，运河文化也表现为不同的形式，如以慷慨悲歌为特色的

---

[1] 习近平. 立足提高治理能力抓好城市规划建设　着眼精彩非凡卓越筹办好北京冬奥会[N]. 人民日报, 2017-2-25(01).

第九章　文化自信视域下大运河沿岸历史文化遗存的保护性开发研究

燕赵文化，自强不息、开放自由的齐鲁文化，和而不同的吴越文化等。这些丰富多彩、形态各异的地域文化构成了中华民族优秀的优秀传统文化体系，时至今日还具有强大的生命力，共同构成了新时代背景下提升民族文化自信的强大根基。首先，运河历史遗存中蕴含的古代水工技术、建筑技术、传统手工工艺等，都是在古代历史演进中形成的辉煌成就，是古代劳动人民勤劳和智慧的具体体现。运河开凿修建过程展现了古代高超的水利技术，如在河道开挖、水源工程、运河水位调节等方面，其技术水平在当时都处于世界领先水平。其次，运河优秀传统文化还体现为运河沿线地区丰富精美的饮食文化以及至今还广为流传的音乐戏曲、诗文小说等。如在现代中国四大菜系中，与运河密切相关的就有淮扬菜和鲁菜，其以产生、发展到流传都受到运河的直接影响。因运河而兴的民间曲艺有八角鼓、山东评书、吴歌等。当今文坛流传久远仍常读常新的四大名著，也都诞生于运河地区，这些名著的作者，其成长的环境以及名著中的内容也都和运河及运河文化密切相关。运河文人在国内文学发展的历史上占有重要的地位。运河沿岸地区坐落的城市村镇，在运河经济的带动下往往拥有发达的商业体系，南北贸易往来频繁。在运河经济的带动下，运河沿线的工艺美术空前繁荣，出现了美妙精湛的绘画艺术和工艺美术，如历史上有名的《清明上河图》就是以运河城市繁荣的商品经济和市井文化为背景创作的。此外，还有漆器技术、丝织技术、泥塑、木刻等传统的工艺，都是发源于运河两岸。古代依运河而建的城市体现了古代高超的建筑工艺，形成了一些颇具特色的帝王宫殿、民居民宅。这些饱含深远文化意蕴的遗存都是古代社会繁荣与经济发展的历史见证，体现了古代劳动人民的智慧和才能。

第二，新民主主义革命时期，大运河见证了中国共产党的诞生、发展和逐渐走向成熟的历史，在革命时期也起到了非常重要的作用。直至今日，一些与运河有关的抗日战争故事依然广为流传。如著名的台儿庄战役、铁道游击队等。抗日战争时期，伟大的运河儿女依托运河有利之势，依靠自己的勤劳智慧一次次重创日本侵略者。这些共同构成了运河文化体系中的重要组成部分——红色文化。

第三，随着我国新民主主义革命的胜利，运河传统的优秀文化和红色革命文化被流传至今，成为新时代背景下社会主义先进文化的重要基础。社会主义先进文化是在马克思主义思想的指导下，对传统优秀文化和革命文化的继承和发扬光大，源于新时代背景下中国特色社会主义的伟大实践，是与当前中国现代社会发展的实际情况相匹配的、引领中华民族未来发展的新文化。

随着全球经济的一体化和世界多元化格局的形成，中国正处在一个机遇与挑战并存的复杂国际环境之下。从国家内部发展现状来说，目前我国还存在明显的自身经济文化发展不协调、文化软实力不强等现实问题。中国在国际社会中的地位还有待于进一步提升。2012年11月，习近平总书记在参观《复兴之路》展览时第一次提到"中国梦"，中国梦的实现有赖于优秀传统文化的精神支撑。大运河在与现代社会相适应的过程中，也不是一成不变地沿袭优秀传统文化，而是在发展中蕴含了不断创新的社会主义先进文化，如依运河而兴的无锡模式，有力地带动苏南民营经济的快速发展。浙江依托运河的航运功能，劳动人民在改革中不断发展创新，形成了坚忍不拔、敢抓机遇和勇于变革的浙江模式。这些改革实践的开创精神大大提高了社会主义先进文化的传播和发展。

三、新时代背景下运河历史遗存的现实文化功能

党的十九大报告中明确提到，"文化自信是一个国家、一个民族发展中更基本、更深沉、更持久的力量"，"文化兴国运兴，文化强民族强。没有高度的文化自信，没有文化的繁荣兴盛，就没有中华民族伟大复兴"。文化是一个国家、一个民族的精神支柱。文化自信直接关系到国家的兴衰和民族的兴亡，是关系国家前途命运的大事。蕴含于大运河中的悠久历史文化资源，是提升中华民族文化自信的重要载体。随着京杭大运河历史遗存的保护、传承和利用，运河历史遗存的现实文化价值也日益凸显，为新时代坚守和坚定文化自信提供了强大的资源。

首先，随着新时代背景下运河历史遗存的保护开发，运河历史文化资源日益丰富。深入挖掘运河历史遗存的现实文化价值，能够涤荡我们的灵魂，进一步明确社会主义核心价值观和社会发展的方向。文化自信的本质是价值观自信，社会主义核心价值观是社会主义先进文化的灵魂和精髓。大运河历史文化的传承和优秀传统文化自信的提升实际上是对与运河有关的价值观的自信。大运河经过千年岁月的漫长发展，不仅孕育滋养了无数中华儿女，同时也赋予了

第九章　文化自信视域下大运河沿岸历史文化遗存的保护性开发研究

中华民族无比的智慧和勤劳的品质。文化和价值之间关系密切。运河在长期的历史发展过程中形成了独特的运河文化、道德风貌和价值理念。运河精神能够为培育社会主义核心价值观提供良好的借鉴和参照。从运河的历史功能来看，运河的开凿贯通对当时实现国家和民族统一，推动和促进民族文化交流以及地区经济发展等方面都具有重要的意义。国家的统一富强、民族文化的交汇融合，都体现了一种和而不同、求同存异的民族特质，这也符合新时代背景下社会主义核心价值观所倡导的民主、文明、和谐的主流趋势，也彰显了国家层面的社会发展的核心价值理念。运河漕运功能的逐步完善发展极大地促进了全国范围内商品的流通和商品经济的形成。在繁荣的商品经济氛围下，各行各业的商贾本着诚信经营、公平交易的市场原则，以自己的聪明智慧和辛勤劳动创造和积累财富，这从公民层面体现了一种爱国、敬业、诚信和友善的价值观导向。新时代赋予了运河文化以新的内涵，运河文化具有了更强的感召力和凝聚力。深入挖掘和积极传承运河优秀文化基因，有助于培育和践行社会主义核心价值观，为构建社会主义和谐社会打造深厚的文化根基。

其次，新时代背景下运河历史遗存的深入开发推动了中华优秀传统文化与社会主义文化的融合，有助于强化和提升中华民族的文化软实力。当今世界是一个政治多元化、经济全球化和社会信息化的世界。多元文化的冲突、碰撞、交汇融合已经成为一种新的常态。在各个国家经济快速发展的背景下，不同国家之间的竞争不仅体现在经济领域"硬实力"的竞争，更扩展到了包括文化在内的"软实力"的竞争。文化因素是软实力竞争的关键因素，也成为不同国家在新的竞争格局下的新领域。京杭大运河历经千年，孕育了丰富多彩的水文化，聚集了中华民族和中华文化的底气、志气，也为坚定国家的文化自信、不断提升文化软实力和世界竞争力提供了坚实的基础。

精神和文化支撑是提升国家文化软实力的必要条件。社会主义社会的文化软实力需要积极向上的正确的价值观引导，从而不断提高社会主义先进文化的吸引力和影响力。运河历史遗存的保护开发，要求在承认运河文化普遍价值的基础上挖掘体现其独特的历史文化底蕴和现实文化价值。不断提高运河文化的影响力、吸引力、感召力和凝聚力，这是提升国家文化软实力的重要基础。社会主义国家的建设和发展离不开先进文化的支撑，离不开文化事业的发展

和文化产业的繁荣复兴。当前，运河历史文化资源已经成为运河沿岸城市和地区经济发展的新的增长点。运河沿线初步形成了以运河为主轴，以水文化为特征，以及以运河沿岸优美的自然风光、民风民俗等为支撑的特色文化产业带，为不断提升国家的文化软实力奠定了基础。

再次，当今世界形势多变，经济全球化、文化多元化深入发展，同时也暴露出各种社会问题、安全问题。人类生存和持续发展面临严峻的形势。在此背景下，习近平主席提出要加强不同国家之间的协同合作，携手共进，共同构建一个"持久和平、普遍安全、共同繁荣、开放包容、清洁美丽的世界"[1]。习近平关于共同构建人类命运共同体的美好愿景，是中国精神和中国智慧的集中体现。

从空间走向上来看，大运河横亘南北，其本身就是一种跨地域融合的象征，体现了一种和谐相处、和而不同的思想理念，也反映了当时统治阶级实现国家统一和民族融合发展的政治抱负。这种贵和尚中的和顺气质有助于当今世界解决不同国家或不同民族之间的重大冲突问题，对建立一个没有动乱、安宁和平的国际新秩序，打造美好和谐的国际新环境都具有重要的参考价值，是共同构建人类命运共同体的现实文化基础。运河漕运带动了沿线地区经济的发展，运河经济带是古代经济发展的重要的生命线。古代运河沿线地区，公平正义、诚信、和平是当时各行各业不同种族不同阶层的人们共同遵守的准则，这也是当时经济繁荣与国家安定和平的重要基础。当今世界形势多变，经济全球化越演越烈。任何一个国家在这种国际大势之下都难以独善其身。合作共赢，共同建立一个"开放、包容、普惠、平衡、共赢"的世界经济格局是全世界国家和人民的共同愿景和必然选择。

---

[1] 习近平. 决胜全面建成小康社会　夺取新时代中国特色社会主义伟大胜利[M]. 北京: 人民出版社, 2017: 58–59.

第九章　文化自信视域下大运河沿岸历史文化遗存的保护性开发研究

第三节　文化自信视域下大运河历史遗存的创造性转化

习近平总书记在党的十九大报告中明确指出，要"推动中华优秀传统文化创造性转化、创新性发展"。习近平关于中华优秀传统文化传承和发展的重要论断为今后历史遗存和优秀传统文化事业的发展指明了方向。文化自信视域下推动优秀传统文化创造性转化和创新性发展，首先应该对中华优秀传统文化有一个清晰的、科学的认识。中华民族有五千年悠久的历史，形成了无数优秀的优秀传统文化。中华优秀传统文化是中国历史上几千年来由勤劳智慧的劳动人民创造和传承的一切文化的总和。中华优秀传统文化在推动历史发展和社会文明进步等方面长期发挥着积极的正能量。推动中华优秀传统文化的创造性转化和创新性发展，是新时代赋予中华儿女的新的历史使命，也是历史文化遗产传播的新业态、新走向。

一、文化自信视域下运河历史遗存的创造性转化

大运河是我国传承千年的典型历史文化遗存，以运河为载体形成了丰富多彩的中国地域性文化，彰显了生生不息的民族精神。文化自信视域下运河历史遗存的创造性转化，必须以运河沿岸地区独具特色的社会实践为基础，深深植根于运河文化精髓和思想的传承发展中。大运河不仅是中国人民的宝贵财富，也是世界的文化瑰宝，是全人类公认的具有突出意义和普遍价值的自然文化景观。在未来的发展中，运河历史文化遗存必然面临优秀传统文化的创造性转化和创新发展的现实问题。所谓创造性转化，指的是对那些历史遗留下来的但对于现代还有一定的借鉴意义和内涵的事物，按照现代的特点和要求进行改造和创新，使其具有新的活力和生命力。运河历史文化遗存的创造性转化，是提升运河文化在当代的影响力、号召力，激活其生命力的现实要求，是顺应时代发展要求的必然选择。

首先，运河历史文化遗产是融合自然遗产和人文遗产的资源异质的遗产

族群。大运河是历经几个朝代开凿修建的古代宏伟的水利工程。在漫长的历史发展中，无论是在军事、经济、政治还是在沿岸地区人们的生活方面，大运河都起到了重要的作用。与此同时，依托大运河也形成了独具特色的运河水文化。运河水文化的内容广泛，既包括以古运河河道为基础而形成的各种水利工程遗产，也包括运河沿岸依运河而建、依运河而兴的各种城镇文化遗产，还包括沿岸地区特色的宗教文化遗产、民俗文化遗产等。在运河几千年的发展历程中，沿岸不同地区的人民逐渐形成了一些特有的生活方式和思维方式，这些风土人情以及民风民俗都是运河文化的具体表现形式。大运河横亘南北，流经六省两市。沿运河形成的线性文化各具特色，反映了不同时期、不同地区自然和人方面的不同文化底蕴，是资源异质的遗产族群。

其次，新时代背景下，大运河文化的创造性转化和发展即对运河历史文化遗存的创新性保护和开发利用。大运河申遗成功以后，运河历史文化遗存的创造性转化是运河管理的内在要求。大运河与其他优秀传统文化形式一样，实现与新时代文化发展要求的相互融合，实现在当下的转化与发展是运河文化传承和持续繁荣的客观需要，具体落实到实践中则表现为对运河历史文化遗存的保护性开发和全面利用。运河历史文化遗存的保护与利用并非冲突的对立面，而具有内在的统一性。运河历史遗存的保护是要保留运河原有的遗迹样态。运河历史遗存的开发利用必须在保护的前提下开展。运河历史遗存的意义就在于在不同的时代与时代发展背景相结合，实现运河文化的创新。

此外，大运河直至当前仍然是活态的具有较强生命力的重要水道，是"活着的、流动着的人类遗产"。随着全球文化的互通与交流，运河文化的创造性转化必将受到全球文化的影响。在此过程中，运河文化的发展应该充分借鉴西方文化发展过程中的有益成分，并实现与我国特有文化背景的结合与转化。大运河文化不仅是中国优秀传统文化的典型代表，同时也体现了不同地区的特色文化传统，在转化、传承发展过程中更应该注意运河文化发展中的同质性、地方性，注重对运河文化丰富性的保护。

二、运河历史文化遗存创造性转化的现实路向

优秀传统文化的创造性转化与创新发展必须坚持理论联系实际，将思想

第九章　文化自信视域下大运河沿岸历史文化遗存的保护性开发研究

层面、精神层面的文化精髓与当前社会实际相结合，使思想真正把握现有的社会现实，推动文化向实际的转化。所谓现有的社会现实，是人类发展过程中，全部历史的具体化，是决定社会意识的各种物质存在。优秀传统文化在与现代文明相结合实现创造性转化的过程中，必须要以具体的社会现实为基础，立足社会现实，实现社会意识的升华，只有这样才能够深入地理解和把握优秀传统文化的精髓，并将优秀传统文化中的优秀思想转化为社会现实中的实践，不断生发新的文化思想。

　　大运河流经不同的省市地区，直至今日仍然显现出其源源不竭的活力。运河沿线地区自然环境各异，形成了不同的文化形态。大运河作为世界性的历史文化遗产，申遗的成功也反映了大运河的历史和现实价值。推动大运河历史文化遗存的创造性转化，必须将现有的运河文化与当前新时代背景下的各种社会诉求有机结合，应以此为根基推动运河文化的创新发展。总体而言，大运河文化的创造性转化，可以从如下几个层面推进实施。一是运河文化的创造性转化要以运河沿线各地区既有的各种文化形态及其特性为客观前提。大运河文化包括有形文化和无形文化两种文化样态。无论对于哪种文化样态，在进行创造性转化的过程中都不能简单化，否则运河文化的保护和利用就失去了现实的意义。大运河历史文化遗存的保护和传承利用就是要从根本上保护其独特的历史价值以及在新时代背景下彰显的社会价值。大运河沿线各城镇地区在长期的历史发展中形成了一些独具特色的文化样态，这也从根本上决定了大运河历史文化的创造性转化与创新发展的独特性。二是大运河历史文化的创造性转化应立足当前运河沿岸各城市地区的现实生产状况。客观存在的现实生产状况，为不同时期各种生产关系和社会关系形成的基础，也是运河沿岸城市和地区人民社会生活的基础。南北地区自然环境、气候条件的不同导致不同地区生产力发展、人们之间的社会关系以及生活方式等都表现出明显的差异。人类的生存方式与社会生产活动之间存在着密切的关系，不同地区的生产活动往往随着生产方式的改变而改变。大运河历史文化的创造性转化应立足运河沿线地区的现实生产活动推进文化内容创新和形态创新。三是大运河历史文化的创造性转化应以沿线地区人民的基本诉求为指向。文化的主体是人，人的基本诉求与人的社会生产实践活动息息相关。人的诉求属于社会意识范畴，直接反映了所处时代的社会现实。正如马克思所说："意识在任何时候都只能是被意识到了的存在，而人们的存在就是他们的实际生活过程。"[1]因此，运河沿岸城市和地区人们的基本诉求就是对社会实际存在的直接反映，运河历史文化的创造性转化必须以沿线人民的基本诉求为导向，立足人民群众的社会实践推动文化的现实转化。

第四节 文化自信视域下大运河历史遗存的保护创新

大运河是世界性的文化遗产，也是中华民族几千年发展的历史见证，是中国在世界上的名片。大运河历史文化遗产的传承和保护利用，有助于延续中华民族千年的历史文脉，同时对于提升中华民族的自信心和自豪感具有积极的作用。新时代背景下大运河历史文化遗存的传承保护，应立足文化自信和运河历史遗存的原真性、整体性，坚持科学先进的文化保护理念，不断建立健全协同联动机制和文化保护机制。

一、文化自信视域下运河历史遗存的保护理念创新

无论是在国内还是从全世界范围来看，京杭大运河都是古代运河工程中工程量最大，通航时间最长，也是成就最高的水道工程。在数千年的人类历史发展进程中，大运河从开凿贯通伊始，就在历朝历代的经济、政治、军事和社会生活中发挥着重要的作用。今天，大运河的保护和利用，尤其是运河沿线遗留下来的重要的历史遗迹、遗物，以及其中蕴含的丰富的历史文化的传承、延续和发展，都面临着重重的困难。因为运河南北跨越了不同的省市地区，不同地区在运河的属地管理方面虽然能够做到因地制宜，但从整体上来看，却缺乏相互的协同与合作。运河的整体性决定了运河的保护和利用也必须遵循整体性原则，避免各区段运河开发和无序管理破坏运河原有的历史风貌和文化底蕴。

首先，文化自信视域下运河历史遗存的保护性开发利用应该从理念方

---

[1] 中共中央马克思恩格斯列宁斯大林著作编译局. 马克思恩格斯选集（第1卷）[M]. 北京：人民出版社，1995：72.

第九章　文化自信视域下大运河沿岸历史文化遗存的保护性开发研究

面进行创新。一是不同地区之间应树立联合管理和跨界合作的协同理念，创建协同组织和协同管理制度，构建统一的运河管理机构，制定运河专项遗产管理条例。运河是一个横跨多个省市地区的复杂水利系统，任何一个地区或部门都不能独立承担起运河保护开发的重担。运河系统的复杂性要求沿线各省市地区既要结合自己所属区段的地域特点制定专门的运河管理方法，同时也要兼顾邻省地区运河管理的实际，形成有序的集体行为。这就要求不同地区之间的运河管理部门在运河保护、开发和管理过程中要主动联合，各方面要素之间要紧密联系，从宏观层面上对大运河实施整体性的保护。然而，在具体实践中，往往由于不同地区之间在个体利益驱使下难以形成真正的合作共同体，因此，除了要求地区之间能够自觉地在大运河资源保护和开发方面加强合作之外，必须从国家层面优化顶层设计，构建运河统一管理和决策机构，同时，创新制定大运河专项遗产协同管理条例，对各地区运河管理和保护开发的具体行为进行规范和约束，保证大运河在保护管理和协同合作方面有法可依。二是正确处理运大河历史文化遗存的保护、开发与利用之间的关系，真正实现大运河的协同和持续健康的发展。京杭大运河的管理与利用应遵循保护与开发并重，资源和文化开发要以运河保护和不破坏运河原有的历史风貌为前提。大运河的协同发展是针对当前各个地区在运河管理和资源开发过程中存在的同质化和单一化问题而提出的一种科学的管理方法。大运河历史文化悠久，资源丰富，尤其在运河成功申遗以后，各地区为了追求经济利益，掀起了一场运河开发的热潮。这就造成了很多地区为了单纯追求经济利益，对运河沿岸的古镇、古村、古建筑等进行大肆改造，严重破坏了运河沿岸历史遗存的原有风貌，出现了"千城一面"的同质化现象，运河原有的地方特色逐渐消失。不同地区之间为了争夺旅游资源，恶性竞争不断，导致不同地区不同的资源要素表现为同质化、单一化的趋势，运河文化系统的活力不断下降。大运河历史文化遗存的生命力和活力来源于其长期发展过程中所形成的差异和地域特色。因此，不同地区之间在运河资源开发方面必须坚持保护与利用同步进行，科学地处理好资源保护和开发利用之间的关系，通过协同合作避免和消除不同地区之间的同质竞争，实现共赢。

其次，文化自信视域下运河历史文化遗存应创新构建多主体、全方位保护的合作格局。大运河流域面积较大，运河沿线城市地区的历史文化遗存也形态各异、情况复杂，运河管理和历史文化遗存的整体性保护必须充分发挥政府的主导性作用，同时调动各种民间组织、企事业单位、社会团体和个人的积极性和参与性，形成对运河保护与文化传承的合力。政府主管部门是实施运河管理的主体，在运河保护利用和传承方面应发挥主导性作用，通过制定和完善具体的体制机制对大运河实施科学化、规范化的管理。

二、文化自信视域下运河历史遗存的传承方式创新

大运河历史文化遗存的传承和保护是实现运河文化遗产可持续、健康发展的前提和基础。大运河历史文化遗产的传承过程，本质上是中国千百年来蕴含于水文化之中的优秀文化基因的传承。因此，文化自信视域下运河历史文化遗产的传承就是对运河水文化中优秀文化基因的提取、活化和转化，是优秀的运河文化基因与新时代背景下人们生活生产实践的融合，在融合过程中实现运河文化内容与文化形式的补充和创新，实现运河文化资源的全世界共享。

第一，大运河是一种特殊的物质文化载体，在历经几千年的岁月磨砺中积聚了大量丰富的历史文化遗产，蕴含了独特的运河文化基因。从大运河所蕴含的文化基因的形态来看，运河文化基因既包括运河沿线城市地区特色建筑、城市风貌、农耕文明、商业文明等显性的文化基因，同时也包括如历史文化、民族精神和文学艺术等隐性文化基因。文化自信视域下运河历史文化遗存的传承和发展，客观上要求我们必须对运河文化的价值进行提取，对运河显性和隐性文化基因进行活化，使其在新的时代背景下能够绽放更加独特的魅力。运河优秀历史文化的传承和发展并不是简单地将运河古文化沿用至今，也不是盲目的排外而唯中华文化马首是瞻。运河文化的传承既要古为今用、洋为中用，同时也要注意对文化基因进行辩证的取舍，摒弃其中消极落后的因素，继承和弘扬其中的优秀文化品格和积极的思想。在大运河文化的继承和发展过程中，必须坚持动态性和开放性的原则，在坚持对运河优秀文化基因进行提取的基础上，结合新时代的社会背景和文化发展要求，对优秀运河文化基因进行创造性的转化和活化利用。京杭大运河积淀了丰富的历史文化遗产，其中不乏优秀的物质文化遗产和非物质文化遗产。对于不同形态的历史文化遗产，在传承和发

展过程中所采取的措施也不相同。对于物质文化遗产,应注重在保护历史文化遗迹完整性的基础上,充分发挥这些历史古迹、遗存在当代的社会效益、经济效益和现实价值。对于非物质文化遗产,则应从优秀传统文化内容和形式与现代社会生活相融合的角度,注重对优秀传统文化基因的创造性转化,注重围绕大运河特有的地域文化特色和价值分析,确定科学合理的文化资源开发和保护性利用的方式。在保护运河文化原真性的基础上深入挖掘运河历史资源的当代文化价值。

第二,文化的产生和发展过程是和人类历史演进过程紧密联系在一起的。文化是一种人类历史凝结成的稳定的生存方式。在不同的时代背景下,不同的文化内容和文化形态对于人们的生产和生活实践都具有重要的影响。文化自信视域下大运河历史文化遗存传承方式的创新应在运河优秀文化基因提取和活化利用的基础上,融合运河文化与社会生活实践,从而实现运河优秀文化基因的再现和生活化。

人类生命的本质是"自由的、有意识的活动"。对大运河优秀历史文化的承继和发展来说,这种"自由的、有意识的活动"即将运河文化和运河两岸人民长期的生活和生产实践相融合。大运河历史文化遗产是古代劳动人民勤劳与智慧的成果,是人类实践的历史产物。因此,运河文化的传承与发展也应该在人类生活和生产实践中实现。历史文化遗存并不是没有生命的死的东西,而是具有鲜活生命的活态的人文之物。运河历史文化源于运河沿岸地区人们的生产生活,且已经在长期的历史发展过程中和人们的生产生活融为了一体,并不是独立于人类社会生活之外的抽象的存在。因此,运河文化的传承和发展与运河沿岸人们的生产生活是息息相关的。

第三,运河文化是人类社会共同的财富。运河历史文化遗产越多,其蕴含的文化底蕴越丰富,文化自信也越充分。因此,运河历史文化遗产是新时代背景下文化自信的现实根基[1]。大运河优秀历史文化的传承是新时代背景下坚守和培育文化自信的本质要求。运河文化的传承和发展不仅仅是中华儿女对运河文化资源的挖掘、保护与利用,同时还应该注重运河文化在全世界范围内的

---

[1] 黄晓波.论文化自信的生成机制[J].科学社会主义,2012(03):74-77.

资源共享和传播，让运河文化在新时代背景下发挥其最大化的社会效益和经济效益。首先，运河文化的资源共享有赖于运河历史文化遗存宣传展示水平的不断提高。文化是一个国家和民族的灵魂和根基。运河沿岸地区的政治、军事、经济的发展都是以丰富的运河文化为基础的。因此，在运河传统历史文化的宣传方面应注重形式的多样化、手段的现代化、对象的大众化，持续增强全社会对运河文化遗存的保护意识。其次，运河文化是以大运河为主轴而形成的包括古代水工技术、沿岸特色建筑、民俗民风、商贾文化等一系列内容的集合。运河文化的传承应着力塑造一批经典的运河文学艺术作品和影视作品，使世人能够直观地感受运河文化的深厚情怀和无限魅力，在潜移默化的熏陶过程中加深对运河文化的认知和理解，进而接受运河文化，形成对运河文化的自觉保护、传承和发展意识。最后，大运河是世界性的文化遗产，是属于全人类的精神财富。运河文化的传承和发展应立足全世界范围，推动运河文化资源的全世界共享。新时代背景下，不同国家和民族之间的精神和文化层面的交流日益频繁，很多国外学者、专家也开始了解和解读运河文化，并将运河文化传到了国外，这也是古代运河发展历史中曾经出现过的场景，进一步印证了运河在加强民族团结和中外交流方面的重要作用。

三、围绕大运河文化基因提升运河历史遗存的文化认同

两千多年以来，京杭大运河一直流淌在我国南北广袤的大地上，在不同历史时期的军事、政治、社会生活等各个方面发挥着重要的功能，对中华民族的繁衍生息和国家统一稳定起到了重要的支持作用。运河在千年流淌的历史中积淀了丰富多彩的文化形态，其绵绵不绝、璀璨深厚的历史文脉是中华优秀传统文化的重要内容，同时也是大运河沿岸地区历史发展演变的见证。新时代背景下，坚守文化自信，客观上要求要对京杭大运河的历史文化遗产进行活化利用，针对运河资源开发、保护和利用时存在的突出问题进行分析和解决，使大运河与当代的社会发展实际相融合。

首先，大运河是历史遗留的典型的线性文化资产，其独特的文化韵味和文化理念是古代劳动人民辛勤和智慧的结晶，涵养了中华民族几千年生存和发展的文化自信。大运河优秀历史文化基因的提取和活化利用，赋予了大运河文

第九章　文化自信视域下大运河沿岸历史文化遗存的保护性开发研究

化现代意义和无穷魅力，也推动了中华文化与世界文化的接轨。党的十九大明确做出了坚定文化自信、推动社会主义文化繁荣兴盛的战略部署。党的这一战略部署为大运河文化的传承与保护指明了方向。以运河文化为核心的运河文化带建设和运河生态廊道建设成为运河文化传承发展的新形式。从大运河的时代价值来看，运河文化作为千百年劳动人民智慧和勤劳的结晶，已经成为象征中华文化的名片。运河历史文化的传承发展对于当前国际上激烈的意识形态斗争和国内文化商业和价值观的转型都具有积极的意义。运河文化带的建设对于弘扬中华优秀传统文化、培育社会主义核心价值体系和坚守文化自信具有重要的现实作用。鉴于大运河南北横跨的省市地区较多，在推进大运河文化带建设时应坚持统筹规划和协同合作原则，通过优化顶层设计加强沿线各地区之间的统筹安排和沟通协调，形成大运河优秀传统文化保护、传承和发展的合力，共同推动大运河从"地理空间"转向"文化空间"。

其次，京杭大运河历史遗存较多，这些历史遗存为发展沿线城市和地区的旅游事业提供了重要的物质资源。大运河历史文化遗存的保护性开发应以运河历史文化遗存为纽带构建和完善运河生态廊道，在注重运河旅游资源开发和经济效益的同时，也应重点关注运河生态效益，以保护运河遗产原真性和整体性为原则，将自然资源和文化资源有机结合。运河生态环境的保护是一切开发工作的基础。运河区域内拥有较多的湿地、河流、湖泊、城市公园等，这些都是非常宝贵的旅游资源，同时也是保障运河沿线地区优美人居环境的基础。运河生态廊道建设旨在实现运河经济效益的同时兼顾运河的社会效益和生态效益，推动运河沿岸生态文明建设和生产发展、生活富裕、文化繁荣的互利共赢和可持续发展。

最后，运河文化产业带建设和发展应紧紧围绕运河优秀的历史文化基因，以创新理念和创新实践打造运河城市带，形成贯穿南北文化的大长廊。建设旅游强国的强支点。运河文化带建设和关联产业的发展必须首先明确自身的定位。运河文化内涵丰富，地域特色明显。各地区甚至各相关企业在依托运河文化带发展和振兴旅游经济时必须明确自身定位，坚持以文化养文化，推动文化资源向文化产品转化，真正激活运河文化，深挖运河文化基因，促进创新产业的发展。创新是一个国家和民族振兴与持续发展的根本动力。运河文化的传承和持续发展同样需要不断的创新，利用创新实践推动运河文化基因的转化和利用。大运河历史文化资源的现实价值是和当前社会实践紧密联系在一起的。运河文化基因和文化资源的创造性转化和创新发展是实现运河文化当代价值的根本途径。

第十章　大运河文化旅游产业发展瓶颈因素分析

　　文旅融合为传统旅游产业发展注入了新的活力,是新时期旅游行业实现持续、健康发展的重要保证。运河优秀传统文化作为中华民族五千年历史发展的优秀文化资源,在推动新时期沿运地区经济和文化繁荣发展方面发挥着越来越重要的作用。运河文化是运河旅游的灵魂,集中体现了国家和民族的品格与精神风貌。运河优秀传统文化的力量,已经深深熔铸在中华民族的生命力、创造力和凝聚力之中。文化旅游产业是当今发展前景最为广阔、发展规模最为庞大的朝阳产业。大运河文化底蕴厚重,旅游资源丰富多彩,运河文化与旅游产业融合发展不仅能够为沿运地区的社会经济发展和文化繁荣带来前所未有的机遇,同时也是运河文化传承与创新发展的必然趋势。基于文旅融合发展背景,探究运河文化旅游,推动运河文化旅游突破瓶颈,能够进一步实现统筹运河文化产业发展和旅游资源开发,不断提升中华民族文化软实力,提高运河文化与运河旅游的世界影响力。

第一节 运河文化旅游产业发展的环境分析

千年流淌的大运河孕育和积淀了深厚的文化底蕴、宜居的生态环境和精致的城市特色。运河文化与旅游产业的融合发展为运河优秀传统文化的传承和发展带来了新的契机，同时也是持续推动运河经济繁荣和运河城市发展的重要手段。大运河横贯南北，连通了海河、黄河、淮河、长江、钱塘江等五大水系和内陆大大小小的河流支流，衔接了南北不同的地域文化，成就了独特的运河水韵魅力和人文内涵。运河文化旅游资源的开发和旅游产业发展为运河文化的传承传播和承继创新提供了重要力量。最近几年，大运河文化旅游产业发展势头迅猛，各沿运地区与运河文化相关联的文化休闲服务、文化艺术服务等特色文旅产业都得到了一定程度的发展，文旅产业已经逐渐成为沿运地区经济、文化发展的重要支撑。根据国家统计局统计结果显示，住宿餐饮业已经成为最近几年最为活跃的消费业态之一，对消费的贡献率高达13%以上。在运河文化的传承和发展过程中，餐饮住宿行业也是非常重要的载体，作为旅游业六大要素之一的餐饮住宿业，正在成为消费和文化融合的重要领域，对运河文化的传播和深度开发将成为运河文化先行和文旅融合的重要场景。

从我国文旅产业的宏观发展环境角度分析，近几年我国文化产业和旅游产业的总量规模一直呈现稳步增长的发展态势，产业结构逐步优化，国内旅游市场主体不断壮大，文化旅游产品和服务项目也越来越丰富多样。根据相关统计数据显示，2019年前三季度，全国规模以上文化及相关产业总营业收入超过62 000亿元，同比增长7.6%。与此同时，旅游市场的发展规模也实现了快速增长，2019年前三季度，国内旅游人数达到45.97亿人次，同比增长8.8%。文化产业与旅游产业市场规模的不断扩大为二者的相互融合发展奠定了坚实的基础。

一、运河文化旅游产业融合发展的机会分析

最近几年，随着大运河的成功申遗，无论是从中央层面，还是运河沿线地方政府层面，都高度重视大运河优秀传统文化的传承保护和旅游资源的开

第十章 大运河文化旅游产业发展瓶颈因素分析

发利用,并制定了运河文化保护和传承利用的相关政策规划。2019年6月,中共中央办公厅、国务院办公厅联合印发了《大运河文化保护传承利用规划纲要》,从顶层设计层面推进保护和传承运河文化工作,提出要打造大运河璀璨文化带、绿色生态带、缤纷旅游带,将运河文化传承和旅游资源开发提至国家战略层面。2017年开始,国家文物局配合国家发展和改革委员会,启动文化遗产专项规划编制工作,开展《大运河遗产保护管理办法》实施情况评估,对运河沿线8个省、直辖市境内的运河遗产保护管理情况进行了全面调研,并督促各地区进一步加强对运河文化遗产的保护和传承。与此同时,运河沿线地区也非常重视对境内运河历史文化遗产遗迹的传承保护。2017年,浙江省批准通过了杭州市、嘉兴市大运河世界文化遗产保护条例,其实践为国家层面开展运河遗产保护的专项立法提供了有益的借鉴和丰富的经验。2018年3月,北京市审议通过了《北京市大运河文化带保护建设规划》和《北京市大运河文化带保护传承利用五年行动计划(2018—2022年)》。2019年5月,江苏省扬州市举办了首届运河文化旅游博览会,向全国和世界展现千年运河的独特魅力和文化底蕴。在旅游产业发展政策方面,国家也出台了多项政策法规,全力推动旅游产业发展。2009年国务院出台《国务院关于加快发展旅游业的意见》,明确了旅游业"国民经济的战略性支柱产业和人民群众更加满意的现代服务业"的定位。2014年我国出台了《关于促进旅游业改革发展的若干意见》,提出要增强旅游发展动力,扩张旅游发展空间。与此同时,大运河沿线地区政府也正在积极筹备运河文化旅游融合发展规划,2018年11月,江苏省创新编制《大运河国家文化公园江苏段建设保护规划》,同步开展运河文化遗产的保护传承与运河河道的管护治理、航运建设和生态保护、文旅融合等多项专项规划的编制工作,2019年12月召开《大运河江苏段文化和旅游融合发展规划》编制推进工作会议,并宣布设立大运河文化旅游发展基金,通过母子基金协同联动方式,重点支持大运河国家文化公园建设和文旅融合发展。2019年6月,河北省发布大运河文化和旅游融合发展规划成交公告,积极筹备运河文化传承与旅游资源融合开发工作。2019年1月,浙江省杭州市出台《杭州市大运河世界文化遗产保护条例》,成为我国首个保护运河世界文化遗产的地方性法规。中央及地方政策的密集出台为运河文化旅游事业的发展提供了方向和保障,也为大运河文化

与旅游产业融合带来了重要的发展机遇。

除此以外，我国旅游产业的迅猛发展，也为运河文化旅游融合发展提供了根本动力。根据相关统计数据显示，2016年我国国内旅游总人数达到44.35亿人次，同比增长10%，出游率高达322.6%，其中偏好文化旅游的人数超过50.7%。相关预测显示，未来我国文化旅游市场空间将达到2万亿元。巨大的市场空间和良好的发展前景也带动了文化旅游市场的大量资金注入。根据全国旅游投资项目库数据显示，2016年全国旅游业实际完成投资12 997亿元，同比增长29%。其中文化旅游投资6 593亿元，占全部比重为26.9%，较2014年增长了超过10个百分点。不断扩大的旅游消费者群体和资金支持为运河文化旅游融合奠定了坚实的发展基础。

二、运河文化旅游产业融合发展的挑战分析

相比其他文化资源来说，运河文化旅游资源在地域上存在明显的差异性。对于运河沿线一些历史较为久远的城市地区，积累、流传下来的历史遗存较多，可开发的文化资源较为丰富，而对于有些地区来说，其文化资源稍显小众，部分地区由于对运河优秀传统文化重视程度不够，发展起步较晚，总体上来说还比较初级，发展动力不足。总体而言，目前运河文化旅游产业融合和文化旅游资源开发过程中面临的挑战主要来源于以下几个方面：

一是来自同质替代性旅游产品的威胁，对运河文化旅游开发与文旅融合发展形成竞争和挑战。从2004年开始，国内外旅游开始快速发展，国内各个省份都开始不断加大对旅游产业的投入力度，旅游产业发展的基础设施日趋完善，并涌现出大量的新兴旅游产品，其中也包括文化旅游产品。因此，运河文化旅游产业融合在整个旅游市场面临诸多实力雄厚的竞争者。如万达集团在国内的文化旅游项目已经达到6个，开发并推出了室外主题乐园、室内海洋乐园和高尔夫球场等多项旅游产品。据相关数据统计显示，2016年全国旅游项目投资规模前十位中，有三个是文化旅游项目，其项目投资规模均超过200亿元。这也在一定程度上表明，未来文化旅游产业的发展，在很大程度上将依赖于资金的支持。古运河游览线的开发和推出必须依托雄厚的资金作为后盾，在对相关景点的改造维护、主打景点创新开发和沿运地区风光带建设等方面，都需要

大量的资金落实,然而对于有些沿运地区来说,在文化旅游融合方面的资金投入还明显不足。

二是面临新的形势,运河文化的传承保护和发展项目本身的复杂性对运河文化旅游融合发展形成了一种挑战。大运河自成功申遗以后,其是否能够作为一项世界文化遗产和典型的文化旅游名片,还取决于后申遗时代的保护和发展对策。大运河文化遗产和旅游开发融合发展项目本身具有较高的复杂性,其所涉及的空间范围和项目规模都异常庞大,涉及人员、学科部门众多,面临不同地区在经济发展实力、项目执行能力、运河旅游发展战略等各方面存在的巨大差异,项目的执行和运河文化资源保护的整体效果难以保证。部分地区因为发展起步较早,对运河文化资源的传承保护和开发利用较早,运河文化旅游事业发展取得了较好的成效,但也有些暂时没有被列入遗产名录的河段和遗产点,其生存状况却并不乐观。因此,在进行运河文化旅游资源开发和转化过程中如何有效保护历史遗存,防止文化资源的过度开发和生态破坏,对于大运河文旅融合发展也是一种极大的挑战。

三、运河文化旅游产业融合发展的优势分析

风光秀美的大运河积淀了千年的文化底蕴,滋养了沿线地区历代无数人民,也孕育了中华民族璀璨的历史文化精华,为当代大力发展运河文化旅游事业提供了得天独厚的先天优势。从地理分布上来看,大运河流经8省30多个城市地区,沿岸自然景观类型多种多样,具有非常强的地区差异性。沿线很多地区的景观资源具有较高的品位,在全国乃至全世界都占有非常重要的地位。大运河本身就是贯通南北的重要水道,对外旅游交通条件便利,开放性和可进入性较好,其强大的航运功能能够为游客提供独具特色的游船体验。运河沿线的人文景观和自然景观也为运河水上旅游提供了丰富的物质基础和文化素材。

一方面,大运河本身及其沿线地区遗留至今的各种遗产遗迹、村落古镇、民间艺术、民俗民风等,是古代科学技术、生产生活文化的重要见证,其历史文化价值是独特且无可比拟的。大运河的开凿凝结了古代劳动人民的智慧,经过历朝历代的通航运行、管理修整,运河水上和沿岸形成了各种水工设施、码头、钞关、船闸以及各朝代的特色建筑,这些建筑和设施本身不仅反映了当时朝代高超的建筑艺术，也展现了不同的建筑风格，极富艺术文化价值。大运河在为数以十万计移民提供就业机会的同时，还促进了沿运河各地世风民俗的演变以及人居环境的碰撞、借鉴、互动和演进[1]。大运河养育了沿线地区无数的仁人志士、劳动人民，在无尽的历史长河中形成了沿线地区各种各样不同的聚落村镇，很多地方仍保留着古代遗留下来的各种传统风俗，这些民间习俗已经转变成为一种独特的运河文化深入人心并将亘古流传。除此以外，运河沿线地区也是很多古代文人雅士的故乡，依托沿运河地区的日常生活，出现了诸多历史文学名著，人们通过这些文学作品能够在头脑中重现古代运河两岸劳动人民的生活场景，不仅从文学的角度了解大运河的特色文化，也会产生一种亲身体验沿运地区生活的向往。总体来说，大运河丰富多彩的历史文化遗产为发展运河文化旅游提供了充分的旅游资源基础，是运河文旅融合特有的先天优势之一。

另一方面，近几年国内旅游产业发展势头迅猛，国内游客和国外游客的数量逐年递增，旅游市场规模不断扩大。随着旅游消费结构的不断升级，游客的旅游诉求也发生了一定的变化，从过去传统旅游单纯追求休闲娱乐式的出游，转向更加注重文化体验和旅游地的文化底蕴，对精神文化的需求日益提升，旅游文化消费成为一种新的时尚。旅游消费者需求层次的提升和对旅游地文化底蕴的更高要求催生了更多旅游文化产品的出现，也推动了各地区政府对当地旅游文化元素的挖掘和开发，一定程度上带动了地区文化事业的繁荣发展。大运河独具特色的历史文化底蕴和功能价值是吸引中外游客的核心元素。

旅游产业的发展，从时间上来说，抢先一步发展能够获得更多有利的条件和资源，但是后来者也有后来者的优势。国内旅游业在经过一段时间的快增长之后，必将进入一个相对稳定的成熟发展期。相比之下，旅游业成熟发展阶段，对旅游业发展的理性思考将会取代旅游资源开发初期的狂热，使旅游产业发展更加趋于科学化、合理化。国内外旅游文化产业的融合发展实践较多，既有成功的案例、也有失败的案例，大运河文旅融合发展起步较晚，这样既可以充分借鉴吸收国内外文旅融合成功案例的先进经验，同时也能够汲取失败案例

---

[1] 余敏辉.试论徽商对运河城市发展的作用和影响[J].常州工学院学报(社科版)，2021(1)：1-10.

的教训,直接走上持续、健康发展的道路。此外,运河旅游资源的滞后开发,尤其是对历史文化资源的晚开发,对于保护大运河原生态的旅游资源、保证文化旅游资源的合理有序开发也是一种后发优势。

四、运河文化旅游产业融合发展的劣势分析

旅游业是一项关联性非常强的产业,其中涉及"食、住、行、游、购、娱"等不同的环节以及各要素下不同的管理部门。旅游业的发展要求旅游管理部门应具有很强的协调管理能力,能够有效地协调各个行业管理部门。与此同时,在进行旅游资源开发时,由于各种不同性质的旅游资源分属不同的管理部门管理,旅游管理部门在进行旅游资源开发时需要履行各种审批环节,权力分割、权责不对称给旅游业的统一管理造成了极大的障碍。大运河空间范围巨大,所涉及的管理部门众多,且受到跨省跨地区协调的影响,其资源开发和文化旅游管理难度更大,对文旅融合发展提出了严峻的挑战。一直以来,运河沿线地区在运河旅游形象方面缺乏明确的定位,很多国内外游客对于运河旅游形象的认知还比较模糊,大运河沿线地区的区域特色和旅游特征难以聚焦。总体来看,目前大运河沿线地区文旅融合的旅游主题形象总括性还不够明显,文化旅游特征还不够突出和鲜明,对于国内外游客的吸引力、感召力和诱惑力还有待进一步增强。

在大运河文旅融合的发展规模上,目前运河文旅融合的产业发展规模还比较小,旅游文化产品的开发层次和开发程度比较低,旅游文化产品单一。运河沿线已经开始投入开发和正在运行的部分景区、景点还处在较低层次和初级化的状态,由于缺乏高水平的策划和高起点、全方位的开发建设,很多地区存在运河文化资源低层次开发和粗放式经营的现象。对于一些地区所特有的运河文化旅游资源,由于开发深度不足,缺乏内涵式的发展,运河旅游景区的吸引力不足,旅游收入渠道较为单一,对地区生产总值的贡献还有待提高。

旅游产业的发展在很大程度上有赖于营销推广。旅游营销具有特殊性,既包括旅游企业对于旅游产品和旅游服务的推广营销,同时也包括政府层面的宣传推介。其中政府的营销对于推动地区旅游业的发展具有更加积极重要的作用,在向国内外游客推广地区旅游整体形象方面具有更高的效率和可信度。当

今旅游业的发展中，形象塑造已经成为各地区进行旅游竞争和抢占旅游市场制高点的关键举措。目前，运河沿线部分地区在运河旅游推广宣传方面还存在一定的问题，突出表现为旅游营销组织和策划能力不强、营销手段缺乏创新等问题。有些地区尚未制定适合地区旅游业发展和运河段实际特色的文旅综合开发和营销规划，营销手段和方式比较单一，营销效果不明显。目前较为常见的营销手段主要是依靠传统媒体，缺乏对先进信息技术和互联网技术的应用，整体营销推广能力有待提升。在大运河文旅事业发展的营销宣传整合度方面，目前还无法形成跨省市地区的联合促销，大多是各自为战、各行其道，运河文化旅游营销宣传的整合度较低，不利于运河整体旅游形象的推广和提升。

第二节 运河文化旅游产业融合发展的制约瓶颈因素

以文促旅，融合文化理念促进旅游产业发展；以旅彰文，依托旅游的方式以文促旅，融合文化理念促进旅游产业发展，以旅彰文，依托旅游的方式传播和宣传文化。文旅融合已经成为当前增强文化活力和推动旅游发展的重要抓手。目前，我国文旅产业的发展速度较快，发展体量和市场规模都已经位居全世界前列。然而另一方面，文旅产业的发展质量和整体效益还有待于进一步提高，文旅融合尚处于发展的初期。文旅融合的发展速度和发展阶段主要受到我国社会经济发展水平和发展阶段的影响。大运河文化旅游产业融合与发展从战略层面上理想状态还存在较大的差距。

一、文旅融合领域与融合深度方面

从我国当前文化产业和旅游产业两产业的具体融合发展现状来看，我国当前文化与旅游产业融合的具体领域还比较单一和狭窄，产业融合深度方面还有待于进一步的提高和加强。运河文化旅游融合方面，大运河文化内涵的挖掘层次和深度不够，很多沿运地区对运河悠久历史文化的发掘工作尚未开启，大运河所特有的历史文化精华无法得到彰显和传播，各地区对于运河文化的内涵挖掘工作力度不够，很多地区还没有形成较为完整的运河特色文化体系。部

分地区在对于运河文化和旅游资源的开发整体上还处于比较低的水平，运河旅游景区的特色定位方面还不够准确、清晰，对于传统的优秀运河文化在旅游业发展中的重要功能和现实意义考虑不足，忽略了文化在推动和促进旅游业持续发展过程中的核心地位，在运河传统优秀文化的创造性转化和创新性发展中还存在突出的短板。目前，部分沿运地区虽然陆续开发很多与运河旅游相关的项目，但整体上显得比较简单和粗放，并没有形成有效的创新性传承和创造性转化的实施路径，也缺乏必要的载体，运河文化与旅游产业的合作还不够畅通，缺乏完善的制度保障和有效的组织协调，所涉及的运河管理部门、文化部门以及旅游管理部门和旅游企业之间的合作程度较低，存在管理上的不精细、不严格，合作流程不清晰、不科学。虽然目前正在运行的运河文旅融合项目很多，但多拘泥于传统的旅游模式，缺乏创新，尚未围绕运河IP和各地区特色形成具有核心竞争力的系列产品和服务体系，尤其对于运河文化旅游产品的虚拟价值和形态开发方面存在较多的不足之处。随着大运河航运功能的逐渐衰退，"因河而立，靠河而兴"的传统城河关系变得越来越模糊和松散，因此，运河和沿线地区城市之间在经济、社会、生态等方面的依存共生关系还需要与时俱进和创新。在大运河文化资源和旅游产业的跨省市域管理中，不同地区政府在政策支持方面缺乏必要的协调机制，对运河文旅融合的宏观调控作用还没有得到充分的发挥，政府的政策扶持作用对文旅产业发展的促进性并不是非常明显。与此同时，政府在对运河文旅产业的税收、财政和产业扶持方面的政策体系还不够完备健全，运河文化与运河旅游市场发展还有待于进一步规范调整。

二、文化和旅游产业发展基础方面

大运河绵延数千公里，纵贯南北，横亘东西，从空间上来看跨越了我国大部分省市地区，各地区在长期的历史发展过程中表现出不同的经济发展水平和社会文化形态。从地区横向比较的层面来看，不同地区国民收入水平的差异性和不均衡特征，对于文化和旅游消费的认知程度和认知水平具有一定的影响，导致大运河沿线地区的运河文化和旅游发展基础不平衡。根据《中华人民共和国2016年国民经济和社会发展统计公报》数据显示：2016年全国总人口约为13.38亿，对全部人口"按全国居民五等份收入分组"，其中高收入人群占全国总人口的20%左右，高收入人群的人均可支配收入约为59259元/年，而贫困地区农村居民人均可支配收入仅为8452元/年。经济发达地区和贫困地区的人均年可支配收入差距明显，在人均可支配收入方面，高收入人群与低收入人群相差10倍以上。这种明显的国民收入水平差异直接导致经济发达地区和经济落后地区对于文化和旅游消费的认知差距。一般来说，经济较为发达地区人均可支配收入较高，反映居民消费结构的恩格尔系数较低，因此对于文化和旅游消费的认可程度和消费意愿都比较高。而经济落后地区，尤其是农村地区居民消费的恩格尔系数较高，能够用于文化和旅游消费的资金有限，对于文化和旅游消费的认知水平还比较低。这种因收入不平衡而造成的人们对文化和旅游消费认知上的差距，在很大程度上制约了大运河文化与旅游产业的融合和持续发展。从大运河途径沿线省市地区的文化和旅游产业发展基础对比情况来看，各地区在运河遗存的使用价值开发、经济发展基础、文化和旅游产业梯度等各方面均表现出较大的差异。在河道和通航方面，沿线部分地区河段存在断流、断航和淤废的现象，比较明显的如北方的一些地区城市，一些运河支流仍然承担着城市和沿线地区排水或引水灌溉的任务。对于我国南部地区，如江南运河段、浙东运河段等一直保持着较为充足的水量，在运河航运方面仍发挥着比较重要的作用。而从整体的文化和旅游产业发展层次上来看，沿线地区文化和旅游产业梯度比较明显，总体表现出"U"型的空间分布格局，即在大运河的两端地区，凭借雄厚的经济基础支撑，文化和旅游产业发展势头迅猛，实力强劲，且主要以高附加值的文化产业为主。而中部地区如山东、苏北等地，囿于历史和环境的制约，加之缺乏经济基础的支撑，文化和旅游产业发展缓慢，主要以文化产品制造、文化观光等附加值比较低的产业为主。此外，大运河目前在文化和旅游产品的设计开发方面还处在比较初级的模仿阶段，没有形成自身独特的创意性旅游产业，无法引领文化旅游时尚，能够满足人民群众日益增长的精神文化需求的个性化产品、品牌化产品还比较少，更缺乏运河文化旅游与高科技结合形成的高端产品。

三、文化和旅游资源开发强度与力度方面

总体来看，目前大运河沿线城市和地区在运河文化旅游资源的开发强度

第十章　大运河文化旅游产业发展瓶颈因素分析

和力度方面还不够，运河文化旅游开发与发展呈现严重的区域不均衡性。京杭大运河绵延数千公里，横跨多个省市地区和自然地理地带，拥有非常丰富的历史文化旅游资源。2014年京杭大运河成功申遗以后，运河沿线省市地区地方政府都高度重视对大运河历史文化遗存的保护、开发和传承，沿线地区居民的遗产保护意识也得到了明显的提高。但是从目前对运河旅游文化资源的开发情况来看，运河文化旅游资源还没有得到充分的开发挖掘，存在重"有形"遗产、轻"无形"遗产，重静态保护、轻动态保护，缺乏整体性保护、文化遗产保护与城市建设脱节等现实问题，突出表现为部分地区的规划不当和区域间的发展不平衡问题，运河文化遗产和遗产地的原生态环境和人文环境之间表现出背离的趋势，严重破坏了运河文化遗产的原真性和完整性。从全国旅游业的发展态势和特点来看，我国国内旅游业总体呈现东强西弱、南强北弱的特点。根据《中国国内旅游年度发展报告2017》"旅游发展指数"显示，我国国内旅游业从东向西、从南向北递减，东部、中部、东北部、西部之间对标数值为0.56、0.47、0.28、0.23；从游客的接待量和旅游总收入水平上来看，也表现出东部地区明显高于中部和西部地区的现象。而从旅游目的地的接待能力分布情况来看，我国呈现由东部地区向西部地区递减的发展趋势，东、中、西三地旅游产业综合发展水平表现为明显的三级阶梯状分布。京杭大运河主要位于我国东部地区，但从其沿线地区对文化旅游资源的开发情况对比来看，南部地区要显著优于北部地区，经济发达地区对运河文化旅游资源的开发强度和开发力度要显著高于经济落后地区。这种运河文化旅游资源开发的区域不均衡性对于运河文化旅游融合和持续发展构成了一定的制约作用。与此同时，由于对运河文化遗产和旅游资源的保护性开发方式不当，部分地区大运河非物质文化遗产的活化利用程度偏低，对于遗产文化内涵和资源的开发方式和展示手段过于传统、单一，沿线地区同质性竞争激烈，缺乏创意设计和现代先进手段的融合应用。

四、运河文旅融合的配套基础设施建设方面

目前，运河沿线地区与运河文化和旅游相关的资源主要包括文献资料和实物两种形式，而这些资源多存放于各地区的文化馆或档案馆、博物馆，其旅游功能和价值尚未得到充分的开发利用。沿线各地区的政府部门多从遗产的角

度对运河文化进行静态的、单点的、项目性的管理和保护，尚未将运河文化遗产和资源作为一种旅游资源进行产业化开发，对相关的实物和文化载体资源缺乏整体性的规划和市场化的定位，运河文化旅游配套的基础设施有待进一步完善，投融资渠道比较单一。运河文化与旅游产业融合发展的配套基础设施，不仅仅是指传统旅游形势下配套的餐饮、住宿和交通基础设施，还包括以新技术为支撑的各种旅游信息化基础设施。在运河文化旅游配套基础设施建设方面各地区还存在一定的问题，突出表现为配套设施落后，建设滞后，地区间配套设施建设发展不均衡等问题。尤其对于运河沿线一些经济发展水平较低的地区，由于缺乏必要的配套设施，运河文化传播和旅游业发展都受到和很大的限制。大运河文化与旅游产业融合发展，提升运河文化旅游价值，必须要以运河文化为底蕴，以运河沿线地区遗留的各种历史文物景观、遗存和各种文化活动的观光服务为核心。因此，在挖掘和发扬运河历史文化，推动文化与旅游业相互渗透融合的过程中，需要大量的资金投入。从目前各地区运河旅游的发展实际来看，运河文化旅游发展的主要资金来源仍然是以政府投资为主，投融资渠道较为单一，民营资本的介入较少，融资渠道的单一和配套设施建设的落后也是制约运河文化旅游发展的主要瓶颈因素之一。

五、文旅融合发展的协同合作与统筹协调方面

大运河横跨多个省市地区，运河河道的物理连通以及历史文化的一脉传承与空间地域的区划分割之间客观上形成了矛盾。如何统筹大运河沿线省市地区在运河文化和旅游资源开发与协同发展方面的资源和力量，构建有效的协调机制是当前解决运河相关的一系列问题的重要途径。归根结底，大运河文化带的建设和旅游资源的保护性开发是一个巨大的系统性工程，需要沿线各个地区政府，包括沿线居民、社会团体、企事业单位等多方的协同合作和统筹规划。纵向上从国家层面到各省、市、地区甚至更具体的一些行政单元和居民，应该形成一种合力；在横向上则应该加强运河沿线各省市地区之间、城市文化、旅游管理、水务和商业等各个部门之间齐抓共管、协同合作，形成全社会联动和多元主体共同参与的联合形式。但是从当前大运河文化旅游资源开发主体的合作现状来看却不容乐观。首先是从国家层面尚未形成科学合理的顶层设计和统

筹机制，导致各个地区之间在运河管理和文化旅游资源的开发方面仍然是各自为政，各行其是，造成在文旅市场上的同质化竞争日益激烈，文旅资源过剩和不足现象并存，市场的资源配置效率低下。其次是漫长的运河河道途径多个省市地区，涉及水利、环保、规划、文物、宣传等多个职能管理部门，各部门之间缺乏科学合理的职责分工和统筹协调，因此对于运河的管理和资源的开发利用存在严重的多头管理、九龙治水的现象，制约了运河文化和旅游资源开发与管理的效率，也难以推进大运河文旅事业的均衡发展。此外，各地区在大运河文化旅游产业发展方面的宣传投入力度还有待进一步提升，尤其是各地区内部社会力量的参与度和参与热情不高，运河文旅事业发展缓慢。

第三节 运河文化旅游产业融合发展瓶颈的破解思路

最近几年，随着我国文化事业的日益繁荣和旅游产业的快速发展，传统的文旅业也随之发生了一定的变化，旅游特色小镇、旅游综合体等一些新兴的文旅概念不断涌现，文化旅游业的产业布局、投资规模以及表现形式等都发生了较大的改变。新时期背景下，国内文旅业的发展重心已经逐渐从对文化旅游景区的投资和大体量、重资产的粗放型发展思路，转向深挖文化旅游文化、思想、科学、技术和艺术等文化旅游隐形资产的内涵式发展。目前，大运河文化与旅游产业的融合发展亟待破解产业融合与持续发展的制约瓶颈，走集约发展和内涵式发展之路。

一、政府层面加强运河文旅开发的全方位融合

文化与旅游都属于精神层面的需求享受，是一种精神需求消费。文化与旅游业的融合必须加强政府政策的正向引导和科学规划，并从政府政策层面给发展初期的融合产业一定的优惠政策倾斜，以推动文化旅游融合产业市场红利的充分释放。

大运河文化与旅游业的充分融合与持续、健康的发展，必须加大政府层面的宏观协调与顶层设计规划，形成对运河沿线地区文旅产业发展国家层面的

统一方向和从上到下的统筹发展格局。对于沿运河各地区政府来说，要结合境内运河文化与旅游产业发展的实际情况，制定针对性的产业融合发展规划与扶持政策，在具体规划的设计编制上必须保持与中央层面的顶层设计紧密结合，同时全面考虑大运河的跨地域特征，在跨区域政府之间形成运河文化旅游开发的政策协调和组织协调，结合《中共中央、国务院关于实施乡村振兴战略的意见》，以发展全域旅游为指导思想，以运河文化和旅游业融合发展为主导，打造沿运地区的特色旅游产品，创新运河文化旅游业态，加强政府间协同和组织上下协调，共同构建运河文化旅游大产业体系，不断提升运河旅游的文化附加，基于产业链层面，以政策为导向引导运河文旅产业链条的上下游延伸，不断拓展运河文化旅游产业发展的空间和范围。

二、产业层面强化文旅融合体系创新

从大运河文化旅游与产业发展的层面来说，运河文化旅游产业的融合必须以打造文化旅游精品项目为依托，各地区政府结合境内运河文化的独特优势和区域特色，不断推动文化旅游融合体系创新。具体来说，一是要积极推进沿运地区区域之间旅游企业的融合发展。旅游企业是推动旅游事业发展与文旅融合进程的基本力量。国家成立文化和旅游部之后，对全国各地区的文化旅游部门实施了统一的管理，各地区文化旅游的营销战略和宣传推广手段得到了进一步的完善，推动运河文化旅游逐渐走向高潮；二是各地区依托大运河悠久的历史文化资源和得天独厚的旅游发展条件，基于文化旅游系统旅游消费者的实际需求和资本规范接口的基础，不断开发与创新同运河文化旅游产业链上下游旅游消费者消费需求相互兼容的新兴文化旅游产品。在文化旅游资源开发手段方面，注意和文化旅游消费者需求以及运河文化旅游投资相匹配，以推动大运河文化旅游产品的不断创新，促进大运河文化产业的规模化、品牌化发展。

三、文化层面不断丰富运河文化形式与内涵发掘

大运河文化是中华民族千年水文化的历史凝练，运河文化的传承和不断创新发展是新时期我国文化事业的重要组成部分，也是文化自信、文化强国的重要内容。旅游是目前对优秀传统文化进行保护、传承和发展的重要形式，在

传承和发扬中华民族优秀传统文化过程中发挥着重要的作用。知识服务业是区域中心城市的产业核心，把专门化的人力资本、知识资本导入商品和服务的生产过程中，为区域发展提供强大的知识资本和人力资本支持[1]。大运河历史文化的继承和发展，应注重从文化层面不断丰富和创新运河文化的形式，不断创新旅游模式，将非物质文化与物质文化进行有效的对接和融合，在推广和宣传沿运地区民俗民风和特色文化、体验运河久远历史和无限风光的同时，采取多样化的手段对运河传统历史文化进行保护、传承和传播。大运河沿线涉及的地理空间广阔，地域众多，不同地区之间形成了不同的地域文化和民俗民风，以及各种代代相传的民间工艺技术。大运河文化旅游的融合发展应结合沿运地区民俗文化、民间工艺体验旅游等项目的开发，对传统民间艺术形式和传统工艺进行重点保护和传承发展，使这些传统的民间艺术形式能够走进现代生活，推动传统民间工艺不断提升品质、形成品牌效应，最终实现产业化发展。与此同时，在积极推动大运河文化旅游品牌化塑造的同时，还应持续发掘运河优秀传统文化的历史底蕴，注重知识的内涵发掘，将运河文化内涵与人民多样化的消费需求相匹配，打造多元化、立体式运河文化旅游融合发展新形式。

四、营销层面加快推进运河文化传播与交流

最近几年，国内旅游市场发展势头迅猛，旅游形式日趋多样化。随着文化旅游交流年、主题旅游年以及跨境旅游等多种旅游形式的不断涌现和发展，旅游已经成为不同国家和地区进行跨文化交流的重要手段。如中俄旅游年、中美旅游年、中丹旅游年等不同活动的开展，在很大程度上促进了中外文化的合作交流。这些以旅游为载体和平台进行的跨文化交流活动，在很大程度上带动了文化旅游产业的快速发展，同时也向世界充分展现了中华文化的巨大魅力，在跨国家文化交流过程中不断塑造并彰显了中国的国际形象，使中国在世界上的影响力大大提升。大运河文化旅游的融合与创新发展，应注重在营销层面加快推进大运河优秀传统文化的传播和文化交流，向中国和世界其他国家展现千年运河的文化魅力，使全世界了解中国大运河，了解运河人民。营销手段的落

---

[1] 王淑娟，李国庆. 环京津贫困带旅游扶贫困境分析——基于旅游产业链的视角[J]. 河北经贸大学学报，2015，36(06)：121–124.

后和营销方式的陈旧已经成为制约国内文化旅游产业发展的关键瓶颈。大运河文化旅游营销应注重从营销方式方面的与时俱进和创新，使营销成为推动运河文化传播的重要工具。运河文化旅游营销应充分结合现代信息技术和融媒体技术等多重手段，不断提高运河文化旅游营销的成效。

五、文化旅游资源、技术、市场、产业的深度融合对接

运河文化与旅游业的发展融合，应以技术融合为基础，通过对现有技术的发展创新和对原有技术和工艺流程的优化改造，尽可能地减少在运河文旅融合发展过程中的同质技术应用，构筑共同的技术基础，以消除运河文化与旅游产业融合渗透的技术壁垒。在文化旅游资源融合对接方面，从本质上来说，运河文化资源和运河旅游资源具有内在的同一性和较大的重合性。新时期背景下推动运河文化与旅游产业的融合发展，必须通过创新创造，在产业融合发展过程中不断引入和整合新的技术，使运河历史遗产遗迹以及民俗文化等历史遗产在得到充分的保护的前提下，能够吸引更多的旅游者，进而实现运河文化保护与旅游产业发展并行和交叉融合的双赢局面。运河文化与运河旅游的市场融合层面，应进一步加强对文旅市场的创新整合，通过合作开发，积极培育运河文化旅游共同品牌，通过资本运营推动和实现运河文化与旅游产业的深度融合。最后在产业融合方面，应积极打造运河文旅产业集团，使其成为运河文化和运河旅游融合对接与持续发展的重要载体。

第十一章　大运河沿岸文化旅游产业融合与创新发展的实施路径

大运河是我国古代水上交通和水上运输最为重要的通道。从开凿至今，无论是在政治军事、还是社会经济发展，还是在农业灌溉、人民群众生活等各个方面，大运河都发挥着巨大的功能和作用，已经作为中华民族历史发展和人类繁衍重要的历史见证，融入中华民族璀璨的文化体系。绵延数千千米的大运河至今仍滚滚流淌，向世人展现着无限的活力。滚滚流淌的运河水，孕育了兼收并蓄、包容多样和独具魅力的水文化，是流动的文化动脉。在数千年的历史发展进程中，大运河积淀了深厚的文化底蕴和独特的旅游潜力，运河两岸地区逐渐形成了丰富多彩的旅游文化资源。大运河"河为线、城为珠、以线串珠、以珠带面"，是古往今来社会经济交流和文化融合的重要纽带。深入挖掘大运河精神内核，推出大运河题材的文化艺术精品，充分发挥大运河沿线文旅融合的集聚优势，建立航运与自然生态、人文风貌和谐共生的发展方式，和谐共促大运河遗产保护与文化旅游融合发展[1]。

---

[1] 夏锦文.大运河文化带建设的目标导向[N].学习时报，2020-12-18（06）.

2014年大运河的成功申遗进一步提升了大运河在人类历史发展中的重要地位，同时也促进了运河旅游的发展。以江苏为例，2018年江苏运河主线接待的国内外游客数量达到了8.8亿人次，实现旅游收入1.3万亿元。随着旅游消费结构的发展演变以及人们文化旅游需求的日益提升，文化旅游作为新时代文化事业与旅游事业融合创新发展的新形式，逐渐成为当前一种主流发展趋势和社会时尚。加快推进大运河沿岸文化旅游产业融合与创新发展，是当前推进运河旅游高质量发展和运河文化传承创新的重要手段。

第一节 大运河文化旅游产业融合的机理分析

从本质上来说，文化产业和旅游产业之间是相互存进、相互依存的关系。《国务院关于促进旅游业改革发展的若干意见》中提到，旅游业的发展应更加注重其文化传承创新功能、提高人民生活质量的职能、积极培育和践行社会主义核心价值观等神圣文化使命。《意见》充分肯定了文化传承在旅游产业发展中的重要地位。一方面，文化性是旅游的本质属性。国内外旅游发展实践中，多数旅游资源的开发都包括了对历史文化元素的挖掘和传承，剖析、解读历史文化内涵是实现人文旅游资源转化的重要内容。对于自然景观来说，自然景观中虽然不具有鲜明的历史文化色彩，但其旅游价值和品味需要借助文化的解读来进行提炼和升华，对旅游资源的开发和转化本身就属于文化手段的范畴。另一方面，优秀传统文化的传播方式多种多样，旅游业由于其人员流动性和广泛性，能够为不同文化的传播交流提供良好的平台，也是进行优秀传统文化挖掘和开发的有效载体和重要途径。

一、文化与旅游产业融合发展的机理要素分析

文化产业与旅游产业具有互动融合、相互渗透的天然耦合性和内在同一性。借助旅游产业平台，旅游地的优秀传统文化得以快速传播和继承保护，文化市场的空间得以进一步拓展。旅游业对文化产业的引致和扩散效应极大地促进了文化产业的发展。与此同时，将优秀文化基因融入传统旅游产业，有助于

第十一章 大运河沿岸文化旅游产业融合与创新发展的实施路径

显著提升传统旅游的文化内涵和品位,扩大旅游产业的产品数量和发展规模,不断提升传统旅游产业的质量和市场竞争优势,对传统旅游产业形成显著的渗透和提升效应。文化产业与旅游产业的融合是一个循序渐进的发展过程,从初期的两产业相互独立,到逐渐打破产业边界、相互渗透,再到中期的技术、产品、组织、市场的全方位融合对接,最终实现文化产业和旅游产业的相互嵌入,产业边界完全消失,进而形成一种新的文化旅游业态。文化产业与旅游产业相互融合与发展机理如图11-1所示。

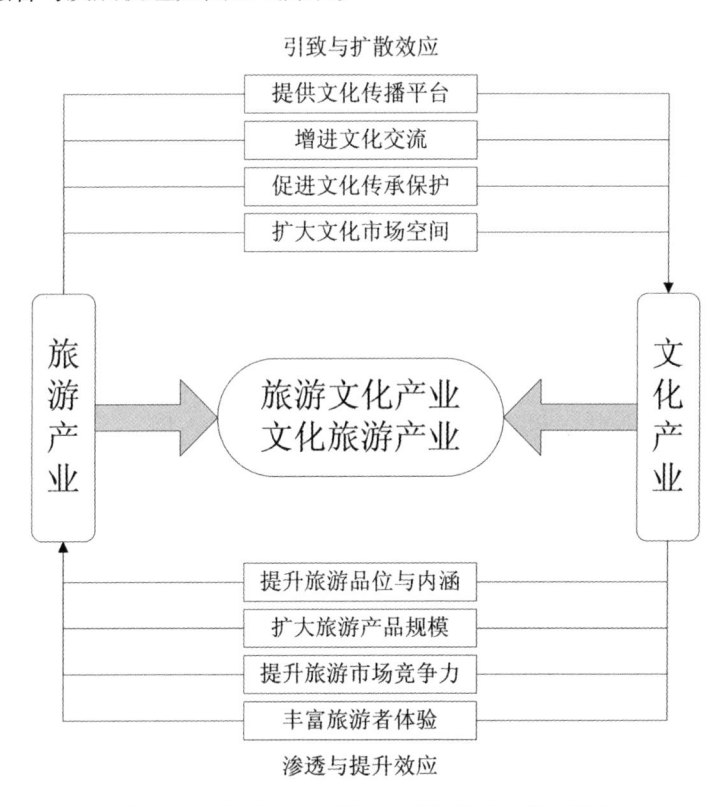

图11-1 文化产业与旅游产业相互融合与发展机理

从文化与旅游产业融合发展的内部动因来说,市场需求是驱动两产业融合发展的内在动力。旅游业的发展演变是随着人们需求消费结构的变化而变化的。根据需求层次理论,后工业化时期,随着人们消费结构的升级,社会物质生活极大丰富,人们对于精神生活和情感的需求快速提升,已经无法仅仅满足于快节奏、程式化的生活,对于休闲娱乐和旅游服务提出了更高的要求。因

此，旅游业的持续发展必须以能够满足变化的旅游消费者需求为前提，在旅游产品内容、旅游方式等各个方面进行更新换代，以保证旅游产业持久的发展动力和市场潜力。从当前旅游消费者的旅游消费特点和发展趋势来看，当今的旅游消费者在旅游服务和旅游产品的选择方面具有更强的主动性，不再被动接受旅游产业标准化、同质化的旅游服务，而是更加趋向于个性化、定制化的旅游服务和产品。因此，是否能够为旅游消费者提供定制化和个性化旅游服务、产品，将成为衡量旅游企业服务能力和水平的重要标准之一。此外，相比过去传统旅游模式下的旅游消费者，当今的游客表现为更加愿意主动参与到旅游活动中，而不仅仅满足于是一个旁观者，旅游项目的参与性、融入性成为当前旅游的显著特征之一，因此未来旅游项目开发也应该注重对参与性旅游项目的开发。旅游消费需求的发展演变给传统旅游产业带来了挑战，同时对于旅游业的转型升级和高质量发展来说也是一种机遇。文化产业与旅游产业的融合发展是适应当前旅游消费结构升级和文化旅游需求增长趋势的新方向，同时也是提升游客旅游体验品质，满足旅游市场需求变化的客观需要。

  从助推文化产业与旅游产业融合的外部因素来说，科技创新和产业结构转型升级对两产业融合发展起到了重要的催化和推动作用。一是科学技术的发展进步极大地带动了社会生产力的发展，社会生产成本实现了快速下降，不同产业之间的合作交流日益频繁，导致产业之间的边界变得越来越模糊，不同产业之间的灰色地带和重合地带越来越多。科学技术的发展进步和创新推动跨产业融合趋势不断加强。尤其是随着以互联网、大数据、云计算等为代表的现代信息技术在传统产业之间的扩展应用，旅游产业与文化产业呈现出融合发展的趋势，推动文化产业和旅游产业价值不断提升。"互联网+旅游"新形态的出现和广泛应用，实现了线上、线下、移动终端全时旅游规划和旅游订票服务，极大地方便了旅游消费者的旅游规划和行程安排。大数据技术凭借其强大的数据整合功能，对现有旅游信息资源进行了全方位的整合修复，对旅游消费者消费行为的预期起到了重要的作用。二是产业结构的转型升级对文化与旅游产业的融合发展起到了重要的推动作用。产业结构转型有助于改变一些地区传统的经济增长方式，摆脱"资源型经济困局"，使现代服务业在国民经济发展中的比重得到有效的提升，文化产业与旅游产业不再是相互独立的产业部门。文化产业充分发挥其高附加值、高品牌影响力和强融合特性等优势，促进实现传统旅游产品走向深度化、多元化，通过对传统历史文化和优秀民族文化的发掘，为传统旅游提供新的经济增长点。反之，旅游产业的快速增长也能够为文化产业的蓬勃发展创造更为广阔的市场空间和创意源泉，加快实现文化产业的高科技化、精品化和尖端创意化。

二、文化与旅游产业融合发展的作用机理分析

基于文化资源管理的视角，文化产业与旅游产业的融合是通过对优秀地域文化要素的展现和表达，以及在旅游过程中的传播，形成对旅游消费者的独特吸引力，满足游客在旅游过程中的文化交往需求和文化体验需求。在文化与旅游相互融合的过程中，以文化旅游产品为载体，实现旅游地文化资源与游客文化需求的创造性转化对接，将优秀的地域文化资源价值转变为能够供旅游消费者消费和体验的创意性产品。因此，文旅创意产品的开发是一种基于旅游消费目的的文化展示和再创造过程，是优秀地域文化的具象表达过程，其中蕴含了对优秀地域文化的处理方式以及带动经济增长的动机。同时，作为凝结了文化基因和旅游需求的文旅创意产品，也反映了文化产业生产能力和旅游生产能力之间的一致性，是创造社会资本、文化资本和旅游经济资本的共同产物。基于旅游产业发展层面来说，文化基因向旅游产业的渗透和融合有助于增强旅游过程对游客的吸引力和市场竞争优势。优秀的地域文化资源本身就是现代旅游业的核心资源，也是地区发展旅游产业的先天优势资本。如果某个地区拥有其独特的文化底蕴、文化色彩和文化魅力，那么就能够为该区的旅游景点、景区增加更强的吸引力和竞争力。在优秀传统文化的感召下，旅游消费者在旅游过程中接受潜移默化的文化熏陶，对旅游地也能形成长久的鲜明记忆和持续印象。因此，从某种程度上来说，旅游是实现文化教化功能和娱乐功能最为有效的载体，也是挖掘、优化、保护和丰富文化的重要手段和途径。

一方面，文化的融合渗透为推动传统旅游产业转型升级注入了人文内涵和发展动力。随着人们旅游需求的发展演变和旅游市场竞争的日益激烈，单纯依靠旅游规模的扩张和旅游物质要素的投入已经无法适应旅游新形势的要求，旅游产业发展生态亟待创新。旅游产业走创新型、集约型和高级化发展之路是

未来旅游发展的必然趋势。文化产业与旅游产业的相互融合是一个从技术、产品，到组织、市场的全方位融合过程，文旅产业新业态能够赋予传统旅游产业以新的生机和发展活力。通过旅游过程文化内涵和文化价值的提升，改变了传统旅游"吃、住、行、游、购、娱"的单一型旅游，融入了创意文化、传统节日文化、产业园游等新的元素，赋予"食"游以文化寓意、"住"游以文化理念、"行"游以文化内涵、"购"游以文化特色、"娱"游以文化特质。通过将人文内涵与自然旅游资源的融合，加快推动传统旅游业的转型升级，提升旅游产业的发展质量和发展品位；另一方面，文旅融合发展对于繁荣地方文化事业和推动传统优秀文化的传承保护也具有重要的作用。旅游产业的快速发展，给文化的交流和传播提供了平台，有助于优秀传统文化经济价值的实现，同时通过对传统优秀文化的传播宣传，提升文化在人们心中的地位，也能够引起地方政府对于地域优秀传统文化的关注和保护。过去我国社会经济发展的实践表明，各地区建设发展的重心主要集中于经济领域，对文化事业的关注程度不高，对优秀传统文化的保护和关注程度不高。我国有五千年的文明发展历史，积累了无数极具社会价值和经济价值的文化资源。这些濒临消失的宝贵文化资源借助旅游产业的发展平台，通过旅游节庆、旅游博览会等具体的形式得以展示。文旅融合发展对于推动文化事业发展和优秀传统文化经济效益的提升具有积极的意义。

文化是旅游产业高质量发展和延续的灵魂，是实现旅游产业创意化的基础；旅游业则是地域文化传承与持续发展的重要载体，是文化产业化发展的重要手段。文化产业和旅游产业目前我国国民经济发展的两大支柱。文化与旅游产业的融合发展极大地丰富了产业发展的内容、拓展了两产业发展的产业边界，同时也是今后地方经济发展和旅游产业发展的重要方向。

第二节 运河文化旅游产业融合发展的现实性分析

一、文旅融合是促进实现运河旅游业高质量发展的必然途径

以文促旅，以旅彰文，文化基因与旅游产业的相互渗透与融合发展，能

够为旅游景点注入新鲜的元素和发展动力,提高旅游景点的文化附加。文旅融合能够为传统的运河旅游业注入文化灵魂,提高运河旅游的文化软实力。沿运地区运河旅游业的高质量发展,必须同时从文旅产业发展战略、大运河文化遗产和旅游品牌塑造等多个方面全面推进,从文化与旅游业深度融合与互联互通、优化升级和创新发展的角度探索其发展转型的具体实施路径,着力打造运河文化旅游全产业链,重塑运河文化旅游产业品牌体系。与此同时,立足运河文旅前沿产业格局形态,对以运河为核心的优秀历史文化和旅游资源进行深度开发和挖掘,有助于显著提升运河旅游的品质。运河文化与旅游业的深度融合和创新发展为大运河旅游品质的提升提供了历史机遇,是促进实现运河旅游业高质量持续发展的必然途径。

二、文旅融合是提升运河文化遗产旅游强度的重要举措

大运河经过数千年的历史演变,为沿运地区遗留了无数历史遗产遗迹,蕴含了丰富且珍贵的优秀历史文化。这些承载中华民族传统历史文化的遗产遗迹,是当前乃至今后国家和地方政府重点保护的对象。过去沿运地区政府文物部门更加注重对沿运地区遗迹文物原汁原味的保护。对于旅游部门和旅游企业来说,往往由于缺乏对遗产遗迹专业的保护能力,以及对遗产点旅游的科学规划能力,导致沿运地区很多富含优秀传统文化基因的遗产遗迹"深处闺中"而无人知。而在这些优秀历史文化资源开发的初期,也往往囿于可看性和区域交通通达性不强,无法成功转化为运河旅游的亮点。运河文化与旅游产业融合是提升运河文化遗产旅游强度的重要举措,能够为沿运地区旅游部门不断完善运河遗产点周边配套设施,促进实现运河遗产文化向旅游资源的转化,打造运河旅游文化效应和文化品牌提供机遇。

三、文旅融合为创新运河旅游文创产品提供了机遇

文化旅游产品是传递旅游地文化基因的重要载体。深入挖掘大运河文化创意产业资源,推动运河文化发展模式创新,是加快实现运河文旅融合的重要手段。文化与旅游业的融合发展具有内在的同一性。文化要素和文化内涵本身就是发展旅游很好的资源,借助旅游的传播功能,能够将旅游地优秀的优秀传

统文化基因向地区以外进行传播。二者的相互融合渗透能够为以文促旅、以旅彰文创造更加广阔的发展空间和实践基础。大运河文化与旅游业的融合发展，必须紧紧围绕千年运河这一核心历史文化载体，不断创新设计运河旅游文创产品，通过将运河旅游项目开发、沿运地区馆藏文物以及沿运地区非遗产项目等进行充分整合，同时联合传统品牌线下经营，构建独具运河水文化魅力与地方特色的运河旅游文创产品。

四、文旅融合是拓展延伸运河旅游产品产业链的有效手段

新时期背景下，国内旅游业发展势头迅猛，旅游形式多种多样，研学游、科技旅游、休闲旅游以及定制旅游等旅游新模式不断涌现。日益丰富的旅游产品为大运河文旅融合以及深层次发展奠定了更加坚实的基础，同时也为文旅融合发展提供了更加广阔的空间。文化基因的渗透融合使得传统的运河旅游运营模式发生了根本性的变化，将传统模式下旅游消费者被动接受式的观光型旅游出行，转变为主动参与和享受学习型的新兴旅游体验，使游客能够在潜移默化中接受并内化中华民族优秀的优秀传统文化。运河文旅融合发展模式下，旅游消费者本身已经成为运河文化旅游融合产业链的重要元素和环节，参与到运河旅游品牌内容的塑造过程之中，在满足不同旅游消费者个性化、多元化文化旅游需求的同时，也有效地拓展了运河文化的传播面，加快了运河文化的传播速度。文旅融合是拓展和延伸大运河旅游产品产业链的有效措施。

第三节 运河文化旅游产业融合现状与存在问题

大运河是我国古代水力运输发展史上一种特殊的水系形态。大运河旅游的本质是一种以水为媒介的文化旅游。运河文化形态因水而生、因水而兴，为当前运河旅游集聚了丰富的动态文化沉淀和旅游元素，逐渐形成了以运河水脉为特色的旅游产品主线。

第十一章　大运河沿岸文化旅游产业融合与创新发展的实施路径

一、运河文化旅游产业融合发展现状

文旅融合的标志是将旅游地的文化基因融入当地旅游的需求导向，以文化内涵和文化创意丰富旅游内容与开发手段，在不断丰富文化产品创作、完善文化产业发展体系的同时，推动传统旅游产业转型升级。当前，大力发展运河旅游，推动运河文化旅游产业融合发展已经成为沿运地区繁荣地方文化事业与振兴地方经济的主要手段和发展重心。运河文化与旅游产业融合面持续扩大，融合深度不断增强，为运河文化旅游资源的持续开发奠定了坚实的基础。

（一）运河文化旅游融合发展的政策支持力度不断加大

理论是指导实践具体实施的支撑。国家层面的政策支持是保障运河文化旅游产业融合与深层次发展的重要因素和前提。地方旅游产业的快速发展对拉动内需、促进社会经济发展具有显著的影响。从国家层面来说，目前国家出台了诸多政策，大力扶持旅游产业。2009年，《国务院关于加快发展旅游业的意见》明确了旅游产业"未来国家经济发展支柱产业"的战略定位，并提出大力发展旅游业的具体措施；2012年，《关于金融支持旅游业加快发展的若干意见》从拓展市场导向的旅游业多渠道融资角度，提出了对旅游业发展的财政支持；2015年，《关于进一步促进旅游投资和消费的若干意见》中指出旅游业的发展应与时俱进，提出了旅游业要加快与新媒体、互联网合作，大力发展乡村旅游等；2018年1月，中共中央、国务院发布《中共中央国务院关于实施乡村振兴战略的意见》，提出要"创建一批特色生态旅游示范村镇旅游产业链"；同年9月，《乡村振兴战略规划（2018—2022年）》进一步确立了"发展乡村旅游和特色产业"，"推动文化、旅游与其他产业深度融合、创新发展"的战略思路。

从地方政策体系方面，随着大运河申遗成功，运河沿线地区纷纷开始寻求契机，沿线8个省（市）均已开始着手编制地方大运河文化带发展与建设规划纲要，积极谋划和布局项目，以重大项目为依托，探索文旅融合新模式。运河沿线地区基于国家政策的宏观战略指向，分别结合自身发展特色与运河旅游实际发展情况，制定并出台了相应的发展规划和政策。2017年，江苏省旅游局、省发改委联合发布《大运河江苏段旅游发展规划（2017—2030）》；2018

年,《大运河国家文化公园江苏段建设规划》出台,同时设立了大运河文化旅游发展基金;2013年,山东省政府通过《山东省大运河遗产山东段保护管理办法》,2016年,《"鲁风运河"文化旅游目的地品牌建设总体规划》通过评审,正式推出了"鲁风运河"的文化旅游品牌。2018年,河北省出台《河北省旅游高质量发展规划(2018—2025年)》提出打造大运河风景廊道。

总体来看,国家和沿运地区关于旅游发展政策方面的持续跟进是与不同时期社会经济发展紧密结合的,对于引导大运河文化旅游融合创新与持续发展起到了重要的作用。

(二)大运河文化旅游品牌体系逐步建立

品牌化发展是文化旅游产业持续、健康发展的必然选择。随着大运河沿线地区文化与旅游融合深度的进一步提高,各地运河文化旅游创新产品频现,在各地区政府和社会媒体的大力宣传推广之下,运河文化旅游品牌体系逐步建立并日渐丰富。品牌即印记,文化旅游品牌是随着文化旅游产品的逐渐扩散和为更多的游客熟知、认可和接受,逐渐形成的能够代表旅游价值和文化旅游特色的标识。文化旅游品牌的知名度是影响旅游消费者选择旅游产品的主要因素。目前,大运河沿线部分地区已经形成了富有地方特色的运河文化旅游品牌,如"鲁风运河""儒风运河""水韵江苏""运河水城秀美嘉兴""美丽河北·运河风韵""唐津运河生态旅游"等。其他地区在运河文化旅游品牌塑造方面起步较晚,亟须树立契合自身发展特色的品牌形象,不断提升国内外游客对运河文化旅游品牌的认同度

在运河文化旅游品牌推广和宣传方面,目前各地区采用较为普遍的几种方式主要包括:(1)与传统媒体合作,如传统的新闻媒体、报纸、电视、杂志等,对运河古城以及运河沿线风景旅游进行介绍推介,制作运河古城宣传片,增强运河旅游吸引游客的视觉效应;(2)充分利用车站、机场、公交站牌和展示牌、广告屏幕等,循环播放运河文化旅游的口号标签与旅游产品介绍,强化公众对运河文旅产品的印象;(3)定期举办和参加旅游推介会,通过推介会宣传推广运河文化旅游项目和地方特色文旅资源。

二、运河文化旅游融合发展存在的问题

相比其他类型的文化资源来说，运河文化资源略显小众，属于一种相对新兴的文化产业资源。对于沿运地区一些主要依靠传统资源的地区来说，挖掘和开发这种新兴的产业资源，无论是在思想观念层面，还是在基础保障层面，抑或是人才等方面，都暴露出了一些问题。具体来说，目前沿运地区在推进运河文化旅游资源开发和产业融合发展方面存在的问题主要表现为以下几个方面。

（一）思想观念的滞后

思想观念的滞后是阻碍社会经济发展的根本因素之一。目前部分地区在运河文化资源开发和旅游产业融合发展的观念层面，还存在一定的滞后性。首先，运河沿线部分地区，各运河文化与旅游管理部门之间还存在严重的条块分割，各部门过于关注本部门的利益，对运河文化旅游资源和产业融合发展的认识缺乏一致性。在运河文化与旅游发展管理的具体事务中，各部门往往各自为政，相互之间缺乏沟通和协调。与不同区域之间同样存在这一问题。最终导致区域内部各部门之间和不同区域之间难以形成运河文旅融合的协同联动，区域内部无法形成具有较强旅游竞争力的文化旅游品牌。其次，"小"运河文化资源观在很大程度上束缚了运河文化旅游产业的深度融合与创新。在缺乏对运河文化旅游资源统一界定的情况下，不同地区、不同部门对于运河文化和文化旅游的理解不尽相同，部分地区对运河文化资源的界定范围比较狭窄。这种"小"运河文化资源观将运河文化品牌孤立化，难以融入"大"文化发展观。运河文化充分体现了其文化的兼容性和开放包容性，运河水文化与周边文化之间的相互融合是实现运河"大"文化资源开发与持续发展的基础前提。

（二）运河文化旅游产品开发层次不高，产品结构单一

运河文化旅游融合发展的初期，对于文旅融合产品的开发设计力度不够，导致产品开发层次较低，旅游产品结构单一。随着旅游市场的不断扩大，由于缺乏统一的协调和区域间的联动发展，在沿运地区竞相发展运河旅游的情况下，同质性竞争日益激烈，出现了大量重复性的运河文化旅游产品，产品的开发层次比较低，多数均为沿运地区遗留下来的各种历史古镇村落、古代建筑遗产、名人故居等，缺乏必要的产品升级和开发，旅游产品的文化附加值较

低。随着旅游消费者旅游文化需求的不断提升，低层次的、单一结构的文化旅游产品已经无法满足消费者日益多样化、个性化的心理，一些能够吸引游客积极参与的娱乐性、体验性文旅产品严重缺乏，无法适应运河文化旅游产品的多样性，支撑运河文旅品牌的塑造。部分地区现有运河旅游线路较为单一，沿线主要景观的知名度不高，因此，所服务的游客多为观光型的游客，难以将运河传统历史文化融入游客的价值体验之中，游客黏度和忠诚度较差。目前，运河沿线部分地区的多数景点，由于季节性原因或地理位置的影响，部分景点还不能为游客提供全年的旅游服务，容易造成运河文化资源的浪费。

（三）运河文化旅游产业融合的基础保障体系有待进一步健全完善

传统旅游模式下，"吃、住、行、游、购、娱"是构成旅游过程的六大基本要素。这些要素都和配套的旅游基础设施建设水平有紧密的联系。文化旅游作为一种新兴的旅游模式，与传统旅游相比对旅游基础设施提出了更高的要求。从目前沿运地区文化旅游配套基础设施建设水平比较来看，不同地区旅游业基础设施建设水平存在较大的差异性。部分地区旅游业基础薄弱，尚未建立完善的文化旅游产业融合发展基础保障体系。文旅融合的基础保障体系是运河文化旅游产业融合发展的关键要素的集合，主要涉及产业发展政策、基础设施保障和资金保障等方面。产业融合发展政策方面，部分地区虽然出台了一些具体的产业发展规划和政策文件，但具体政策内容多停留于对运河文化旅游产业融合的宏观指导层面，缺乏结合地区产业发展实践而形成的具体实施细则，政策执行效果不够明显；基础设施保障方面，部分地区旅游基础设施建设相对比较滞后，难以满足运河文化旅游资源深层次开发的现实要求，难以提供全方位、全过程的旅游服务；资金保障方面，文化旅游本身需要更高的资金支持和投入，而囿于经济发展水平限制，部分地区在对文化旅游产业发展方面的资金投入明显不足，导致运河沿线景点改造维护、风光带建设、旅游产品市场推介等工作难以正常开展。

（四）运河文化旅游产业融合整体规划不强，区域联动效应不明显

大运河是世界上最长的活态、线性文化遗产，其空间分布的大跨度特点给大运河文化旅游资源的整体开发和规划带来了难题。在漫长蜿蜒的运河古河道及两侧分布着无数旅游景点，但分属于不同的省市地区管辖。不同地区之

间、不同行业和管理部门之间由于缺乏必要的沟通和交流，地区之间所形成的运河文化旅游发展规划缺乏合理的衔接，因此在文化旅游资源开发方面导致重复建设和资源浪费现象，甚至有些地区之间出现文旅资源开发和利用的矛盾和冲突现象，相互之间的利益难以有效协调统一。即使对于某个特定区域来说，因部门之间的利益冲突，运河文旅融合发展规划也难以得到所有部门的一致认可。在缺乏统一的联合开发机制协调下，各地区和各行政管理部门只针对本行政区管辖范围内的文旅资源进行规划和管理，这就造成了地区之间运河文化旅游产业的同质性竞争，文化旅游产品趋同，运河文化旅游产品缺乏特色，无法形成核心竞争力。与此同时，管理层面的各自为政，使文化旅游产业运营效率严重偏低。不同地区在运河文化旅游资源开发方面深度、水平都不尽相同，无法形成品牌效应和联动效应。

第四节 运河文化旅游产业融合与创新发展的实施路径

一、思想观念层面的转变革新

从发展的实践来看，任何的"转变"都是源于思想观念层面的转变。思想观念的更新是破除产业融合壁垒、推动运河文化与旅游产业深层次融合发展的基础和前提。从宏观的发展现状来看，大运河的成功申遗在国内掀起了一场运河全线旅游开发的热潮，大运河沿线地区各级政府都高度重视对运河文化的利用和旅游资源的开发工作，运河旅游因其能够为当地政府带来巨大的经济效益和社会效益，被列为各地区政府的重点开发项目。运河文化与运河旅游发展二者之间是相辅相成的关系。大力推动运河文化与旅游产业融合发展，首先应该从思想层面和发展理念层面摒弃传统的产业独立发展理念，树立科学的运河文化旅游融合发展理念和"大"运河文化资源观。随着社会经济发展水平的不断提升和旅游消费结构的升级，人们对旅游文化的需求日益增加，刺激各地区大力开展文化旅游活动。从本质上来说，大多数文化资源都能够转化为旅游资源。大运河作为一种活态的线性文化遗产，在空间分布上具有连续性的特征，但由于其跨越了不同的行政区域,行政分割以及区域内部对运河管理的部门分割,给大运河文化和旅游资源开发造成了较大的困难。推动大运河文化旅游产业融合发展,首先应从思想层面认清大运河联合开发和部门协同的重要性,打破行政壁垒,不再局限于某一个具体部门或地区的利益,而应该不断加大部门协同、区域协同的力度,增强不同部门和地区之间的凝聚力,形成对运河文化和旅游资源开发的统一认识。对于运河沿线具体的地区,在制定运河文旅融合发展策略时,努力提升运河文旅融合发展理念的科学化水平,树立"大"运河的文化资源观。对于运河沿线具体的地区来说,在规划沿岸尚未开发的文化产业资源时,应立足旅游元素开发的基点,将文化传播与文化交流纳入具体的旅游元素开发框架,以旅游项目和产品作为区域优秀文化传播的载体,以文化体验丰富旅游项目的内容,提升旅游层次和品位。在运河旅游资源开发过程中体现大运河的文化价值和经济价值,注重提升旅游消费者的文化体验性,赋予运河旅游以文化内核。与此同时,政府部门和地方各级管理机构要以高屋建瓴的长远眼光,突破运河本身文化资源的视野限制,将文化元素范围拓展至运河之外,将地区特色文化与运河文化相结合,以"大"运河文化带动地区"小"文化共同发展,融合旅游开发打造地方文化旅游特色品牌,提升运河文化旅游的广度和市场影响力。

二、体制机制层面的联合保障

大运河横跨多个不同的省市行政区划,文化旅游产业融合发展和产业资源开发必然会受到行政区划分割的限制和影响。区域旅游合作是大运河文化旅游产业融合发展的内在要求和必然途径。大运河文化旅游资源的联合开发和协同联动,需要不断深化体制机制改革,消除阻碍运河文化旅游产业发展和跨区域合作的机制弊端,构建跨区域、跨部门的联动协同工作机制,不同地区之间旅游集散中心、旅游发展委员会、旅游企业等旅游管理组织和企业实体共同合作,相互搭台,形成运河文化旅游资源协同开发的合力。对于区域内部的文化和旅游管理部门,应积极建立并壮大统一有序的文化旅游市场,通过深化文化旅游产业改革,逐步建立和健全运河文化旅游产业融合发展的运行机制,通过打造完善的政策支持体系和法律保障体系,进一步规范文化旅游市场行为,为

第十一章　大运河沿岸文化旅游产业融合与创新发展的实施路径

运河文化与旅游产业融合发展营造良好的制度和政策环境。区域旅游合作是一项非常复杂的工作，不同地区之间具有行政管理的独立性，往往多基于自身的考虑而影响区域联合决策。大运河文化与旅游资源的开发和文化旅游产业的融合发展涉及多个省市的共同利益，既关系到大运河本身作为一项历史文化遗产的文化保护和传承利用问题，又关系到各地区切实经济利益。为了保障大运河文化旅游产业融合的高质量推进，必须建立跨省市的联合工作机制，对不同地区运河文化与旅游资源开发进行协调和统一部署。首先，应基于省级层面成立跨区域的运河文化旅游开发统一领导小组，从组织层面明确运河文化旅游开发的跨域统一领导，旨在建立运河文化旅游协同联动的高效运行机制；其次，建立大运河文化旅游协同开发的联席会议机制，通过统一大会，统一完善大运河文化旅游产业融合发展的工作进度。再次，各地区文化和旅游主管部门应统一建立运河文化旅游产业发展的信息资源库，各地区联合打造开放性的数据信息共享平台。旅游信息化、数据化是加快实现运河智慧旅游和"互联网+旅游"的重要基础和手段，地区之间应加强智慧旅游领域的合作，构建跨区域性质的数据信息共享平台，包括对大运河文化旅游资源的调查统计、评估等相关信息，为运河文化旅游深度融合提供信息咨询；最后，创新协同联动机制加强对运河旅游市场的一体化运作。市场协同联动是运河文旅融合跨区域合作的重要方面。各地区之间应通过进一步健全旅游市场管理机制，消除市场壁垒，共同打造运河文化旅游特色产品，共同提升运河旅游的品牌形象。

三、产品开发层面的定位融合

特色文化旅游产品的开发设计是运河文化旅游融合发展最重要的环节。大运河具有悠久的历史渊源和深厚的优秀传统文化底蕴，其国际地位可比肩万里长城。大运河成功申遗以后吸引了国内外众多的旅游消费者，在国内外都享有极高的美誉度和知名度。运河文化旅游产品是大运河悠久历史文化的具象表达，凝结了大运河丰富的文化价值和旅游经济价值，既赋予了运河旅游资源以文化内涵，又赋予了运河水文化以旅游特征，使旅游消费者能够从中获取精神体验和智力满足。大运河文化旅游产业的融合与创新发展，应注重在文旅产品开发层面的定位融合。首先，大运河文旅产品开发应以"国内知名、国际一

流"为定位,以打造区域内产品和跨区域旅游产品为重点,着力提升旅游产品的文化内涵和文化品质。对于运河沿线地区内部,在进行文旅特色产品开发设计时不应仅仅局限于运河中心地带,应以地方旅游要素为基本,充分结合地方文化特色内容,将运河水文化和地方优秀传统文化进行有机结合,以旅游要素为基本整合相关特色文化资源,围绕一般文旅产品打造品牌产品,充分激发和释放品牌文旅产品的龙头带动效应。其次,基于区域间协同合作,打造跨区域的文化旅游产品。跨区域文旅产品的开发设计需要不同区域的联合合作,依托不同区域运河旅游资源的地域差异和便捷的交通、信息基础支撑,以不同区域文化旅游景区资源的互惠互补为原则,通过各种文化旅游要素的综合作用,在不均质的空间地域范围内构建一个有序的系统。跨区域文旅产品的开发设计旨在寻找相关的优势互补的资源,进而实现相互之间的协同合作,通过资源共享实现最大化的经济效益和社会效益。再次,加强文旅产品营销手段的融合与综合应用。在运河文化旅游产品营销推广方面,各地方政府以及文化旅游管理部门应注重文化旅游与新闻、影视等多种文化元素的有机融合,形成符合各地方本土化特色的文旅营销集聚效应,持续提升运河文化旅游对国内外旅游消费者的吸引力和文化旅游产品的知名度。与此同时,积极引入现代信息技术手段和新兴媒体融合形式,整合旅游微博、微信、互联网平台以及移动App等多种媒体宣传渠道,打造全覆盖、全方位的运河文化旅游融媒体平台,加强对运河文化旅游产品的宣传推广。

四、产业业态层面的融合创新

文化产业和旅游产业的业态融合创新是大运河文化旅游产业融合发展的核心环节,也是大运河旅游价值链上的重要组成部分。产业业态层面的融合创新能够显著推动大运河文化资源向旅游资源和旅游商品转化。从当前部分地区文旅产业业态发展情况来看,文旅产业融合发展业态呈现出一定的泛地域化特征,很多文化旅游新业态的打造缺乏有深度和层次较高的文化旅游元素。从文旅产业融合业态创新的发展过程来看,初期大运河文旅融合度较低,旅游业态形式仅仅局限于行业内部的合作,传统的运河旅游形式较为单一,部分地区出现了一些新兴业态。随着融合面的不断扩展,运河文旅融合产业业态开始出现

了经营主体的整合，文旅产业经营渠道逐步拓展，并开始出现大众餐饮、传统纪念品和高端纪念品等创意性旅游产品，部分地区开始依托运河人文资源和景观资源建造风情园、古城旅游区、环水系休闲娱乐带等，一定程度上起到了吸引游客参与和传递传统运河文化的作用，但对运河深层次文化底蕴的挖掘还存在巨大的空间，在文化旅游融合产业发展过程中无法充分的反映沿运地区的地域特色，缺乏对旅游消费者的吸引力。大运河文化旅游产业的融合发展应紧紧围绕运河沿线地区具有典型历史意义和文化价值的遗产遗迹等物质文化遗产和民俗民风、漕运文化等非物质文化遗产的开发为切入点，彰显大运河深厚的人文历史情怀和沿线各地区的地域特色。运河文化旅游产业的融合过程，是文化赋予传统运河旅游以新内涵、新灵魂的过程，也是依托传统运河旅游彰显运河文化的过程。运河文旅融合的深层次发展应持续推动运河文化与旅游业态融合创新与多元化发展，通过大力开发运河旅游演艺项目，不断拓展运河旅游的发展和提升空间，积极开展运河文化创意旅游，深耕原创IP，引入新兴科技将运河文化与旅游产业项目开发深度融合，努力提升大运河文旅融合发展的质量、层次和内涵。除此以外，随着数字旅游、智慧旅游、背包游、微旅游等新兴旅游形式的不断涌现，大运河旅游也应突破第三产业内部的产业融合，向工业、农业方向拓展延伸，将沿运地区的工业文化、乡村文化与运河旅游有机结合，拓展乡村文化旅游、工业文化旅游、生态体验游等多种不同的文化旅游业态，打造一批创意型、开放型、高品位的运河休闲旅游新业态，推动运河旅游由传统的资源依赖型向文化创意型转变。

五、管理运作层面的资源整合

2018年3月，中华人民共和国文化和旅游部的成立，标志着文旅融合理念和运营管理思维已经跃升为国家层面的战略思维。大运河文化旅游产业融合创新应立足于管理运作层面，积极推动各种资源的整合与优化配置，提升运河文旅产业发展的管理效能。一是有效整合大运河沿线地区丰富的文化旅游资源，推动实现运河文化旅游的区域内和区域间交流合作。运河沿线地区依托大运河的连接具有先天的地缘优势，各地区之间具备联合发展旅游，开发运河优秀历史文化的基础。合作发展过程中，沿运地区应立足区域内部运河优势资源和地

方特色，积极开展资源共享、线路互推、交通互联、节庆互动等活动，从运河旅游线路联营、联合宣传推介、文旅产品联合开发设计等多个方面实施全方位的融合对接与合作，共同推进运河文旅产业持续发展。二是充分利用旅游产业基金以及PPP等融资模式，持续强化对运河文化旅游产业融合发展金融支持。旅游业具有高投入、高回报，但是回收周期长的特点，因此，市场对于旅游产业的投资积极性普遍不高。运河文化旅游产业融合发展的早期对于资金的需求较大，通过旅游产业基金和PPP模式，能够很好地解决运河文旅融合的资金缺口，"文化旅游+金融"将成为助推大运河文旅融合与爆发式增长的重要引擎。三是加快推进文旅产业管理人才和管理团队建设，培育聚集一批高端文化创意人才、文化管理杰出人才，壮大创意设计人才队伍[1]，提升专业管理人才质量和从业素质。大运河文化旅游融合发展离不开专业的旅游人才，人才是推动文旅产业融合创新与持续、健康发展的根本因素。一方面，地区内部应进一步健全和完善旅游专业人才培养制度，尤其注重高层次、高质量专业人才的培养，建立健全旅游专业人才培养和激励机制，充分激发和释放专业人才的创新意识和创新能力；另一方面，通过联合构建旅游专业人才信息平台，加强地区之间在旅游专业人才培养和人力资源共享方面的信息交流合作，全面提升旅游专业人才质量和素质，推动人力资源的优化配置管理。四是加快实现运河文旅产业市场融合，推动文化与旅游服务融合健全化。高质量、高水平的服务是保障运河文化与旅游产业深度融合和深层次发展重要因素。大运河文旅融合产业发展的管理创新，既要努力健全和完善运河沿线景区基础设施服务能力，同时也要积极提高管理人员的服务水平，以高素质服务型管理团队保障高水平专业化的旅游服务供给。

---

[1] 张玉梅，司海燕. 大运河文化带建设的路径研究——以江苏镇江为例. [J]. 特区经济. 2020(11)：128–130.

参考文献

期刊论文文献

[1] 杨洋. 文旅合并背景下：大运河沿线博物馆发展建议[J]. 南方论刊，2020（02）：87-89.

[2] 邱琼仪，张剑葳. 中国大运河扬州段的遗产申报、遗产旅游与价值感知三者关系的实证检验[J]. 中国文化遗产，2020（01）：23-31.

[3] 陈婧雯，陈自伟，马荣珪. 融合与共生——人工智能与江苏运河旅游文化产业发展研究[J]. 旅游纵览（下半月），2020（01）：116-117.

[4] 潘岑欣，宋思捷，周琳. 旅游资源整合的窘境破解——以江苏淮安为例[J]. 旅游纵览（下半月），2020（01）：128-129.

[5] 周艳丽，陈敬敬，崔淼. 大运河文化旅游资源开发对策研究——以京杭大运河沧州段为例[J]. 中国商论，2020（03）：112-113.

[6] 姜师立. 文旅融合助推大运河旅游高质量发展[J]. 群众，2020（02）：51-52.

[7] 胥闻晓. 探究淮安市里运河文化旅游营销创新模式[J]. 现代营销（信息版），2020（01）：253.

[8] 张楠. 大运河文化带背景下衡水运河音乐文化的传承策略研究[J]. 黄河之声，2019（23）：136-137.

[9] 郭云修. 情系大运河——大运河保护与申遗的前前后后[J]. 江淮文史，2020（01）：4-14.

[10] 柳邦坤，李蕊. 大运河文化带沿线小城镇文化产业发展原则与路径——以江苏大运河文化带沿线小城镇为例[J]. 枣庄学院学报，2020（01）：113-120.

[11] 王永，田凯. 扬州广电在大运河文化带建设中的使命与作为[J]. 当代电视，

2020(01):110-112.

[12] 姚璇. 河南大运河文化带建设与乡村旅游深度融合研究[J]. 中原工学院学报, 2019, 30(06):68-72.

[13] 龚良. 大运河:从文化景观遗产到国家文化公园[J]. 群众, 2019(24):17-18.

[14] 李洁. 精铸大运河文化带的"江苏名片"[J]. 群众, 2019(24):48-49.

[15] 姚璇. 河南大运河文化带与乡村旅游融合发展思路研究[J]. 三门峡职业技术学院学报, 2019, 18(04):112-117.

[16] 刘贤仕, 许珂, 张晓亮. 常州"运河五号"创意街区建设提升方案[J]. 时代经贸, 2019(35):60-64.

[17] 王健, 彭安玉. 大运河国家文化公园建设的四大转换[J]. 唯实, 2019(12):64-67.

[18] 王菡薇, 侯力. 文旅融合视角下的大运河文化带建设[J]. 唯实, 2019(12):68-72.

[19] 吴新星. 大运河文化带建设的产学研融合创新研究[J]. 淮阴工学院学报, 2019, 28(06):9-13.

[20] 肖潇, 于秀萍, 李维锦. 文旅融合视域下沧州段大运河的旅游开发策略[J]. 沧州师范学院学报, 2019, 35(04):61-65.

[21] 张飞, 杨林生, 石勇, 罗筱. 大运河文化带游憩空间范围及层次研究[J]. 地域研究与开发, 2019, 38(06):80-84.

[22] 胡徐媛, 刘勇. 浙东运河杭绍段文化带建设调查与研究[J]. 科技风, 2019(34):227.

[23] 王兴婵, 杨天宇. 河海相济 文武沧州——2019年沧州市旅发大会助推沧州旅游产业高质量发展[J]. 党史博采(上), 2019(12):73.

[24] 徐悠然, 袁雨, 姚清儿, 付越, 赵菲. 大运河江苏段饮食文化旅游开发现状[J]. 合作经济与科技, 2019(23):40-41.

[25] 罗颖, 王芳, 宋晓微. 我国世界文化遗产保护管理状况及趋势分析——中国世界文化遗产2018年度总报告[J]. 中国文化遗产, 2019(06):4-26.

[26] 王亦非. 文脉主义视角下常州梳篦文化品牌塑造途径研究[J]. 教育现代化, 2019, 6(95):283-284.

[27] 许可, 毛兆明. 南通大运河文化带传统建筑保护与更新策略探讨[J]. 安徽建筑, 2019, 26(11): 18-20.

[28] 罗奕, 朱宝华. 南通大运河建筑遗产的旅游文化开发研究[J]. 安徽建筑, 2019, 26(11): 9-12.

[29] 杜鹃. 苏州大运河文化带建设的对策研究[J]. 旅游纵览（下半月）, 2019(11): 81-82.

[30] 陈旭平, 闫杰. 常州大运河体育文化资源开发现状[J]. 现代农村科技, 2019(11): 3-4.

[31] 白帅敏. 论苏州大运河文化带产业发展现状及对策[J]. 边疆经济与文化, 2019(11): 41-44.

[32] 贾革新. 大运河河南段文化带建设策略[J]. 绿色科技, 2019(21): 225-227.

[33] 金侃华. 拱墅着力打造大运河缤纷旅游带[J]. 杭州, 2019(39): 84.

[34] 廖维俊, 何有世. 全域旅游视角下大运河文化带江苏段建设模式研究[J]. 四川旅游学院学报, 2019(06): 41-45.

[35] 吴延生. 大运河（淮安段）文化遗产保护传承利用存在的问题及对策[J]. 中国集体经济, 2019(31): 124-125.

[36] 殷翔宇, 方砚, 曲明辉. 促进京杭运河水上旅游发展研究[J]. 交通与港航, 2019, 6(05): 79-83.

[37] 陈璇. 大运河苏州段文化带的基本内涵及建设举措研究[J]. 苏州教育学院学报, 2019, 36(05): 52-59.

[38] 蔡斌. 姑苏长水古河新运——基于特质优势分析的大运河苏州段文化带建设创新示范刍议[J]. 苏州教育学院学报, 2019, 36(05): 60-67.

[39] 赵玉娟. 生态发展视角下大运河开发与文化建设融合研究——以常州段历史文化街区为例[J]. 美与时代（城市版）, 2019(10): 42-44.

[40] 2019年世界运河城市论坛暨世界运河大会开幕[J]. 城市规划通讯, 2019(20): 14.

[41] 石佩玉. 沧州大运河特色文化产业发展路径及对策研究[J]. 文化学刊, 2019(10): 35-38.

[42] 张志平, 商建辉. 人工智能时代大运河文化遗产的保护、传承与利用[J]. 文

化学刊, 2019(10): 55-57.

[43] 古运河文化旅游研究课题组, 瞿立新. 无锡古运河文化旅游开发策略研究[J]. 江南论坛, 2019(10): 4-6.

[44] 高小辉, 杨佩佩. 大运河: 一座城市的守望[J]. 杭州(周刊), 2019(37): 26-29.

[45] 王淑娟, 陈胜容. 表演艺术类非物质文化遗产产业化之研究——基于台湾霹雳布袋戏的经验[J]. 社会科学家, 2013(09): 78-81.

[46] 王淑娟. 京杭大运河历史遗存活化利用模式及发展策略[J]. 唐山师范学院学报, 2020(06): 121.

[47] 周建永, 王淑娟. 论河北省文化产业发展模式[J]. 唐山师范学院学报, 2010, 32(03): 110-112.

[48] 丁煦诗. 大运河"世遗"框架与《纲要》框架涉及城市比较研究[J]. 江南大学学报(人文社会科学版), 2020, 19(01): 46-52.

[49] 范周, 言唱. 大运河文化活化利用的协同创新网络构建研究[J]. 同济大学学报(社会科学版), 2020, 31(01): 29-39+59.

[50] 李国庆. 社区参与背景下乡村旅游利益协调机制探究[J]. 农业经济, 2018(03): 119-120.

[51] 熊海峰, 祁吟墨. 基于共生理论的文化和旅游融合发展策略研究——以大运河文化带建设为例[J]. 同济大学学报(社会科学版), 2020, 31(01): 40-48.

[52] 潘娟. 大运河园林文化的传承与弘扬[J]. 新阅读, 2020(02): 30-33.

[53] 王淑娟, 李国庆. 环京津贫困带旅游扶贫困境分析——基于旅游产业链的视角[J]. 河北经贸大学学报, 2015, 36(06): 121-124.

[54] 朱思雨, 禹文东. 基于IPA的大运河观光满意度研究[J]. 山西建筑, 2020, 46(04): 174-176.

[55] 王淑娟. 河北省文化产业竞争力提升研究[J]. 特区经济, 2010(09): 71-72.

[56] 马亚琼. 徐州大运河文化带建设问题研究[J]. 淮海文汇, 2020(01): 54-61.

[57] 路璐, 吴昊. 多重张力中大运河文化遗产与国家形象话语建构研究. 浙江社会科学[J]. 2021(2): 137.

[58] 王幸芳. 古今交融, 城市要在文化遗址上继续生长[J]. 杭州, 2021(02): 24-

27.

[59] 张玉梅, 司海燕. 大运河文化带建设的路径研究——以江苏镇江为例[J]. 特区经济. 2020（11）: 130.

[60] 吴元芳. 基于遗产廊道模式的运河旅游开发研究——以山东枣庄市为例. 枣庄学院学报[J]. 2008（01）: 130.

[61] 余敏辉. 试论徽商对运河城市发展的作用和影响. 常州工学院学报（社科版）[J]. 2021（01）: 7.

[62] 李洪玮. 沧州地域文化融入大运河景观带的设计策略[J]. 沧州师范学院学报. 2020（04）: 41.

[63] 秦小萍, 魏民. 中国绿道与美国Greenway的比较研究[J]. 中国园林, 2013, 29（04）: 119-124.

学位论文文献

[1] 郭静. 京杭大运河沿线儒学物质文化遗产研究[D]. 曲阜师范大学, 2019.

[2] 文涵. 大运河大名段建筑文化遗产调查研究[D]. 河北工程大学, 2019.

[3] 郭荣男. 大运河文化带苏州段产业发展研究[D]. 苏州科技大学, 2019.

[4] 徐颖. 大运河文化带杭州段建设路径与对策研究[D]. 杭州师范大学, 2019.

[5] 陈玉红. 大运河文化带河北段饮食文化旅游资源分析与开发对策[D]. 河北师范大学, 2019.

[6] 张华锋. 线性文化遗产保护评价体系研究[D]. 河北师范大学, 2019.

[7] 李先达. 京杭大运河京津冀段建筑遗产活化利用研究[D]. 天津理工大学, 2019.

[8] 傅益平. 基于实物期权理论下的旅游项目投资效益分析[D]. 浙江大学, 2018.

[9] 贾飞. 大运河山东段文化旅游开发研究[D]. 山东师范大学, 2018.

[10] 王莉莉. 文化自信引领中国大运河世界遗产保护研究[D]. 江南大学, 2018.

[11] 李思雨. 郑州大运河遗产之惠济桥研究[D]. 郑州大学, 2018.

[12] 管杰. 基于文化线路背景下的京杭大运河沿线城镇历史地段保护研究[D]. 重庆大学, 2018.

[13] 张钦. 枣庄市运河文化资源的旅游开发[D]. 山东艺术学院, 2017.

[14] 丁旭. 遗产廊道理念下大运河风景路的规划研究[D]. 南京林业大学, 2017.

[15] 霍艳虹. 基于"文化基因"视角的京杭大运河水文化遗产保护研究[D]. 天津大学, 2017.

[16] 洪艳. 大运河杭州主城区段历史街区现代适应性评价体系研究[D]. 浙江大学, 2017.

[17] 刘东. 运河河道及周边环境的治理研究[D]. 聊城大学, 2016.

[18] 陈帷韬. 杭州市游憩型绿道建设现状调查与对策研究[D]. 浙江农林大学, 2016.

[19] 魏雷. "后申遗时代"隋唐大运河安徽段文化遗产保护与利用[D]. 淮北师范大学, 2016.

[20] 刘应潜. 城市森林公园标识系统研究[D]. 中国林业科学研究院, 2016.

[21] 屠一帆. 线性文化遗产构成及其旅游价值评价研究[D]. 上海师范大学, 2016.

[22] 王婧. 遗产廊道视角下京杭运河沿线古镇的旅游发展探究[D]. 西安建筑科技大学, 2015.

[23] 邓绍鸿. 京杭大运河沿线主要城市旅游竞争力研究[D]. 辽宁师范大学, 2015.

[24] 张博. 京杭大运河天津段保护与利用研究[D]. 天津大学, 2015.

[25] 张茜. 南水北调工程影响下京杭大运河文化景观遗产保护策略研究[D]. 天津大学, 2014.

[26] 张佳. 大运河"申遗"成功之后的文化治理与规划研究[D]. 浙江大学, 2014.

[27] 彭程雯. 运河景观使用状况评价研究[D]. 浙江农林大学, 2014.

[28] 王丰慧. "城市触媒理论"指导下的古城保护策略研究[D]. 山东建筑大学, 2014.

[29] 郭文娟. 京杭大运河济宁段文化遗产构成和保护研究[D]. 山东大学, 2014.

[30] 李寿兰. 扬州古运河体验型文化旅游产品开发研究[D]. 扬州大学, 2014.

[31] 袁晓琳. 大运河遗产旅游地社区化服务开发取向研究[D]. 河北师范大学, 2014.

[32] 高鹏. 京杭大运河杭州段文化景观型绿道构建研究[D]. 浙江农林大学, 2013.

[33] 赵鹏飞. 山东运河传统建筑综合研究[D]. 天津大学, 2013.

[34] 霍雨佳. 遗产廊道视角下京杭大运河天津段旅游发展研究[D]. 燕山大学, 2013.

[35] 贾婧. 申遗背景下京杭大运河的景观设计研究[D]. 湖北工业大学, 2012.

[36] 李建君. 聊城运河旅游资源开发研究[D]. 扬州大学, 2012.

[37] 李静兰. 隋唐大运河郑州段历史价值及遗产廊道构建研究[D]. 郑州大学, 2012.

[38] 陈忠奇. 台儿庄古城规划建设与保护研究[D]. 西安建筑科技大学, 2012.

[39] 牛会聪. 多元文化生态廊道影响下京杭大运河天津段聚落形态研究[D]. 天津大学, 2012.

[40] 任树强. 京杭运河杭州主城区段滨水景观研究[D]. 浙江大学, 2012.

[41] 张志辉. 京杭运河(济宁段)沿岸景观保护与更新的研究[D]. 青岛理工大学, 2011.

[42] 蒋奕. 京杭大运河物质文化遗产保护规划研究[D]. 苏州科技学院, 2010.

[43] 孙萍. 城市旅游与城市生态建设研究[D]. 南京林业大学, 2009.

[44] 狄静. 京杭运河山东段旅游资源价值评价研究[D]. 中国海洋大学, 2009.

[45] 施然. 遗产廊道的旅游开发模式研究[D]. 厦门大学, 2009.

学术专著文献

[1] 王国维. 水经注校[M]. 上海: 上海出版社, 1984.

[2] 姚汉源, 谭徐明(校). 漕河图志[M]. 北京: 水利电力出版社, 1990.

[3] 万恭, 朱更翎(整编). 治水筌蹄[M]. 北京: 水利电力出版社, 1985.

[4] 刘文淇, 赵昌智(点校). 扬州水道记[M]. 扬州: 广陵书社, 2011.

[5] 姚汉源. 京杭运河史[M]. 北京: 中国水利水电出版社, 1998.

[6] 欧阳洪. 京杭运河工程史考[M]. 南京: 江苏省航海协会, 1988.

[7] 张含英. 历代治河方略探讨[M]. 北京: 水利出版社, 1982.

[8] 张含英. 明清治河概论[M]. 北京: 水利电力出版社, 1986.

[9] 郭其祥, 王润海. 沂沭泗河道志[M]. 北京: 中国水利水电出版社, 1996.

[10] 戴玉凯, 陈茂满. 江苏水利志[M]. 南京: 江苏古籍出版社, 2001.

[11] 戴树义. 扬州水利志[M]. 扬州: 广陵书社, 1999.

[12] 南京地理研究所. 江苏湖泊志[M]. 南京: 江苏科学技术出版社, 1982.

[13] 周祥发, 王敏毅. 无锡市交通志[M]. 上海: 上海人民出版社, 1990.

[14] 张立, 石受禄, 韩云辰. 镇江交通史[M]. 北京: 人民交通出版社, 1989.

[15] 王树才, 萧明学. 河北省航运史[M]. 北京: 人民交通出版社, 1988.

[16] 潘镛. 隋唐时期的运河和漕运[M]. 西安: 三秦出版社, 1986.

[17] 黄仁宇. 明代的漕运[M]. 北京: 新星出版社, 2005.

[18] 李文治, 江太新. 清代漕运[M]. 北京: 社会科学文献出版社, 2008.

[19] 陈桥驿. 中国历史名城[M]. 北京: 中国青年出版社, 2004.

[20] 傅崇兰. 中国运河城市发展史[M]. 成都: 四川人民出版社, 1985.

[21] 王虎华, 许凤仪, 赵尔俊. 扬州古运河[M]. 北京: 中国文史出版社, 2006.

[22] 王鸿. 扬州散记[M]. 南京: 江苏古籍出版社, 2000.